C. H. BECK
STUDIUM

Ulrich Sinn

Einführung in die Klassische Archäologie

Verlag C. H. Beck München

Mit 32 Abbildungen

Die Deutsche Bibliothek – CIP-Einheitsaufnahme
Sinn, Ulrich: Einführung in die Klassische Archäologie/Ulrich Sinn. -
München: Beck, 2000, (C. H. Beck Studium)

ISBN 3 406 45401 1

Umschlagentwurf: Bruno Schachtner, Dachau
Satz: Janß, Pfungstadt
Druck und Bindung: Nomos, Sinzheim
Gedruckt auf säurefreiem, alterungsbeständigem Papier
(hergestellt aus chlorfrei gebleichtem Zellstoff)
Printed in Germany

www.beck.de

Inhalt

Vorwort

Abenteuer Archäologie – Das Geheimnis der Sphinx – in den öffentlichen Medien werden Berichte über die Arbeit der Altertumskunde noch immer gern mit solch mystifizierenden Titeln versehen. Mit der Realität des Berufs eines Klassischen Archäologen hat diese verklärte Sicht so gut wie nichts gemein. Längst sind auch die Zeiten vorüber, daß angehende Studenten der Klassischen Archäologie auf die Frage nach den Intentionen ihrer Studienwahl ihre Bewunderung für Heinrich Schliemann oder die begeisterte Lektüre von Cerams *Götter, Gräber und Gelehrte* ins Feld führen. Die Mehrzahl derer, die sich heute in Studienberatungen nach den Voraussetzungen für ein Archäologiestudium erkundigen und sich für dessen Ablauf interessieren, sind durch Reiseeindrücke oder durch den Schulunterricht zu einer vertiefenden Beschäftigung mit der Vergangenheit motiviert worden. Die hier vorgelegte *Einführung in die Klassische Archäologie* möchte in diesem Sinne sachlich über Inhalte und Methoden des Faches informieren. Sie versteht sich als Entscheidungshilfe für alle, die erwägen, das Studium der Klassischen Archäologie zu ergreifen und darüber hinaus als studienbegleitende Handreichung. Wenn bei der Lektüre der Eindruck aufkommen sollte, es gehe dem Autor zugleich auch darum, die Freude an dem Studium der Klassischen Archäologie zu bestärken, ist eine weitere Intention dieses Bandes spürbar geworden.

Für die Unterstützung bei der Beschaffung der Abbildungsvorlagen danke ich M. Bergmann, P. C. Bol, K. Fittschen, H. R. Goette, H. v. Hesberg, H. Lohmann, B. und W.-D. Niemeyer, G. Platz, Th. Schäfer, A. Scholl und F. Sinn. Wertvolle Hinweise erhielt ich von G. Albers, J. Deckers, M. Erler, W. Held, A. Kossatz-Deißmann, W. Löwe, St. von der Lahr und Th. Völling (†). J. Wich danke ich für das Korrekturlesen.

Würzburg, am 3. August 2000 *Ulrich Sinn*

I. Einleitung

Im späten 5. Jh. v. Chr. trifft Sokrates in seiner Heimatstadt Athen mit dem Gelehrten Hippias aus Elis zusammen. Hippias vertritt den Typus des erfolgreichen Dozenten *(Sophist)*, der von Stadt zu Stadt eilt, um gegen gute Bezahlung Vorträge über alle denkbaren Themen zu halten. Als Hippias die Höhe seiner Gagen anspricht, fragt Sokrates, dem solche Art käuflicher Philosophie fremd und zuwider ist, welches die einträglichsten Themen seien. Er vermutet, daß Hippias mit Vorträgen über die Himmelskunde, über Geometrie oder über Aspekte der Dichtkunst und Musik die besten Einkünfte erzielt. Doch Hippias belehrt ihn eines andern: „Die stärkste Resonanz bei meinen Zuhörern finde ich, wenn ich von den Heroen der Vorzeit und den alten Menschengeschlechtern spreche, wenn ich ausführe, wie sie wohnten, wie sie ihre Städte anlegten, wie es überhaupt früher zuging." Diese Thematik seiner gewinnbringenden Vorträge bezeichnet Hippias als *Archaiologia* (ἀρχαιολογία).

Die Begegnung der beiden Disputanten und der Wortlaut ihres in der Antike verfaßten Dialogs sind fiktiv. Wir haben nicht einmal Gewißheit über den Autor. Ungeachtet dessen erfahren wir aus diesem antiken Schriftzeugnis, daß bereits im Altertum Archäologie betrieben wurde, und wir erhalten zugleich auch eine Umschreibung dessen, was man damals unter Archäologie verstand. Hippias sagt zudem von sich, daß er sich den Inhalt seiner archäologischen Vorträge durch eigene Forschungen mühsam erarbeiten müsse. Reicht die Geschichte unserer Wissenschaft mithin bis in die Antike zurück?

Wenn wir uns den weiteren Gang des Dialogs zwischen Sokrates und Hippias vor Augen führen, werden wir uns schwer tun, Hippias als einen der Ahnen unseres Fachs zu betrachten. Hippias macht nämlich keinen Hehl daraus, daß seine *Archaiologia* in erster Linie eine rhetorische Kunst sei. Er stimmt Sokrates sogar zu, als dieser die Vorlesungen des Hippias mit den Erzählungen alter Mütterchen vergleicht, die die Kinder durch anmutige Geschichten erfreuen. Solche Darstellungen, mit denen man das verlorengegangene konkrete Wissen um die eigene Geschichte durch Erzählungen kompensierte, in denen sich tradierte Erinnerung und allgemeine Lebenserfahrung zu nachvollziehbaren Handlungsabläufen vermischten, nannte man *Mythen.*

Die archäologische Forschung der Neuzeit geht den gleichen Fragen nach, die auch Hippias zum Gegenstand seiner Vorträge machte: Wie wohnten die Menschen, wie legten sie ihre Städte an, wie ging es früher zu? Die heutige Archäologie bezieht ihre Erkenntnisse aus dem Studium dessen, was im Altertum von Menschenhand geschaffen worden ist. Da diese authentischen Zeugnisse des antiken Alltags in der Regel nicht offen zutage liegen, müssen sie zunächst einmal beschafft werden. Ein wesentliches Merkmal neuzeitlicher Archäologie sind daher die Ausgrabungen (S. 62 ff.). Von dieser Möglichkeit machten Männer vom Schlage eines Hippias keinen Gebrauch. Besteht der grundlegende Unterschied zur antiken *Archaiologia* mithin in der anderen Vorgehensweise der modernen Archäologie?

Die Möglichkeit, dem Boden durch Grabungen Erkenntnisse über zurückliegende Zeiten abzugewinnen, war auch den Zeitgenossen des Hippias längst bekannt. Mehrfach stoßen wir im antiken Schrifttum auf Nachrichten, in denen davon die Rede ist, daß man bei Erdarbeiten auf Zeugnisse aus lange zurückliegenden Zeiten stieß und erkannte, daß solche Bodenfunde als Indikatoren für geschichtliche Abläufe zu befragen seien. So lesen wir zum Beispiel bei dem Historiker Thukydides (ca. 460–400 v. Chr.), daß man die früheren Bewohner der Insel Delos als Angehörige des Volksstammes der Karer identifizieren konnte, weil man beim Öffnen alter Gräber karische Rüstungen als Grabbeigaben entdeckt habe (Thukydides I 8, 1).

Ungeachtet solcher Einsichten kam es in der Antike nicht einmal ansatzweise zu einer systematischen Durchforschung des Bodens nach Zeugnissen aus alter Zeit. Die Ursache solcher Abstinenz war aber nicht etwa mangelndes Interesse. Im Gegenteil, die Rückbesinnung auf zurückliegende Zeiten war ein maßgebliches Element der antiken Gesellschaft: Die Etablierung und Festigung politischer Macht, aber auch der persönliche Anspruch auf Autorität war ohne den dezidierten Bezug zu den tatsächlichen oder auch postulierten Leistungen ‚der Alten' undenkbar. Ein Beispiel aus dem frühen 1. Jtd. v. Chr., also jener Zeit, in der die *Homerischen Epen* niedergeschrieben wurden, mag dies veranschaulichen: Odysseus ist als besonders mutiger Krieger gegenüber seinen Mitstreitern dadurch ausgezeichnet, daß er einen Helm trägt, der aus der ‚heroischen Vorzeit' stammt:

Meriones gab dem Odysseus Bogen und Köcher
Samt dem Schwert und bedeckte des Königs Haupt mit dem Helme,
Der aus Leder geformt und innen von Riemengeflechte
Fest bespannt war; außen umsäumten ihn glänzende Zähne
Des Ebers mit weißlichen Hauern, nach jeglicher Seite,
Schön und kunstvoll gereiht, und ein Filz war drinnen befestigt.
(Ilias X 260–265; Übersetzung: H. Rupé).

Das Grundanliegen der antiken *Archaiologia*, Normen für das Zusammenleben in der Gegenwart zu begründen, läßt sich besonders deutlich auch in den Heiligtümern nachvollziehen. Ihre sakrale Autorität bezogen sie nicht zuletzt aus dem Nachweis ihres hohen Alters, respektive ihrer Gründung durch Heroen in einer dem zeitgenössischen Menschengeschlecht voraufgegangenen Zeit. Die Bezugnahme auf sichtbare Antiquitäten oder Reliquien erhöhte die Glaubwürdigkeit der jeweiligen lokalen Kultlegende. Dieses Bestreben ging mitunter mit geradezu denkmalpflegerischen Maßnahmen einher. So wurde im Zeusheiligtum von Olympia zum Beispiel eine durch einen Baldachin geschützte Holzsäule als Überrest des Hauses des mythischen Königs Oinomaos gezeigt und durch eine entsprechende Inschrift ausdrücklich als ein Zeugnis aus alter Zeit deklariert (Pausanias V 20, 6–7). In die gleiche Richtung weist auch die Konvention, alte Votivgaben selbst dann aufzubewahren, wenn sie nur noch fragmentarisch erhalten oder stark beschädigt waren. In den Heiligtümern waren eigens gebildete Kommissionen mit der Betreuung der Votivgaben befaßt. Viele ihrer regelmäßigen Bestandsaufnahmen sind uns in Inschriften erhalten. Aus diesen Dokumenten geht ferner hervor, daß in den großen Heiligtümern Restaurierungswerkstätten existierten.

Die durch die Herrschaft Alexanders des Großen (König von Makedonien von 336–323 v. Chr.) bewirkte Zäsur der mittelmeerischen Geschichte hatte Auswirkungen auch auf den Umgang mit dem überkommenen Denkmälerbestand. Die bereits zuvor bisweilen schon existierenden Gelehrtenschulen an den Königshöfen wurden mit umfangreichen Bibliotheken ausgestattet und nahmen regelrechte Forschungsaufgaben wahr. Die prominenteste Institution dieser Art war das *Museion* in Alexandria. Zu den Aufgaben zählten die Pflege und Edition alter Schriften. Erst hier haben zum Beispiel die *Ilias* und die *Odyssee* ihre uns heute geläufige Form erhalten. Ein anderes Betätigungsfeld war die Erstellung systematischer Denkmälerverzeichnisse. Gemeinsam mit ihren Lehrern schwärmten die Nachwuchsgelehrten aus, um in den Heiligtümern, an den Straßen und Plätzen der griechischen Städte den Bestand an alten Kunstwerken zu dokumentieren, und sie dann unter den verschiedenartigsten Gesichtspunkten zu ordnen. Von den meisten der Arbeiten haben sich nur die Titel erhalten. Doch ein großer Teil dieser unschätzbaren Dokumente hat vermutlich Eingang in die *Beschreibung Griechenlands* des Pausanias (S. 184) gefunden.

Wenn wir heute mit dem zeitlichen Abstand von weit mehr als zweitausend Jahren mit gutem Erfolg Einblick in die mediterrane Antike nehmen können, verdanken wir das nicht zuletzt dieser antiken Forschungsarbeit. Doch auch die ‚Altertumskunde' der hellenistischen Epoche blieb in der weiterhin als selbstverständlich erachteten Verschmelzung von mythischer und historischer Vergangenheit befangen – eine Einstellung, die auch in der römischen Kaiserzeit Gültigkeit behielt (z. B. S. 139ff.).

Die Hinwendung zur christlichen Religion – in weiten Teilen des Mittelmeerraumes freilich erst im 5. Jh. endgültig vollzogen – führte zwar zu einer veränderten Einstellung gegenüber der von den voraufgegangenen Generationen geprägten Kultur, bedeutete aber nicht zwangsläufig auch eine völlige Abkehr von der antiken Tradition. So haben die christlichen Kaiser des oströmischen Reichs ihre neue Hauptstadt Konstantinopel (S. 31) mit eigens herbeigeschafften antiken Statuen ausgestattet. Wie in den Jahrhunderten zuvor, fanden die Zeugnisse ‚aus alter Zeit' vor allem um ihrer Respekt einflößenden und Würde ausstrahlenden Wirkung willen Beachtung.

Der grundlegende Unterschied zwischen der neuzeitlichen Archäologie und der *Archaiologia* der Antike besteht mithin darin, daß die Altertumskunde nicht mehr zielgerichtet auf eine bestimmte Nutzanwendung betrieben wird. Auf einem anderen Blatt steht, daß manche Ergebnisse der archäologischen Forschung von aktueller Bedeutung sein können.

Die Etappen der langwierigen Entwicklung zum heutigen Profil der Klassischen Archäologie sind oftmals behandelt worden, sie können im Rahmen dieser Einführung in das Studium der Klassischen Archäologie nicht dargestellt werden. Auf entsprechende Publikationen wird in der nachfolgenden Bibliographie verwiesen.

Literatur: Zur Auseinandersetzung mit der eigenen Vergangenheit während der Antike: R. Hägg (Hrsg.), The Greek Renaissance of the 8th Cent. B. C: Tradition and Innovation. Proceedings of the Second International Symposium at the Swedish Institute in Athens, 1–5 June 1981, Stockholm 1983. – M. Flashar/H.-J. Gehrke/E. Heinrich, Retrospektive. Konzepte von Vergangenheit in der griechisch-römischen Antike, München 1996. – M. Erler, Legitimation und Projektion: Die Weisheit „der Alten" im Platonismus der Spätantike, in: D. Kuhn (Hrsg.), Die Gegenwart des Altertums. Internationale Fachkonferenz Würzburg 18.–20. November 1999, Würzburg 2000.
Zur Geschichte der Archäologie: V. Bianco, Archeologia, in: EAA I, Rom 1958, S. 544–568. – W. Schiering, Zur Geschichte der Archäologie, in: U. Hausmann (Hrsg.), Allgemeine Grundlagen der Archäologie. Handbuch der Archäologie VI, 1, München 1969, S. 11–161. – H. Beck/P. C. Bol/W. Prinz/H. v. Steuben (Hrsg.), Antikensammlungen im 18. Jahrhundert, Berlin 1981. – A. Rieche, 150 Jahre Deutsches Archäologisches Institut Rom. Ausstellung im Wissenschaftszentrum Bonn-Bad Godesberg 1979. – R. Lullies/W. Schiering, Archäologenbildnisse. Porträts und Kurzbiographien von Klassischen Archäologen deutscher Sprache, Mainz 1988. – A. H. Borbein, Archäologie und historisches Bewußtsein, in: B. Andreae (Hrsg.), Archäologie und Gesellschaft, Frankfurt 1981, S. 45–76; ders., Klassische Archäologie in Berlin vom 18. bis zum 20. Jahrhundert, in: W. Arenhövel (Hrsg.), Berlin und die Antike, Berlin 1979, S. 99–150. – R. Hampe, Heinrich Schliemann, in: Ruperto-Carola. Mitteilungen der Vereinigung der Freunde der Studentenschaft der Universität Heidelberg e. V., XIII. Jahrgang Band 30, 1961, S. 3–22. –

H. Kyrieleis, Schliemann in Griechenland, in: JbRGZM 25, 1978 [1982], S. 74–91. – R. Bernbeck, Theorien in der Archäologie, Tübingen/Basel 1997, S. 15–25: Zur Geschichte der Klassischen Archäologie. – N. Himmelmann, Utopische Vergangenheit. Archäologie und moderne Kultur, Berlin 1976.

II. Der Arbeitsbereich der Klassischen Archäologie

1. Der geographische Raum

Klassische Archäologen befassen sich mit den Zeugnissen der Vergangenheit in den Regionen, die von der griechischen und der römischen Kultur geprägt waren. Die Kerngebiete klassisch-archäologischer Arbeit sind also Griechenland und Italien. Doch wie Griechen und Römer im gesamten Mittelmeerraum und schließlich auch weit darüber hinaus Fuß faßten, sind auch die Stätten klassisch-archäologischer Forschung geographisch sehr viel weiter gestreut.

Schon im 3. Jtd. v. Chr. waren Griechen z. B. in der Handelsmetropole *Troja* präsent. Die im 2. Jtd. v. Chr. in den Palästen Kretas übliche Wandmalerei nahm man sich im Vorderen Orient und in Ägypten zum Vorbild (S. 19f.). Schubweise und mit unterschiedlichen Zielrichtungen verließen zahlreiche Griechen seit dem ausgehenden 2. Jtd. ihre angestammte Heimat, ließen sich an den Küsten Kleinasiens, am Schwarzen Meer, in Nordafrika, in Unteritalien und Sizilien, in Spanien und Südfrankreich als Kolonisten nieder oder unterhielten Handelsbeziehungen dorthin (S. 48). Alexander der Große hat die griechische Kultur dann schließlich bis nach Indien und weit in die arabische Welt hineingetragen. Von italischem Boden aus haben die Etrusker in der ihnen eigenen Mobilität seit dem 8. Jh. v. Chr. Kontakte nicht nur mit dem gesamten Mittelmeerraum, sondern auch in den transalpinen Bereich hinein gepflegt. Für die Griechen und die italischen Völker war der interkulturelle Austausch untereinander und mit allen Nachbarkulturen schon über Jahrhunderte hinweg eine selbstverständliche Lebensform, als sie sich während der römischen Kaiserzeit als Mitglieder des *Imperium Romanum* in einer übergeordneten Administration zusammengeführt fanden (S. 30ff).

Der durch diese historische Entwicklung bezeichnete, mit einer griechisch-römisch beeinflußten Geschichte durchdrungene Raum umreißt den geographischen Rahmen klassisch-archäologischer Arbeit. Kein Archäologe ist natürlich in der Lage, für dieses Territorium in seiner Gesamtheit die volle Fachkompetenz zu besitzen. Das Studium der Klassischen Archäologie konzentriert die Ausbildung deshalb zunächst einmal auf die griechische und die römische Kultur. Bereits die Etruskologie (S. 23) wird – im deutschsprachigen Raum – als ein ‚Randgebiet' der Klassischen Archäologie behandelt. Nicht anders steht es um die *Phönizier* (S. 23). Auch die *Numider* in Nordafrika, die *Nabatäer* in Jordanien und *Palmyra* in Syrien gehören zur ‚Diaspora', doch haben sie als Spezialgebiete ihren festen Platz innerhalb der Klassischen Archäologie. Ihre Erforschung erfährt in jüngerer Zeit durch die stets interdisziplinär angelegten, von der Deutschen Forschungsgemeinschaft geförderten Graduiertenkollegs und Sonderforschungsbereiche große Unterstützung.

2. Der zeitliche Rahmen

a) Der zeitliche Rahmen für den griechischen Kulturkreis

Die ägäische Frühgeschichte (3. und 2. Jtd. v. Chr.)

Die spezifische Methodik der Klassischen Archäologie, die Annäherung an die griechisch-römische Kultur aus der Verknüpfung von materieller und schriftlicher Überlieferung heraus zu verfolgen (S. 41 ff.), läßt den Untersuchungszeitraum zunächst einmal mit dem Einsetzen erster literarischer Äußerungen im frühen 1. Jtd. v. Chr. beginnen. Diese Zeitmarke hat – was die Schwerpunkte klassisch-archäologischer Forschung betrifft – auch heute noch Gültigkeit. Doch seit die vielfältigen Rückbindungen in das 2. Jtd. v. Chr. hinein erkannt wurden, sind die altägäischen Hochkulturen gleichfalls in das Blickfeld der Klassischen Archäologie getreten. In enger Kooperation mit der Vor- und Frühgeschichtlichen Archäologie (S. 33 ff.) widmen sich Klassische Archäologen der *Kykladenkultur*, der *Minoischen Kultur* und der *Mykenischen Kultur*.

Die ‚Kykladenkultur' (3. Jtd. v. Chr.)

Die im Zentrum der Ägäis gelegene Inselgruppe der *Kykladen* war in der Antike durch reiche Bodenschätze (Marmor, Obsidiangestein, Kupfer, Blei und Silber) gesegnet. Die Blütezeit der Kykladenkultur fällt in das 3. Jtd. v. Chr. Markenzeichen der Marmorverarbeitung, die zu vollendeter handwerklicher Perfektion gelangte, sind dünnwandige Gefäße sowie Figurinen, deren charakteristisches Merkmal die Abstraktion bei der Gestaltung des menschlichen Körpers bildet (sog. *Kykladenidole*). Die größten erhaltenen Exemplare erreichen eine Höhe von etwa 1,5 m. Die signifikanten Zeugnisse der Kykladenkultur sind ganz überwiegend über den Kunsthandel bekannt geworden. Wegen der fehlenden Fundkontexte ist eine fundierte Interpretation der menschengestaltigen Figuren nicht möglich. Unklar ist insbesondere, in welchem Maße sie religiöse Vorstellungen ihrer Zeit widerspiegeln. Gesichert ist hingegen die Einbeziehung der Kykladen in die damals weit nach Osten und Westen ausgreifenden ökonomischen und kulturellen Kontakte. Kykladenidole wurden zum Beispiel in Troja gefunden und ebenso an der Westküste der Peloponnes. In die gleichen Regionen wurde auch der melische Obsidian exportiert.

Innerhalb der Kykladenkultur unterscheidet die Forschung folgende Entwicklungsstufen:
- Frühkykladisch I (ca. 3000–ca. 2600 v. Chr.)
- Frühkykladisch II (ca. 2600–ca. 2300 v. Chr.)
- Frühkykladisch III (ca. 2300–ca. 2000 v. Chr.)
- Mittelkykladisch (ca. 2000–ca. 1600 v. Chr.)
- Spätkykladisch I (ca. 1600–ca. 1500 v. Chr.)
- Spätkykladisch II (ca. 1500–ca. 1400 v. Chr.)
- Spätkykladisch III (ca. 1400–ca. 1100 v. Chr.)

Literatur: J. Thimme (Hrsg.), Kunst und Kultur der Kykladeninseln im 3. Jahrtausend v. Chr. Katalog zur Ausstellung des Badischen Landesmuseums Karlsruhe, 25. Juni – 10. Oktober 1976, Karlsruhe 1976. – C. Renfrew, Cycladic Metallurgy and the Aegean Early Bronze Age, in: AJA, 71, 1967, S. 1–20. – E. Pernicka, Gewinnung und Verbreitung der Metalle in prähistorischer Zeit, in: JbRGZM 37, 1990, S. 21–129. – J. A. MacGillivray/R. L. N. Barber (Hrsg.), The Prehistoric Cyclades, Edinburgh 1984. – W. Eckschmitt, Kunst und Kultur der Kykladen. I: Neolithikum und Bronzezeit, Mainz 1986. – E. Rehm, Kykladen und Alter Orient, Karlsruhe 1997. – J. Schäfer, Die Archäologie der altägäischen Hochkulturen. Einführung in die Bedeutung des Fachgebietes und in die methodische Forschung, Heidelberg 1998, S. 61–63.

Die Minoische Kultur (3. und 2. Jtd. v. Chr.)

Auf der Insel Kreta läßt sich aus den Funden ableiten, daß die Phase vom frühen 3. Jtd. bis in das ausgehende 2. Jtd. v. Chr. kulturgeschichtlich als eine Einheit zu verstehen ist. Arthur Evans benannte sie in Anspielung auf den mythischen König *Minos* die *Minoische Kultur.* Die politische Geschichte der Insel ist innerhalb dieser Epoche freilich wechselvoll. Markantestes Kennzeichen der Minoischen Kultur sind zweifellos die Paläste. In ihrer Baugeschichte spiegelt sich der Werdegang der Insel vor allem während des 2. Jtds. recht deutlich. Weitere charakteristische Kunstäußerungen Kretas sind neben der Architektur vor allem die *Freskomalerei*, die *Keramik* und die *Siegelglyptik.* Die Grabungen auf der etwa 150 km nördlich von Kreta gelegenen Insel *Thera (Santorin)* haben die Befunde zur Minoischen Kultur erheblich vermehrt. In jüngster Zeit verdeutlichen Grabungsbefunde in Ägypten, im Nahen Osten und an der kleinasiatischen Westküste zudem das intensive Netz an wirtschaftlichen und kulturellen Verflechtungen mit den benachbarten Kulturräumen.

Besondere Aufmerksamkeit haben der Vulkanausbruch auf der Insel

Thera (Zeitpunkt und Auswirkungen) und die Frage nach den Ursachen des Endes der minoischen Kultur gefunden. Mit einer *hieroglyphisch-piktographischen* Schrift und den sog. *Linear A-* und *Linear B-Schriften* liegen aus Kreta frühe Schriftsysteme vor. Ohne zusätzliche Belege nicht zu dechiffrieren ist der *Diskos von Phaistos*.

Innerhalb der Minoischen Kultur unterscheidet die Forschung folgende Entwicklungsstufen:

- Vorpalastzeit (ca. 2900–ca. 2100 v. Chr.)
  untergliedert in Frühminoisch [FM] I, FM II A und FM II B
- Altpalastzeit (ca. 2100–ca. 1800 v. Chr.)
  untergliedert in FM III bzw. Mittelminoisch [MM] I A, MM I B/MM II A
- Neupalastzeit (ca. 1800–ca. 1450 v. Chr.)
  untergliedert in MM II B/III A, MM III B und Spätminoisch [SM] I A
  Dieser Phase ist das Fallbeispiel Nr. 1 (S. 75ff.) zuzuordnen.
  In diese Phase fällt der Vulkanausbruch auf Thera. Die Katastrophe wird mehrheitlich in die Zeit um 1530 bis 1500 v. Chr. datiert; daneben hält sich aber auch eine Datierung um 1630 v. Chr.
- Endpalastzeit (ca. 1450–ca. 1200 v. Chr.)
  Diese Phase bezeichnet die Einverleibung Kretas in das ‚Mykenische Reich', das in dieser Zeit seine größte Machtentfaltung erlebt.
  untergliedert in SM I B, SM II, SM III A 1, SM III A 2 und SM III B
- Nachpalastzeit (ca. 1200–ca. 1100 v. Chr.)
  auch bezeichnet als SM III C

Literatur in Ergänzung der beim Fallbeispiel Nr. 1 (S. 79f.) aufgeführten Titel:
S. Marinatos/M. Hirmer, Kreta, Thera und das mykenische Hellas, München ³1986. – P. Åström/L. R. Palmer/L. Pomerance, Studies in Aegean Chronology, Göteborg 1984. – R. Hägg/N. Marinatos (Hrsg.), The Minoan Thalassocracy. Myth and Reality, Stockholm 1984. – N. Marinatos, Art and Religion in Thera. Reconstructing a Bronze Age Society, Athen 1984 (deutsch 1988). – Thera and the Aegean World. Proceedings of the Second International Scientific Congress August 1978, London 1978 (Bd. 1) und 1980 (Bd. 2); Third Congress September 1989, London 1990. – E. M. Melas, Minoans Overseas: Alternative Models of Interpretation. Aegeum 2, 1988, S. 47–70. – Ch. Doumas, Die Wandmalereien von Thera, München 1995. – M. Pincherle, La civiltà minoica in Italia: le città saturnie, Ospedaletto 1990. – J. Schäfer (Hrsg.), Amnisos, Berlin 1992. – N. H. Gale, Bronze Age Trade in the Mediterranean. Studies in Mediterranean Archaeology 105, Jonsered 1991. – W.-D. Niemeyer, Minoan Artisans Travelling Overseas: The Alalakh Frescoes and the Painted Plaster Floor at Tel Kabri (Western Galilee), in: R. Laffineur/L. Basch (Hrsg.), Thalassa. L'Égée préhistorique et la mer. Aegeum 7, Liège 1991, S. 189–201. – R. Laffineur/W.-D. Niemeyer, Politeia: Society and State in the Aegean Bronze Age. Aegaeum 12, Liège 1995. – W. V. Davies/L. Schofield (Hrsg.), Egypt, the Aegean and the Levant, London 1995. – M. Bietak/N. Marinatos, The Minoan Wall Paintings from Avaris, in: Ägypten und die Levante 5, 1995, S. 49–62. – S. Hiller, Zur Rezeption ägyptischer

Motive in der minoischen Freskenkunst, in: Ägypten und die Levante 6, 1996, S. 83–105.
Zum Vulkanausbruch auf Thera: W.-D. Niemeyer, Die Katastrophe von Thera und die spätminoische Chronologie, in: JdI 95, 1980, S. 1–76. – H. Pichler/W. Schiering, Der spätbronzezeitliche Ausbruch des Thera-Vulkans und seine Auswirkungen auf Kreta, in: AA 1980, S. 1–37. – M. Schoch, Die naturwissenschaftlichen Datierungen des spätbronzezeitlichen Vulkanausbruchs von Santorin, in: Thetis 4, 1997, S. 51–62.

Die Mykenische Kultur (ca. 1575–ca. 1050 v. Chr.)

Innerhalb der ägäischen Bronzezeit (frühes 3. bis ausgehendes 2. Jtd. v. Chr.; auch als *Helladikum* bezeichnet) umfaßt die *Mykenische Periode* den letzten, etwa die 2. Hälfte des 2. Jtds. einnehmenden Abschnitt. In dieser Phase der festländisch-griechischen Geschichte hat sich der ‚Fürstensitz' von Mykene zum überregionalen Machtzentrum entwikkelt. Eine bis zur Perfektion ausgereifte Verwaltung, die uns in den sog. *Linear B-Tafeln* detailliert vor Augen tritt, besorgte den militärischen und wirtschaftlichen Zusammenhalt des ‚Mykenischen Reichs', das um 1450 v. Chr. auch Kreta vereinnahmte und, wie zuvor Kreta, rege Kontakte mit den Nachbarkulturen im östlichen Mittelmeer unterhielt. Markante archäologische Zeugnisse dieser Periode sind neben den Burgen auf der Peloponnes (Mykene, Tiryns [Fallbeispiel Nr. 2 S. 80ff.], Pylos) und in Böotien (Orchomenos, Gla) und ihrem Inventar vor allem die Nekropolen mit den Kuppel- und Schachtgräbern sowie den figürlich bemalten Tonsarkophagen *(Larnakes).*

Innerhalb der Mykenischen Kultur unterscheidet die Forschung folgende Entwicklungsstufen:

- Frühmykenisch/Späthelladisch [SH] I (ca. 1575–ca. 1500 v. Chr.)
- Mittelmykenisch/SH II (ca. 1500–ca. 1400 v. Chr.)
  untergliedert in SH II A und SH II B
- Spätmykenisch/SH III (ca. 1400–ca. 1050 v. Chr.); dieser Phase ist das *Fallbeispiel Nr. 2 (S. 80ff.)* zuzuordnen.
  untergliedert in SH III A 1 und SH III A 2, SH III B 1 und SH III B 2 sowie SH III C früh, SH III C entwickelt, SH III C spät
  In der Ebene von Argos wird der Übergang von SH III B 2 zu SH III C früh durch ein etwa um 1200/1190 v.Chr. zu datierendes schweres Erdbeben markiert. Ein zweites Erdbeben um 1120/1100 v. Chr. (innerhalb SH III C entwickelt) bringt die Paläste von Mykene und Tiryns erneut zum Einsturz. SH III C spät bezeichnet die letzte Nachbesiedlung in bzw. bei den Burganlagen.

Literatur in Ergänzung der beim Fallbeispiel Nr. 2 (S. 83f.) aufgeführten Titel: O. T. P. K. Dickinson, The Origins of Mycenaean Civilization, Göteborg 1977. – H. Matthäus, Bronzegefäße der kretisch-mykenischen Kultur, München 1980. – St. Hiller/O. Penagl, Die frühgriechischen Texte aus mykenischer Zeit. Zur Erforschung der Linear B-Tafeln, Darmstadt 1986 (mit Bibliographie). – I. Kilian-Dirlmeier, Beobachtungen zu den Schachtgräbern von Mykenai und zu den Schmuckbeigaben mykenischer Männergräber, in: JbRGZM 33, 1986, S. 159–198. – R. Laffineur (Hrsg.), Transition. Le monde égéen du Bronze moyen au Bronze récent. Aegaeum 3, Liège 1989. – P. A. Mountjoy, Mycenaean Athens, Jonsered 1995. – J. Maran, Kulturwandel auf dem griechischen Festland und den Kykladen im späten 3. Jahrtausend v. Chr., Bonn 1998.

Die ‚Dark Ages'

Früher ging man von einem maßgeblich durch äußere Gewalteinwirkung herbeigeführten Zusammenbruch der mykenischen Kultur in der Mitte des 12. Jhs. v. Chr. aus und sah den Beginn der Konsolidierung neuer Strukturen im 10. Jh. v. Chr. Für den nahezu zweihundert Jahre währenden Zeitraum zwischen diesen Daten fehlten aussagekräftige archäologische Zeugnisse. Man sprach deshalb von den ‚dunklen Jahrhunderten'. Durch Forschungen der letzten drei Jahrzehnte wurde diese Vorstellung grundlegend revidiert. Die vermeintliche Lücke im archäologischen Befund ist nahezu geschlossen. Auch aus historischer Sicht lassen sich die Ereignisse, die zur Auflösung der mykenischen Machtstrukturen führten, im Kern erklären. Für das vormalige mykenische Zentrum in der Ebene von Argos sind die Vorgänge im Fallbeispiel Nr. 2 (S. 80ff.) dargestellt. Ein weiterer sehr aufschlußreicher Grabungsplatz war die Nekropole von *Lefkandi* auf Euböa. In der Terminologie der für die frühgriechische Kultur entwickelten Chronologie schließt also unmittelbar an die Phase ‚Spätmykenisch III C spät' die Phase ‚Submykenisch/Früh-Protogeometrisch' an.

Literatur in Ergänzung der beim Fallbeispiel Nr. 2 (S. 83f.) aufgeführten Titel: M. R. Popham/L. H. Sackett/G. M. Themelis (Hrsg.), Lefkandi I: The Iron Age. The Settlement. The Cemeteries. BSA Suppl. 11, London 1980. – M. R. Popham/P. G. Calligas/L. H. Sackett (Hrsg.), Lefkandi II: The Protogeometric Building at Toumba. Part 1, Oxford 1990; Part II, Oxford 1993. – W. A. McDonald/W. D. E. Coulson, The Dark Age at Nichoria: A perspective, in: W. A. McDonald/W. D. E. Coulson/J. Rosser (Hrsg.), Excavations at Nichoria in Southwest Greece, Vol. III, Minnesota 1983, S. 316–329. – A. M. Snodgrass, An Archaeology of Greece. The Present State and Future Scope of a Discipline, Berkeley/Los Angeles/London 1987, S. 170–210: The Early Iron Age of Greece.

Die ‚geometrische' Epoche (ca. 1050/1000–ca. 700 v. Chr.)

Historisch gesehen umfaßt diese Epoche jene Phase der griechischen Geschichte, in der sich die neuen gesellschaftlichen, politischen und religiösen Strukturen stabilisiert haben. Einen lebendigen Einblick in die veränderte Lebenswelt der Griechen bieten die Homerischen Epen (*Ilias* und *Odyssee*). Statt des zuvor zentral agierenden Königspriestertums liegen die Geschicke nun in den Händen zahlloser ,Fürsten'. Die in der Odyssee detaillierter geschilderten Verhältnisse am Stammsitz des Odysseus in Ithaka charakterisieren diese ,Fürsten' eher als Gutsherrn mit einer rein lokalen Befehlsgewalt. Ihre Einkünfte bezog die frühgriechische Führungsschicht vornehmlich aus Landwirtschaft und Viehzucht. Ihr Status wurde nicht nur am Vermögen gemessen, sondern auch an ihren überregionalen Kontakten, deren Umfang und Weitläufigkeit sich an den empfangenen Gastgeschenken ablesen ließ. Archäologisch ist diese Konvention an zahlreichen ,Antiquitäten' unter den frühgriechischen Votivgaben in den Heiligtümern und unter den Grabbeigaben jener Zeit nachzuvollziehen.

Die Namensgebung für diese Epoche geht von charakteristischen Merkmalen der bildenden Kunst aus: Im Jahr 1870 legte Alexander Conze seine Abhandlung *Zur Geschichte der Anfänge der griechischen Kunst* vor. Darin analysiert er eine erstmals von ihm zusammengestellte Gruppe von Tongefäßen, in deren Dekoration er ein gemeinsames Gestaltungsprinzip erkannt hatte. Obwohl er diesen Arbeiten keine künstlerische Qualität zubilligte, maß er ihnen – ungewöhnlich für seine kunsthistorisch orientierte Zeit – historischen Zeugniswert bei.

Schon in der Forschergeneration nach Conze hat sich die Einschätzung der künstlerischen Qualität des *geometrischen Stils* nachhaltig verändert. Vor allem die Funde aus den Nekropolen Athens haben das außerordentliche Niveau der Töpferkunst vor Augen geführt. Für die Gestaltung des Menschenbildes in der geometrischen Epoche steht das Fallbeispiel Nr. 3 (S. 85ff.).

Innerhalb der Geometrischen Epoche unterscheidet die Forschung folgende Entwicklungsstufen:

- Protogeometrisch (ca. 1050/1000–ca. 900 v. Chr.)
- Frühgeometrisch (ca. 900–ca. 800 v. Chr.)
  In dieser Phase lassen sich in *Al Mina*, an der Mündung des Orontes, griechische Händler nieder, für Euböa (*Eretria*), Kreta (*Tekke* bei Knossos) und die italische Westküste sind Werkstätten phönizischer Gold- und Kupferschmiede bezeugt.
- Reifgeometrisch (ca. 800–ca. 750 v. Chr.)
  Für diese Phase sind in Fundplätzen auf Euböa und im Umfeld der euböischen Kolonien an der italischen Westküste (*Cumae* und *Pithekoussai*) die ersten Belege der griechischen Alphabetschrift bezeugt. Etwa zeitgleich auch erste Schriftzeugnisse in Etrurien.
  Anbahnung langfristiger ökonomischer und kultureller Kontakte der Griechen mit Etrurien. Auf dem Boden Etruriens werden auch die Verbindungen der Griechen mit den dort gleichfalls verankerten Phöniziern vertieft.

- Spätgeometrisch (ca. 750–ca. 700 v. Chr.)
  In dieser Phase begann die Niederschrift der Epen des ‚Troischen Sagenkreises *(Epischer Kyklos)*', darunter die unter dem Namen des *Homer* verbreiteten Epen *Ilias* und *Odyssee*. Die dort in Worten erfaßte Gedankenwelt spiegelt sich in der zeitgleichen Kunst (Fallbeispiel Nr. 3 S. 85ff.).

Literatur in Ergänzung der im Chronologie-Kapitel (S. 56ff.) und beim Fallbeispiel Nr. 3 (S. 88f.) aufgeführten Titel: A. Conze, Zur Geschichte der Anfänge griechischer Kunst. SBWien 1870, S. 505–534; ders., SBWien 1873, S. 221–250. – B. Schweitzer, Die geometrische Kunst Griechenlands. Frühe Formenwelt im Zeitalter Homers, Köln 1969. – J. N. Coldstream, Geometric Greece, London 1977. – R. Hampe/E. Simon, Tausend Jahre frühgriechische Kunst, Fribourg/München 1980. – J. Boardman, The Greeks Overseas, London ³1980, S. 38–54 (Al Mina). – W.-D. Heilmeyer, Frühgriechische Kunst. Kunst und Siedlung im geometrischen Griechenland, Berlin 1982. – H. Lauter. Lathuresa. Beiträge zur Architektur und Siedlungsgeschichte in spätgeometrischer Zeit, Mainz 1985. – W. Martini, Vom Herdhaus zum Peripteros, in: JdI 101, 1986, S. 23–36. – A. M. Snodgrass, An Archaeology of Greece. The Present State and Future Scope of a Discipline, Berkeley/Los Angeles/London 1987, S. 132–169: The First Figure-scenes in Greek Art. – K. Reber, Untersuchungen zur handgemachten Keramik Griechenlands in der submykenischen, protogeometrischen und geometrischen Zeit, Jonsered 1991. – Sarah P. Morris, Daidalos and the Origins of Greek Art, Princeton 1992. – St. Hiller, Apsidenbauten in griechischen Heiligtümern, in: Festschrift J. Borchhardt II, Wien 1996, S. 27–53. – S. Langdon (Hrsg.), New Light on a Dark Age. Exploring the Culture of Geometric Greece, Columbia 1997. – J. Boardman, Early Greek Vase Painting 11th–6th Centuries B. C., London 1998.

Zu den Beziehungen der Griechen zu Etruskern und Phöniziern sowie nach Spanien: A. E. Furtwängler, Auf den Spuren eines ionischen Tartessos-Besuchers: Bemerkungen zu einem Neufund, in: AM 92, 1977, S. 61–70. – A. Moustaka, Spätarchaische Weihegaben aus Etrurien in Olympia, in: AA 1985, S. 353–364. – G. Kopcke/I. Tokumaru (Hrsg.), Greece between East and West: 10th–8th Centuries. Papers of the Meeting at the Institute of Fine Arts, New York University March 15–16th, 1990, Mainz 1993. – I. Wehgartner/H. Zöller (Red.), Luxusgeschirr Keltischer Fürsten. Griechische Keramik nördlich der Alpen. Sonderausstellung im Mainfränkischen Museum Würzburg 14. Juni–13. August 1995, Würzburg 1995.

Zur Homer-Forschung: Archaeologia Homerica: die Denkmäler und das frühgriechische Epos. Lieferungswerk, begründet von Friedrich Matz, herausgegeben von H.-G. Buchholz, Göttingen 1967–1980. – N. Himmelmann, Über bildende Kunst in der homerischen Gesellschaft, Mainz 1969. – J. Latacz, Homer, Eine Einführung, München/Zürich 1985; ders., Frauengestalten bei Homer, in: E. Ohlshausen (Hrsg.), Die Frau in der Gesellschaft, Stuttgart 1987, S. 43–71; ders., Zu Umfang und Art der Vergangenheitsbewahrung in der mündlichen Überlieferungsphase des griechischen Heldenepos, in: Colloquium Rauricum I, Stuttgart/Leipzig 1988, S. 153–183; ders., Homer, der erste Dichter des Abendlandes, München ²1989; ders. (Hrsg.), Zweihundert Jahre Homer-Forschung. Colloquium Rauricum II, Stuttgart/Leipzig 1991.

– G. Strasburger, Homer – zeitgemäß? Homerische Bilder und Gedanken zu Leben und Tod vor orientalischem Hintergrund, in: Humanistische Bildung 16, 1992, S. 69–127.

Die ‚archaische' Epoche (ca. 700–ca. 490/480 v. Chr.)

Die Epochenbezeichnung ‚Archaik' leitet sich von dem griechischen Wort *arche* (d.h. Anfang) ab. Sie wurde in der Phase der dezidiert kunsthistorisch orientierten archäologischen Forschung geprägt, als man die Zeugnisse des 7. Jhs. v. Chr. als früheste Belege künstlerischer Qualität ansah. Diese Einschätzung hat seit langem keine Gültigkeit mehr; die in der Fachsprache fest verankerte Terminologie wurde aus pragmatischen Gründen als reiner *terminus technicus* beibehalten.

Politisch ist die archaische Epoche von der Formierung der autonomen ‚Stadtstaaten' *(poleis)* und deren sich rasch ausbildender Rivalität geprägt. Die in dieser Phase dominierenden Herrschaftssysteme sind die *Oligarchie* (die Macht liegt in den Händen einer kleinen Gruppe aus dem Kreis der Aristokratie) und die *Tyrannis* (die Macht liegt in den Händen einer Einzelperson oder eines Clans). Der Selbstdarstellungsdrang der Poleis bewirkt in den Heiligtümern und städtischen Zentren *(agorai)* eine intensive Bautätigkeit. Die Selbsteinschätzung der aristokratischen Oberschicht spiegelt sich in aufwendigen Weihgeschenken in den Heiligtümern und den repräsentativen Grabdenkmälern dieser Epoche.

Innerhalb der Archaischen Epoche unterscheidet die Forschung folgende Entwicklungsstufen:

- Früharchaisch (ca. 700–ca. 630/620 v. Chr.)
  Dieser Abschnitt wurde in der Forschung vorübergehend als eine eigenständige Phase betrachtet und als ‚orientalisierende' Epoche bezeichnet. Dieser Phase ist das Fallbeispiel Nr. 4 (S. 89 ff.) zuzuordnen.
- Reif- oder Hocharchaisch (ca. 630/620–ca. 560/550 v. Chr.)
- Spätarchaisch (ca. 560/550–ca. 490/480 v. Chr.)
  Dieser Phase ist das Fallbeispiel Nr. 5 (S. 92 ff.) zuzuordnen.

Literatur in Ergänzung der im Chronologie-Kapitel (S. 56 ff.) und bei den Fallbeispielen Nr. 4 (S. 92) und Nr. 5 (S. 97 f.) aufgeführten Titel: W. Burkert, Die orientalisierende Epoche in der griechischen Religion und Literatur, Heidelberg 1984. – H. G. Niemeyer (Hrsg.), Phönizier im Westen, Mainz 1982. – H. G. Niemeyer/R. Rolle (Hrsg.), Akten des Internationalen Kolloquiums ‚Interactions in the Iron Age: Phoenicians, Greeks and the Indigenous Peoples of the Western Mediterranean' in Amsterdam am 26. und 27. März 1992. Hamburger Beiträge zur Archäologie 19/20, 1992/93. – St. Böhm, Die ‚Nackte Göttin'. Zur Ikonographie und Deutung unbekleideter weiblicher Figuren in der frühgriechischen Kunst, Mainz 1990. – H. Kyrieleis (Hrsg.), Archaische und Klassische Griechische Plastik I, Mainz 1986; ders., Der große Kuros von Samos. Samos X, Mainz 1996. – Chr. Ulf (Hrsg.), Wege zur Genese griechischer Identität, Berlin 1996. – T. Hölscher, Öffentliche Räume in frühen griechischen Städten, Heidelberg 1998. – H.-J. Gehrke, Kleine Geschichte der Antike, München 1999, S. 37–85.

Die ‚klassische' Epoche (frühes 5. Jh.–336 v. Chr.)

Die Epochenbezeichnung ‚Klassik' entspringt dem gleichen Denken, das für den voraufgegangenen Zeitabschnitt den Terminus ‚Archaik' geprägt hat: Aus ihren Anfängen im 7. Jh. v. Chr. – so die Vorstellung – habe die künstlerische Entwicklung im 5. und 4. Jh. v. Chr. ihre höchste Vollkommenheit erlangt. Dieses Denkmodell konnte nur entstehen und sich zunächst auch behaupten, weil der Blick sehr stark auf die Entwicklung in Athen fokussiert war. Seit sich die archäologische Forschung von der Fixierung auf einige wenige Zentren befreit und auf dem griechischen Festland den zuvor weniger beachteten Regionen im Süden (z. B. Arkadien, Achaia und Messenien), im Norden (Thessalien und Makedonien) und im Nordwesten (Aitolien, Akarnanien, Epirus) erhöhte Beachtung schenkt, stellt sich die Entwicklung der griechischen Kultur facettenreicher dar. Athen hat nicht seinen Rang, wohl aber seine Rolle als maßgebliches Leitbild eingebüßt.

Politisch bleibt die Aristokratie zwar weiter dominant, dies freilich nicht mehr in der abgehobenen Isolierung von ‚dem Volk' *(Demos)*. Aus der normierten Teilhabe der Bürger an der Gestaltung der Politik leitet sich die Bezeichnung *Demokratie* für die neue, erstmals in Athen eingeführte Verfassung ab. Bei der Etablierung und Stabilisierung der neuen gesellschaftlichen und politischen Strukturen nehmen die in den tradierten Erzählungen *(Mythen)* bewahrten Erfahrungen aus der als vorbildlich erachteten Vorzeit eine entscheidende Rolle ein. Sie werden von den großen Dramatikern des 5. Jhs. v. Chr. *(Aischylos, Sophokles, Euripides)* für die Gegenwart aufbereitet und finden in zahllosen Bildwerken *(Vasenmalerei, Bauplastik)* eine ideelle Verwendung.

Innerhalb der Klassischen Epoche unterscheidet die Forschung folgende Entwicklungsstufen:

- Frühklassisch (ca. 490/480–ca. 450 v. Chr.)
  In der streng wirkenden Gesichtsphysiognomie an Bildwerken dieser Phase (die daher auch als ‚Strenger Stil' bezeichnet wird) glaubte man die Auswirkungen der in diese Zeit fallenden militärischen Auseinandersetzungen mit den Persern erkennen zu können, doch sind aus dem Kontakt mit den Persern auch fruchtbare Anregungen für die Kunst und das Lebensgefühl der Griechen hervorgegangen.
  Dieser Phase sind die Fallbeispiele Nr. 6 (S. 98 ff.) und Nr. 7 (S. 103 ff.) zuzuordnen.
- Hochklassisch (ca. 450–ca. 420 v. Chr.)
  Als Sinnbild dieser Phase gelten in der Architektur die von *Perikles* ver-

anlaßten und von einem Kreis gleichgesinnter Architekten *(Kallikrates, Iktinos)* und Künstler *(Pheidias)* entworfenen respektive ausgeführten Bauten auf der Athener Burg sowie die ‚Kanonisierung' des Bildes von der menschlichen Gestalt durch den Bildhauer *Polyklet.*

- Spätklassisch (ca. 420–336 v. Chr.)
  Diese Phase einer in allen Regionen Griechenlands ungebrochenen künstlerischen Ergiebigkeit ist ein Beleg dafür, daß widrige politische Rahmenbedingungen (anhaltende heftige innergriechische Feindseligkeiten [*staseis*]) die Kunstausübung nicht zwangsläufig zum Stillstand bringen. Dieser Phase sind die Fallbeispiele Nr. 8 (S. 109ff.), Nr. 10 (S. 119ff.), Nr. 22 (S. 178ff.), Nr. 23 (S. 184ff.) und Nr. 24 (S. 188ff.) zuzuordnen.

Literatur in Ergänzung der im Chronologie-Kapitel (S. 56ff.) und bei den Fallbeispielen Nr. 8 (S. 114), Nr. 10 (S. 123f.), Nr. 22 (S. 184), Nr. 23 (S. 188) und Nr. 24 (S. 191) aufgeführten Titel: T. Hölscher, Die unheimliche Klassik der Griechen, in: H. Flashar (Hrsg.), Thyssen-Vorträge. Auseinandersetzungen mit der Antike 8, Bamberg 1989. – H. A. Borbein, Die klassische Kunst der Antike, in: W. Voßkamp (Hrsg.), Klassik im Vergleich. Normativität und Historizität europäischer Klassiken. DFG-Symposion 1990, Stuttgart/Weimar 1993, S. 281–316; ders., Die Klassik-Diskussion in der Klassischen Archäologie, in: H. Flashar (Hrsg.), Altertumswissenschaft in den 20er Jahren. Neue Fragen und Impulse, Stuttgart 1995, S. 205–245. – E. Pöhlmann/W. Gauer (Hrsg.), Griechische Klassik. Vorträge bei der interdisziplinären Tagung des Deutschen Archäologenverbandes und der Mommsengesellschaft vom 24.–27. 10. 1991 in Blaubeuren, Nürnberg 1994. – M. Oppermann, Vom Medusabild zur Athenageburt. Bildprogramme griechischer Tempelgiebel archaischer und klassischer Zeit, Leipzig 1990. – U. Sinn, Aphaia und die ‚Aegineten'. Zur Rolle des Aphaiaheiligtums im religiösen und gesellschaftlichen Leben der Insel Aigina, in: AM 102, 1987, S. 131–167; ders., Apollon und die Kentauromachie im Westgiebel des Zeustempels in Olympia. Die Wettkampfstätte als Forum der griechischen Diplomatie nach den Perserkriegen, in: AA 1964, S. 585–602. – H. Knell, Mythos und Polis. Bildprogramme griechischer Bauskulptur, Darmstadt ²1998. – F. Felten, Arkadien. Sondernummer AW 18, 1987, bes. S. 32–69. – A. Scholl, Die Korenhalle des Erechtheion auf der Akropolis. Frauen für den Staat, Frankfurt am Main 1998 (mit weiteren bibliographischen Angaben zur klassischen Akropolis). – H.-J. Gehrke, Kleine Geschichte der Antike, München 1999, S. 87–119.

Die ‚hellenistische' Epoche (336–ca. 30 v. Chr.)

Die Epoche des ‚Hellenismus' umschließt den Zeitraum von der Regierungszeit Alexanders des Großen (336–323 v. Chr.) bis zu dem von Augustus in den ersten vier Jahren (31–27 v. Chr.) seiner Machtausübung faktisch herbeigeführten Ende der römischen Republik. Die ‚Hellenisierung' beruht im Osten auf den militärischen Erfolgen während des *Alexanderzuges* (334–323 v. Chr.). Ausgelöst durch die Bewunderung römischer Intellektueller beginnt griechische Kultur auch im Westen Fuß zu fassen.

Im griechischen Mutterland löst sich die überkommene kleinteilige Polis-Struktur zugunsten großräumiger Zusammenschlüsse auf. In Mittel- und Südgriechenland sind sie als Bündnis *(Koinon)* organisiert, im Norden (Epirus, Makedonien) sowie in Kleinasien und Ägypten hält sich die monarchische Tradition. Damit geht die Gründung bzw. der Ausbau von Residenzstädten *(Vergina, Pella, Pergamon, Seleukia, Antiochia, Alexandria)* einher – mit allen für die archäologische Forschung interessanten Konsequenzen einer neuen ‚Hofkunst'. Sie ist in der Architekur, Bildkunst sowie vor allem auch in luxuriösem Inventar zu fassen. Die nuancenreiche Verschmelzung der Kulturkreise, die Auswirkungen eines sich stärker durchsetzenden Individualismus und das zeitgleiche Nebeneinander retrospektiver und innovativer Tendenzen in der Kunst verwehren es der archäologischen Forschung, die für die voraufgegangenen Epochen entwickelten Beurteilungskriterien auf die Kunstentwicklung des Hellenismus zu übertragen. Die archäologische Literatur – vor allem die zur Skulptur, weniger die zur Architektur – ist daher von anhaltenden Kontroversen geprägt; davon betroffen ist z. B. die berühmte Laokoongruppe (S. 62). Apodiktisch vorgetragenen ‚Ergebnissen' gegenüber ist Skepsis geboten!

Innerhalb der Hellenistischen Epoche unterscheidet die Forschung folgende Entwicklungsstufen:

- Frühhellenistisch (336–ca. 220 v. Chr.)
  Dieser Phase ist das Fallbeispiel Nr. 11 (S. 124 ff.) zuzuordnen.
- Hochhellenistisch (ca. 220–ca. 150 v. Chr.)
  Dieser Phase ist das Fallbeispiel Nr. 13 (S. 134 ff.) zuzuordnen. In der Diskussion um die Identifizierung der Statue als Ehrenbild eines Griechen oder eines Römers spiegelt sich die für diese Zeit charakteristische Adaption griechischer Kultur in Rom.
- Späthellenistisch (ca. 150–ca. 30 v, Chr.)
  Dieser Phase ist das Fallbeispiel Nr. 12 (S. 130 ff.) zuzuordnen.

Literatur in Ergänzung der im Chronologie-Kapitel (S. 56 ff.) und bei den Fallbeispielen Nr. 11 (S. 129 f.), Nr. 12 (S. 134) und Nr. 13 (S. 139) aufgeführten Titel:
N. Himmelmann, Der Hellenismus in der Archäologie, in: Akten des XIII. Internationalen Kongresses für Klassische Archäologie Berlin 1988, Mainz 1990, S. 14–16. (darüber hinaus sind alle in den Akten vereinigten Beiträge des Kongresses dem Thema ‚Hellenismus' gewidmet). – P. Zanker (Hrsg.), Hellenismus in Mittelitalien. Kolloquium in Göttingen vom 5. bis 9. Juni 1974, Göttingen 1976. – H. Lauter, Die Architektur des Hellenismus, Darmstadt 1986. – W. Hoepfner/E. L. Schwandner (Hrsg.), Hermogenes und die hochhellenistische Architektur, Internationales Kolloquium in Berlin vom 28. bis 29. Juli 1988, Mainz 1990. – F. Rumscheid, Untersuchungen zur kleinasiatischen Bauornamentik des Hellenismus, Mainz 1994. – W. Hoepfner/G. Brands (Hrsg.), Basileia. Die Paläste der Hellenistischen Könige, Internationales Symposion in Berlin vom 16. 12. 1992 bis 20. 12. 1992, Mainz 1996. – R. Ginouvès (Hrsg.), Macedonia. From Philip II to the Roman Con-

quest, Princeton 1994. – D. Pandermalis, Dion. Archäologische Stätte und Museum, Athen 1997. – Th. Stephanidou-Tiveriou, Die Grabungen in Dion, Bd. 1: Die Stadtmauer (neugr.), Thessaloniki 1998. – St. Drougou u. a., Vergina, The Great Tumulus, Thessaloniki 1994. – H. Kyrieleis, Die Bildnisse der Ptolemäer. AF 2, Berlin 1975. – St. Schmidt, Katalog der ptolemäischen und kaiserzeitlichen Objekte im Akademischen Kunstmuseum der Universität Bonn, München 1997, S. 9–35: Tradition und Modernität: Kunst im ptolemäischen Ägypten. – R. Fleischer, Studien zur seleukidischen Kunst, I: Herrscherbildnisse, Mainz 1991. – W. Radt, Pergamon. Geschichte und Bauten einer antiken Metropole, Darmstadt 1999. – K. Bringmann/H. v. Steuben (Hrsg.), Schenkungen hellenistischer Herrscher an griechische Städte und Heiligtümer, Teil I: Zeugnisse und Kommentare, Berlin 1995; Teil II: Historische und archäologische Auswertung, Berlin 2000. – H. Kotsidu, Time kai Doxa. Ehrungen für hellenistische Herrscher im griechischen Mutterland und in Kleinasien unter besonderer Berücksichtigung der archäologischen Denkmäler, Berlin 2000. – J. G. Droysen, Geschichte des Hellenismus, 3 Bände. Hrsg. von E. Bayer. Eingeleitet von H.-J. Gehrke, Darmstadt 1998. – H.-J. Gehrke, Alexander der Große, München 1996; ders., Kleine Geschichte der Antike, München 1999, S. 121–179.

Zur ‚Laokoon-Kontroverse': F. Hiller, Wieder einmal Laokoon, in: RM 86, 1979, S. 271–295. – B. Andreae, Plinius und der Laokoon, 8. TrWPr, Mainz 1986; ders., Laokoon und die Gründung Roms, Mainz ³1996. – O. Zwierlein, Plinius über den Laokoon, in: H.-U. Cain/H. Gabelmann/D. Salzmann (Hrsg.), Festschrift für N. Himmelmann, Mainz 1989, S. 433–443. – N. Himmelmann, Laokoon, in: AntK 34, 1991, S. 97–115. – Chr. Kunze, Zur Datierung des Laokoon und der Skyllagruppe aus Sperlonga, in: JdI 111, 1996, S. 139–223. – G. Lahusen, Bemerkungen zur Laokoon-Gruppe, in: Hellenistische Gruppen. Gedenkschrift für Andreas Linfert, Mainz 1999, S. 307–305. – V. M. Strocka, Zur Datierung der Sperlonga-Gruppen und des Laokoon, ebenda, S. 307–322.

b) Der zeitliche Rahmen für den italisch-römischen Kulturkreis

Rom in der frühen Eisenzeit (ca. 1000–2. Hälfte 7. Jh. v. Chr.)

Im Jahr 43 v. Chr. errechnete der römische Gelehrte und Dichter Marcus Terentius Varro (116–27 v. Chr.) den 21. April 753 v. Chr. als Tag der Gründung Roms (S. 43). Natürlich handelt es sich um ein fiktives respektive legendäres Datum. Archäologische Funde auf dem *Kapitolshügel* und auf dem *Palatin* reichen bis in die Zeit um 1400 v. Chr. zurück. Diese Ansiedlungen bildeten den Kern einer im Laufe des 8. Jhs. v. Chr. durch den Zusammenschluß *(Synoikismos)* mit anderen Siedlungen entstandenen Stadt. Die agrarisch orientierte Bevölkerung hatte nach Ausweis archäologischer Funde Kontakt mit den seit der Mitte des 8. Jhs. in *Cumae* ansässigen Griechen (S. 22).

Literatur: J. D. Ridgway/F. R. Ridgway, Italy before the Romans. The Iron Age, Orientalising and Etruscan Periods, London 1979. – J. C. Meyer, Pre-Republican Rome. An analysis of the cultural and chronological relations, Odense 1983. – R. R. Holloway, The Archaeology of Early Rome and Latium, London/New York 1994. – F. Kolb, Rom. Die Geschichte der Stadt in der Antike, München 1995. – K. v. Welck/R. Stupperich (Hrsg.), Italien vor den Römern, Mainz 1996. – M. Bettelli, Roma. La città prima della città: i tempi di una nascita. La cronologia delle sepolture ad inumazione di Roma e del Lazio nella prima età del ferro, Rom 1997.

Die römische Königszeit (ca. 2. Hälfte 7. Jh.–509 v. Chr.)

Die durch den Zusammenschluß erstarkte Stadt am Tiber rückte als potentieller Rivale in das Blickfeld der Etrusker: Diese brachten den Siedlungsplatz vermutlich gegen Ende des 7. Jhs. in ihren Besitz. Der Bau der *Servianischen Stadtmauer*, der große *Tempel des Jupiter Capitolinus* und die Entwässerung der Ebene des *Forum Romanum* durch die *Cloaca Maxima* sind Belege der gewachsenen Bedeutung und des Aufblühens der Stadt. Die Herrschaft etruskischer Könige – darunter die meisten aus dem Geschlecht der *Tarquinier* – in Rom endet der Legende nach im Jahr 509 v. Chr. mit der Vertreibung des *(Lucius) Tarquinius Superbus*. Tatsächlich sind die römische Frühgeschichte und der Übergang vom Königtum zur Republik bereits Gegenstand gelehrter Spekulationen der römischen Annalistik.

Literatur in Ergänzung der im voraufgehenden Abschnitt aufgeführten Titel: R. Bianchi Bandinelli, Rom. Das Zentrum der Macht. Die römische Kunst von den Anfängen bis zur Zeit Marc Aurels, München 1970. – A. Boethius, Etruscan and Early Roman Architecture, Harmondsworth 1978. – F. Coarelli, Il Foro Romano I. Periodo arcaico, Rom 1983. – F. Prayon, Zur Baupolitik im archaischen Rom, in: Festschrift H. Drerup, Saarbrücken 1988, S. 331–342. – M. Cristofani (Hrsg.), La Grande Roma dei Tarquini. Catalogo della mostra, Palazzo delle Esposizioni 12. 6.–30. 9. 1990, Rom 1990.

Die Zeit der Republik (509–31 v. Chr.)

Unter der Führung des Adels wird ein Herrschaftssystem installiert, dessen zwei Stützen der *Senat* und die *Magistrate* mit einer gestaffelten Ämterhierarchie *(Quaestor – Aedil – Praetor – Consul)* sind. Im 5. Jh. v. Chr. wird zusätzlich das Doppelamt der *Censores* eingerichtet. 406 v. Chr. brechen die kriegerischen Auseinandersetzungen mit Veii aus. Mit der Einnahme der Stadt im Jahr 396 v. Chr. setzt die sukzessive territoriale Ausweitung Roms in Mittelitalien ein. Bald nach dem Sieg über *Pyrrhos* bei Benevent (275 v. Chr.) nehmen die lang währenden Kämpfe gegen Karthago ihren Anfang (Erster Punischer Krieg: 264–241; 216 v. Chr.: Niederlage bei Cannae; 202 v. Chr.: Sieg bei Zama).

Zu Beginn des 2. Jhs. v. Chr. greift Rom erstmals auf griechischem Boden in die Zwistigkeiten im östlichen Mittelmeerraum ein; 168 v. Chr. siegen die Römer über die Makedonen bei Pydna. Das Jahr 146 v. Chr. bringt sowohl in Griechenland (Einnahme Korinths) als auch im Krieg mit Karthago durchschlagende Erfolge. Ein weiterer außenpolitischer Erfolg stellt sich im Jahr 133 v. Chr. ein, als Attalos III. das Königreich Pergamon testamentarisch in die Hände Roms legt. In den nachfolgenden hundert Jahren, vermehrt Rom zwar weiterhin seinen territorialen Besitz, doch geht dies mit zunehmenden innenpolitischen Spannungen einher. Aus archäologischer Sicht ist diese letzte Phase der römischen Republik von kultureller Prosperität geprägt, die sich in allen Bereichen der Kunst, vor allem in der Adaption hellenistischer Elemente zu erkennen gibt. Beispielhaft ist die private Prachtentfaltung (Wandmalerei, Statuenausstattung, Luxusgeschirr) in den Villen und Grabanlagen in Latium und in Campanien.

Literatur in Ergänzung der zur hellenistischen Epoche (S. 27f.), zur römischen Kaiserzeit (S. 29), zur Provinzialrömischen Archäologie (S. 38) und zu dem Fallbeispiel Nr. 13 (S. 139) aufgeführten Titel: E. Nash, Bildlexikon zur Topographie des antiken Rom, Tübingen ²1968. – B. Andreae, Römische Kunst, Freiburg 1973. – V. Kockel, Die Grabbauten vor dem Herkulaner Tor in Pompeji, Mainz 1983. – F. Coarelli, Il Foro Romano II. Periodo repubblicano e augusteo, Rom 1985. – H. v. Hesberg, Römische Grabbauten, Darmstadt 1992. – Chr. Reusser, Der Fidestempel auf dem Kapitol in Rom und seine Ausstattung, Rom 1993. – St. Böhm, Die Münzen der römischen Republik und ihre Bildquellen, Mainz 1997. – G. Cifani, La documentazione archaeologica delle mura archaiche a Roma, in: RM 105, 1998, S. 359–389.

c) Der zeitliche Rahmen für die römische Kaiserzeit

Nach der Vertreibung der etruskischen Könige im späten 6. Jh. v. Chr. hat Rom nominell keine Monarchie mehr erlebt. Doch etablierte Octavian/Augustus im ausgehenden 1. Jh. v. Chr. ein System, das einer Monarchie sehr nahe kam. Daß dieser Wandel so reibungslos verlief, lag am Geschick des Octavian/Augustus, der die Machtausübung an sich zog, ohne die alten Institutionen der *res publica* gänzlich auszuschalten. Bei alledem profitierte er von der nach dem Tod des Caesar (44 v. Chr.) verfügten ‚Notverordnung', die die Geschicke des Staates vorübergehend in die Hände eines Dreierkollegiums *(Triumvirat)* gelegt hatte. Statt gemeinsam zu regieren, rangen die drei Mitglieder (neben Octavian: Marc Anton und Lepidus) um die Führungsrolle. Daraus ging Octavian als Sieger hervor (Schlacht bei Actium 31 v. Chr.). Die Einnahme Alexandrias und die Einverleibung Ägyptens in das *Imperium Romanum* (29 v. Chr.) förderten seine Position so sehr, daß er im Jahr 27 v. Chr. seine aus dem Triumvirat herrührenden Vollmachten förmlich an den Senat zurückgeben konnte, ohne fürchten zu müssen, daß er dadurch seine Position als *Erster im Staate (Princeps)* einbüßen würde. Bei dieser Gelegenheit wurde ihm der Ehrentitel *Augustus* verliehen. Seine Position als ‚Monarch in einem republikanischen System' definierte Augustus über die beiden Begriffe *Potestas*, das heißt, die rechtliche Macht, die er mit dem Senat teilte, und *Auctoritas*, das heißt, seine überragende persönliche Geltung, die ihn über alle staatlichen Institutionen stellte. Der Rang des Augustus respektive der römischen Kaiser kommt auch darin zum Ausdruck, daß sie – in Anlehnung an hellenistisch-orientalischen Brauch – kultische Verehrung *(Kaiserkult)* erfuhren.

Die römische Kaiserzeit wird von der Forschung in folgender Weise untergliedert:

- Frühe Kaiserzeit (31 v.–69 n. Chr.)
  - Die iulisch-claudische Dynastie: Augustus – Tiberius – Caligula – Claudius – Nero
    Dieser Phase sind die Fallbeispiele Nr. 14 (S. 139ff.), Nr. 15 (S. 144ff.) und Nr. 16 (S. 149ff.) zuzuordnen.
  - Das ‚Vierkaiserjahr' (68/69 n. Chr.): Galba – Otho – Vitellius – Vespasian
- Mittlere Kaiserzeit (69–192 n. Chr.)
  - Die Flavische Dynastie: Vespasian – Titus – Domitian
    Dieser Phase ist das Fallbeispiel Nr. 16 (S. 149ff.) zuzuordnen.
  - Die Adoptivkaiser: Nerva – Trajan – Hadrian – Antoninus Pius – Marc Aurel und Lucius Verus – Commodus
    Dieser Phase sind die Fallbeispiele Nr. 16 (S. 149ff.), Nr. 17 (S. 154ff.), Nr. 18 (S. 160ff.), Nr. 19 (S. 165ff.) und Nr. 21 (S. 173ff.) zuzuordnen.
- Späte Kaiserzeit (193–305 n. Chr.)
  - Die Severische Dynastie: Septimius Severus – Caracalla – Elagabal – Severus Alexander
    Dieser Phase ist das Fallbeispiel Nr. 16 (S. 149ff.) zuzuordnen.
  - Die Soldatenkaiser: Zwischen 235 und 284 n. Chr. gelangen viele Kaiser mit Hilfe der Soldaten ‚auf den Thron', mitunter stehen sie einem andernorts etablierten Kaiser (Gegenkaiser) gegenüber. Aus der Vielzahl seien hier nur genannt: Gordian III. – Philippus Arabs – Decius – Valerian – Gallien – Aurelian – Probus
    Dieser Phase ist das Fallbeispiel Nr. 20 (S. 170ff.) zuzuordnen.
  - Die Tetrarchie: 293 n. Chr. führt Diokletian (Kaiser seit 284 n. Chr.) das System einer gemeinsamen Regentschaft zweier *Augusti* und zweier ihnen an die Seite gestellten *Caesares* ein. Das unveränderte Auftreten von Usurpatoren wird dadurch jedoch nicht eingedämmt. Im Jahr 306 n. Chr. wird erstmals Konstantin I. Mitglied des Herrscherkollegiums. 311 n. Chr. hat er den Rang eines der beiden Augusti unbestritten inne, ab 324 n. Chr. bekleidet er das Herrscheramt allein. Im gleichen Jahr verlegt er die Hauptstadt nach Byzanz respektive Konstantinopel.

Literatur in Ergänzung der im Chronologie-Kapitel (S. 56ff.) und bei den Fallbeispielen Nr. 14 (S. 144), Nr. 15 (S. 149), Nr. 16 (S. 154), Nr. 17 (S. 159f.), Nr. 18 (S. 164f.), Nr. 19 (S. 169), Nr. 20 (S. 173) und Nr. 21 (S. 177f.) aufgeführten Titel:
A. Alföldi, Die monarchische Repräsentation im römischen Kaiserreiche, Darmstadt 1970. – R. Bianchi Bandinelli, Rom, das Ende der Antike. Die römische Kunst in der Zeit von Septimius Severus bis Theodosius I., München 1971. – G. Lahusen, Schriftquellen zum römischen Bildnis I, Textstellen. Von den Anfängen bis zum 3. Jahrhundert n. Chr., Bremen 1984. – H. Hänlein-Schäfer, Veneratio Augusti, Studien zu den Tempeln des ersten römischen Kaisers, Rom 1985. – Kaiser Augustus und die verlorene Republik. Eine Ausstellung im Martin-Gropius-Bau, Berlin 1. Juni–14. August 1988, Mainz 1988. – J. Martin (Hrsg.), Das alte Rom. Geschichte und Kultur des Imperium Romanum, Gütersloh 1994. – K. Christ, Geschichte der römischen Kaiserzeit. Von Augustus bis Konstantin, München ^{3}1995. – D. Kienast, Römische Kaisertabelle. Grundzüge einer römischen Kaiserchronologie, Darmstadt ^{2}1996. – M. Clauss, Konstantin der Große und seine Zeit, München 1996; ders., Die römischen Kaiser. 55 historische Porträts von Caesar bis Justinian, München 1997. – M. C. Hoff/S. I. Rotroff (Hrsg.), The Romanization of Athens, Oxford 1997. – S. E. Alcock (Hrsg.), The Early Roman Empire in the East, Oxford 1997. – W. Raeck, Modernisierte Mythen. Zum Umgang der Spätantike mit klassischen Bildthemen, Stuttgart 1992. – M. Bergmann, Chiragan, Aphrodisias, Konstantinopel. Zur mythologischen Skulptur der Spätantike, Palilia 7, Wiesbaden 1999.

III. Die Stellung der Klassischen Archäologie innerhalb der übrigen Archäologien

Um es gleich vorweg zu sagen: das schmückende Beiwort *Klassisch* trägt wenig zum unmittelbaren Verständnis dessen bei, was die spezifische Ausrichtung der Klassischen Archäologie im Spektrum der übrigen Archäologien ausmacht. Doch auch die terminologische Kennzeichnung der anderen archäologischen Fachrichtungen ist für Außenstehende nicht auf Anhieb einleuchtend.

Eine wohltuende Ausnahme bildet die *Vorderasiatische Archäologie.* Ihre Vertreter befassen sich im Einklang mit der Fachbezeichnung mit den Denkmälern und materiellen Hinterlassenschaften der frühen Hochkulturen vom Kaukasus im Norden bis zum Zweistromland und der Levante im Süden. Auch die *Ägyptologie* – die in Deutschland freilich überwiegend als eine philologische Disziplin betrieben wird – bedarf in unserem Zusammenhang keiner näheren Erläuterung.

Wer sich freilich für das „Archäologiestudium" (wie es meist verkürzt genannt wird) entscheidet, muß wissen, daß das Studienfach *Klassische* Archäologie eine Spezialisierung innerhalb der Archäologie darstellt. Ein kurzer Blick auf die übrigen Archäologien soll die Rollenverteilung in der heutigen Berufspraxis und dementsprechend in dem Studienangebot verdeutlichen.

1. Die Vor- und Frühgeschichtliche Archäologie

Vornehmlicher Forschungsgegenstand der *Vor- und Frühgeschichtlichen Archäologie* sind jene Epochen der Menschheitsgeschichte, in denen sich die Menschen noch keiner Schrift bedienten, so daß alle Antworten allein aus materiellen Hinterlassenschaften (zum Beispiel Werkzeuge und Waffen, Keramik und Gerät, Wohn- und Bestattungsformen) zu beziehen sind. Doch schon die Doppelung in der Namensform zeigt an, daß diese Definition des Faches nur eingeschränkt zutreffend ist. Der geographische Raum, wie er traditionell in Forschung und Lehre an den deutschen und europäischen Universitäten behandelt wird, umfaßt Gebiete, die in einer zeitlichen Spanne von mehr als 4000 Jahren Schriftsysteme entwickelten bzw. einführten: Aus Ägypten liegen seit dem 4. Jtd. v. Chr. in Kontinuität Schriftzeugnisse vor, für Griechenland und Etrurien gilt das erst seit dem 8. Jh. v. Chr., für Süd- und Westdeutschland seit der Zeitenwende (Christi Geburt) und für Skandinavien erst ab etwa 1000 n. Chr.

Die Herausforderung, geschichtliche Abläufe ohne Zuhilfenahme schriftlicher Quellen zu rekonstruieren, stellt sich deshalb zunächst einmal nur für die Vor- respektive Urgeschichtsforschung. Erster schriftlicher Zeugnisse bedient sich hingegen die Frühgeschichte. Doch die Ergiebigkeit schriftlicher Quellen ist auch für die frühgeschichtliche Archäologie relativ gering. Die im Schrifttum überlieferten Nachrichten betreffen nur einen winzigen Ausschnitt der Fragen, mit denen sich die *Vor- und Frühgeschichtliche Archäologie* befaßt. Anders als die *Klassische Archäologie*, die in ihrer stark kunsthistorisch geprägten Ausrichtung vornehmlich zu jenen Gesellschaftsschichten vordringt, denen künstlerisch anspruchsvollere Artefakte zuzuordnen sind, ist die *Vor- und Frühgeschichtliche Archäologie* frei von solcher Einschränkung. Die von ihr entwickelte Methodik erlaubt es, die Hinterlassenschaften *aller* sozialen Gruppen zu interpretieren, soweit sie durch das Fundgut repräsentiert sind.

Eines der Kernelemente vor- und frühgeschichtlichen Arbeitens ist die Ausgrabung. Natürlich zielt jede Ausgrabung auf Funde und Befunde ab. Bodenfunde werden allerdings nur dann zu ‚sprechenden Zeugen' vergangener Epochen, wenn sie in ihrem Kontext geborgen werden, das heißt, wenn man bei der Freilegung beobachten kann, in welchem Zusammenhang sie einst unter die Erde gekommen sind. Es ist vornehmlich das Verdienst der *Vor- und frühgeschichtlichen Archäologie*, Methoden entwickelt zu haben, die es ermöglichen, aus der Bergung von Bodenfunden ein Höchstmaß an Informationsgewinn zu ziehen. Auch hierin hat die *Vor- und Frühgeschichtliche Archäologie* Normen gesetzt, an denen sich die *Klassische Archäologie* zu orientieren hat (S. 65f.). Das Erlernen der Grabungstechniken erfolgt aus diesem Grund sinnvollerweise im Rahmen vor- und frühgeschichtlicher Ausgrabungen.

Integraler und unverzichtbarer Bestandteil vor- und frühgeschichtlicher Forschung sind die Erkenntniswege mehrerer Nachbardisziplinen. An erster Stelle ist hier die *Europäische und Außereuropäische Ethnologie (‚Volkskunde')* zu nennen. Die Funktion vieler Fundstücke läßt sich erst durch Rückschlüsse aus rezenter Zeit erfassen. Gerade auch in Verbindung mit der ausgeprägten ethnologischen Komponente spielt die experimentelle Archäologie in der Vor- und Frühgeschichte eine maßgebliche Rolle. Gleichfalls großen Gewinn zieht die *Vor- und Frühgeschichtliche Archäologie* aus anthropologischen Untersuchungen. Auf diesem Gebiet ist der Nachholbedarf der *Klassischen Archäologie* besonders groß. Seit in jüngerer Zeit geschlechterspezifische Fragestellungen auch in der *Klassischen Archäologie* an Gewicht gewonnen haben, liegt offen zu Tage, welche Hemmnisse daraus entstanden sind, daß die *Klassische Archäologie* allzu lange bei Grabfunden nur die von Menschenhand geschaffenen Beigaben, nicht aber die körperliche Beschaffenheit der Bestatteten selbst zum Gegenstand ihrer Untersuchungen gemacht hat. Selbstverständliche Kooperation pflegt die *Vor- und Frühgeschichtliche Archäologie* mit der *Geologie*, *Paleo-Botanik* (Vegetationsgeschichte) und der *Paleo-Zoologie*.

New Archaeology – Processual Archaeology – Social Archaeology

Innerhalb der Vor- und Frühgeschichtlichen Archäologie hat in den 60er und 70er Jahren des zurückliegenden Jahrhunderts eine aufrüttelnde Diskussion um die Notwendigkeit einer grundsätzlichen Neuorientierung des Faches stattgefunden. Ausgelöst wurde sie von dem der amerikanischen Kulturanthropologie verpflichteten Fachvertreter Lewis R. Binford. Seine Kritik an der überkommenen Archäologie entzündete sich an der seiner Meinung nach zu stark empirischen und intuitiven Erschließung der Lebensumstände in den vergangenen Kulturen. Er forderte stattdessen einen rein analytischen Ansatz, der von dem Axiom auszugehen habe, daß jede kulturelle Entwicklung allein durch eine ihr innewohnende Gesetzmäßigkeit bestimmt werde. Alles Handeln der Menschen sei stets eine Reaktion auf Veränderungen in ihrem natürlichen Umfeld. Kulturelle Entwicklung definiert die *New Archaeology* als den Prozeß der Anpassung des Menschen an die ökologischen Rahmenbedingungen *(Processual Archaeology)*. So wie die Wurzelbildung der Pflanzen um ihrer Existenz willen auf Veränderungen im Boden reagiere, werde der Mensch immer dann – und nur dann! – aktiv, wenn er sich einer Situation ausgesetzt sehe, die ihn nötige, zum Beispiel neue Werkzeuge oder Wohnformen zu ersinnen. Mit aller Konsequenz eliminiert die *New Archaeology* jeden Gedanken an die Möglichkeit individueller Kreativität oder eigenmotivierten innovativen Denkens und Handelns.

Den Verfechtern der *New Archaeology* ging es dezidiert darum, für die Archäologie Normen der Analyse zu verankern, die in Analogie zu den Naturwissenschaften keine Freiräume für subjektive Interpretation belassen. Die Richtigkeit der zu erarbeitenden Einzelerkenntnisse sollte sich darin erweisen, daß sie sich in den vorgegebenen gesetzmäßigen Verlauf einfügen lassen.

Natürlich ist es kein Zufall, daß dieses vor etwa 30 Jahren entwickelte Denkmodell die Ökologie in das Zentrum der Theorie stellt. Einmal mehr zeigt sich die Zeitgebundenheit vieler geisteswissenschaftlicher Denkkategorien – was durchaus fruchtbare Impulse auslösen kann. So hätte dieser Vorstoß unter dem Schirm der damals aufkeimenden ökologischen Bewegung eigentlich auf Zuspruch stoßen müssen. Doch die geradezu als Dogma und zuweilen mit unmäßiger Polemik gegenüber der traditionellen Archäologie vorgebrachte Idee stieß überwiegend auf Ablehnung oder Desinteresse. Nur wenige machten sich die Mühe, die in der Vorlage durchaus enthaltenen nachdenkenswerten Ansätze herauszufiltern und in eine fruchtbringende Theoriediskussion einzuführen.

In Europa kamen in dieser Hinsicht wichtige Impulse von Colin Renfrew. Er artikulierte Skepsis gegenüber der Fokussierung auf die Identifizierung von Gesetzmäßigkeiten. In seinem Ansatz einer *Social Archaeology* geht es um die Entwicklung von Modellen, in denen demographische, wirtschaftliche und soziale Prozesse aufzuzeigen sind. Archäologische Forschung habe ihr Augenmerk solchen Befunden zu widmen, aus denen sich Schlußfolgerungen etwa zur Bevölkerungsdichte und zur Verfügbarkeit natürlicher Ressourcen ableiten lassen.

Der Versuch, archäologische Forschung ausschließlich nach methodischen Kategorien der Naturwissenschaften zu betreiben, hat sich als untauglich erwiesen. Doch ist nicht zu bestreiten, daß die Diskussion direkt oder indirekt zur weiteren Schärfung methodischen Bewußtseins und zur Verfestigung eines erweiterten Fragenspektrums beigetragen hat. Ausgestrahlt hat diese Entwicklung letztlich auch auf die Klassische Archäologie, die in diese Vorgänge selbst aber nicht aktiv einbezogen war.

Literatur: Zur Vor- und Frühgeschichtlichen Archäologie allgemein: E. Sangmeister, Methoden der Urgeschichtswissenschaft, in: Saeculum 18, 1967, S. 199–244. – H. Müller-Karpe, Einführung in die Vorgeschichte, München 1975. – H. J. Eggers, Einführung in die Vorgeschichte. Mit einem Nachwort von G. Kossack, München ³1986.
Zur jüngeren Theoriediskussion: L. R. Binford, Archaeology as Anthropology, in: American Antiquity 28, 1968, S. 217–225; ders., Archaeological Perspectives, in: S. R. Binford/L. R. Binford (Hrsg.), New Perspectives in Archaeology, Chicago 1968. – D. L. Clarke, Analytical Archaeology, London 1968. – C. Renfrew, The Emergence of Civilization, London 1972. – C. Renfrew/P. Bahn, Archaeology. Theories, Methods and Practice, London ²1996/1998. – R. Hachmann (Hrsg.), Studien zum Kulturbegriff in der Vor- und Frühgeschichtsforschung. Saarbrücker Beiträge zur Altertumskunde 48, Bonn 1987. – R. Bernbeck, Theorien in der Archäologie, Tübingen/Basel 1997. – M. K. H. Eggert/U. Veit (Hrsg.), Theorien in der Archäologie: Zur englischsprachigen Diskussion, Münster/New York/München/Basel 1999. – G. Kossack, Prähistorische Archäologie in Deutschland im Wandel der geistigen und politischen Situation, München 1999.

2. Die Provinzialrömische Archäologie

Unter den archäologischen Teildisziplinen ist die *Provinzialrömische Archäologie* die jüngste. Ihr Profil als ‚Archäologie der römischen Provinzen' bzw. als ‚Geschichte und Kultur der römischen Provinzen' hat die Fachrichtung nach einem kurzen Vorspiel in den 40er Jahren des zurückliegenden Jahrhunderts erst nach dem Zweiten Weltkrieg erhalten. Planstellen bzw. Professuren wurden sogar erst seit den 60er Jahren eingerichtet. Eigene Studiengänge, die neben dem Magisterabschluß auch die Möglichkeit der Promotion einräumen, sind in der deutschen Universitätslandschaft jedoch noch immer eine Seltenheit.

Wie berechtigt die Existenz eines solchen Fachgebiets ist, gibt sich schon darin zu erkennen, daß das Forschungsgebiet in vielen europäischen Ländern seit langem institutionell verankert ist, etwa als ‚archéologie gallo-romaine' oder als ‚romano-british archaeology' oder in Österreich als fester Bestandteil der Institute für Klassische Archäologie.

Natürlich hat man sich auch in Deutschland sehr früh schon mit den materiellen Hinterlassenschaften der römischen Zeit befaßt. Im beginnenden 19. Jahrhundert waren Privatgelehrte bzw. bürgerliche Altertumsvereine die Träger dieser Aktivitäten. Ihr Interesse und Wirken war – wie in der *Vor- und Frühgeschichtlichen Archäologie* – vorrangig orts- oder allenfalls landschaftsbezogen. Die Gründung des Gesamtvereins der Deutschen Geschichts- und Altertumsvereine löste die Ortsgebundenheit zugunsten einer nun auch überregionalen Orientierung auf. Die Gründung des Römisch-Germanischen Centralmuseums in Mainz (1852) und die Einsetzung einer Kommission zur Erforschung des römischen Limes (1892) sind Belege dieser veränderten Ausrichtung.

In ihrer heute klar umrissenen Definition erforscht die ‚Archäologie der römischen Provinzen' die Geschichte und Kultur jener Gebiete, die Bestandteil des *Imperium Romanum* waren. Geographisch umfaßt das den Raum von Schottland bis an den Rand der Sahara bzw. von der Atlantikküste bis zu den Karpaten und zum Euphrat. Der von der heutigen *Provinzialrömischen Archäologie* erhobene Anspruch, die Kultur und Geschichte der von Rom aus regierten Regionen in ihrer Gesamtheit zu erforschen, hat seine Begründung in der vor allem durch den Handel und das Militär bewirkten Mobilität innerhalb des *Imperium Romanum*. Der historische Rahmen wird durch den jeweiligen Zeitpunkt der Einrichtung einer Provinz festgelegt. Das heißt, die Entwicklung im Westen des Mittelmeerraums tritt bereits mit der zweiten Hälfte des 3. Jhs. v. Chr. in das Blickfeld der *Provinzialrömischen Archäologie*, der Ägäisraum seit dem 2. Jh.

v. Chr., der Raum westlich und nördlich der Alpen im 1. Jh. v. Chr. Zu Beginn des 2. Jhs. n. Chr. kommen dann die Provinzen Dacia und Arabia hinzu, vorübergehend sogar der mesopotamische Raum. Weniger klar umreißen läßt sich das Ende des zu erforschenden Zeitraums. In der westlichen Reichshälfte bildet die Absetzung des letzten weströmischen Kaisers Romulus Augustulus (476 n. Chr.) die abschließende Zäsur, im Osten währt die Auflösungsphase länger, sie fällt in die Zeit von der Regierung Justinians I. (527–565 n. Chr.) bis zu den Einfällen der Awaren im Balkan (seit 580), dem Arabersturm (ab 640) und dem Einfall der Langobarden in Italien (568).

Zeitlich und geographisch bestehen fraglos in großem Umfang Überschneidungen mit den Arbeitsfeldern der sogenannten *Klassischen* Altertumswissenschaften. Daraus resultiert jedoch keine Doppelung. Noch vor einem halben Jahrhundert gab es – zumindest in Deutschland – eine klare Differenzierung: Während die *Klassische Archäologie*, ihrer ursprünglichen Zielsetzung entsprechend, vorrangig die künstlerischen Hinterlassenschaften untersuchte und damit zwangsläufig die abgehobene Lebenswelt nur im Ausschnitt der ‚Ober- und Mittelschicht' erfaßte, öffnete sich die *Provinzialrömische Archäologie* dezidiert der Erforschung des alltäglichen Lebens im gesamten Bevölkerungsspektrum. Einen Schwerpunkt bildet dabei die Militärgeschichte. Seit geraumer Zeit gibt es bei den Fragestellungen und Forschungsintentionen in erfreulich vielen Bereichen fließende Übergänge. Doch die gleichwertige Beachtung *aller* Zeugnisse, die Auskunft über die Lebensumstände und Zusammenhänge zu geben vermögen, und die Entwicklung der für solche Fragestellungen notwendigen Methoden der Auswertung ist in gleichem Maße eine Domäne der *Provinzialrömischen Archäologie* wie der *Vor- und Frühgeschichtlichen Archäologie.* Aus der Sicht der Klassischen Archäologie kann eine stimulierende Wirkung auf das eigene Fach nur begrüßt werden.

Literatur: H. U. Nuber, Provinzialrömische Archäologie an deutschen Universitäten, in: W. Czysz u. a. (Hrsg.), Provinzialrömische Forschungen. Festschrift für Günter Ulbert zum 65. Geburtstag, Espelkamp 1995. – T. Bechert, Die Provinzen des Römischen Reiches. Einführung und Überblick, Mainz 1999, bes. S. 5–12: Archäologie eines Weltreichs. Die sog. Provinzialrömische Archäologie; S. 13–20: Das Handwerkszeug des Archäologen. Methoden und Techniken; S. 21–38: Die materielle Hinterlassenschaft. Denkmäler und Funde; Einblicke in die Geschichte: Themen und Inhalte.

3. Die Christliche Archäologie

Die Bezeichnung *Christliche Archäologie* ist irreführend. Sie unterstellt, daß diese Fachrichtung innerhalb der Archäologien weltanschaulich definiert ist und sich auf Monumente mit christlichen Bildmotiven beschränkt. Dies war zu Beginn dieser Wissenschaft tatsächlich der Fall, als sie im 16. Jahrhundert im Zuge der Gegenreformation die monumentalen Belege zu liefern hatte, die einen – vermeintlichen – Bilderkult der Urchristen bezeugen sollten. Im Verlauf des 20. Jahrhunderts hat sich diese Archäologie jedoch von der Rolle einer theologischen Hilfsdisziplin befreit. Das Beiwort ‚christlich' markiert heute lediglich die Zeitspanne zwischen dem beginnenden 4. Jh. und dem endenden 7. Jh., also die spätantiken Jahrhunderte, in denen das Christentum in die Rolle der römischen Staatsreligion hineingewachsen war.

Das Urchristentum des 1. und 2. Jhs. war, wie das Judentum, radikal bilderfeindlich (2. Mos. 20, 3–4; 5. Mos. 4, 25 ff.; 27, 5; Joh. 4, 24). Seit dem frühen 3. Jh. tauchen in der römischen Kunst, erhalten vor allem im Bereich privater Bestattungen, christliche Bildthemen auf. Innerhalb der Bildprogramme religiös bestimmter öffentlicher Kultbauten verschob sich im Verlauf des 4. Jhs. das Gewicht der Aussagen zugunsten christlicher Inhalte. Das bedeutet aber nicht, daß im formalen Sinn eine neue, eigenständige ‚christliche' Kunst entstand. Vielmehr werden hier lediglich, wie zuvor schon im privaten Bereich, ältere, traditionelle Bildformulare adaptiert.

Ein weiterer prägender Faktor ist der Einfluß der überkommenen imperialen Ikonographie: Auch nach der sogenannten ‚konstantinischen Wende' (313 n. Chr. Toleranzedikt von Mailand) sehen die sich nunmehr zum Christentum bekennenden Kaiser, wie ihre Vorgänger, in der Religion die wesentliche Stütze ihres Herrschaftsanspruchs. Mit diesem Ziel werden altbewährte Bildformeln – modifiziert – übernommen.

In der nichtreligiösen Kunst, also vor allem im Bereich der privaten und öffentlichen Repräsentation, ist das Weiterleben traditioneller Motive selbst bis in die mittelbyzantinische Zeit (8.–12. Jh.) zu beobachten. Im Bereich von Schule und Bildung bleibt die umfassende Kenntnis der klassischen griechischen und römischen Literatur bis in die spätbyzantinische Zeit (13.–15. Jh.) unangefochtenes Ideal. Auch im Bereich des Lebensgenusses und der auf Prunk bedachten Selbstdarstellung sind mythische Bildmotive noch lange beliebt.

Das eigene Profil der spätantiken und byzantinischen Epoche wird also ebenso durch Fortleben und Umformen traditioneller Elemente wie durch christliche Inhalte geprägt. Die überlegene städtische Kunst und Kultur Konstantinopels ist im mittelmeerischen Kulturkreis bis in das Hohe Mittelalter von weitreichendem Einfluß. Sowohl die Kunst der westlichen (katholischen) Reiche als auch die in den orthodoxen und islamischen Herrschaftsgebieten formt sich in stetem Austausch mit Byzanz.

Inhaltlich befaßt sich die *Christliche Archäologie* mit der gesamten Kunst- und Kulturgeschichte der spätantiken und (früh-)byzantinischen Epoche (4. bis 7. Jh.). Profane und religiöse Denkmäler werden gleichrangig behandelt. Hierin, aber auch hinsichtlich der angewandten Methoden, gibt es keinen grundsätzlichen Unterschied zu den Nachbardisziplinen wie der Klassischen Archäologie oder der Kunstgeschichte des islamischen und europäischen Mittelalters. Ungeachtet der engen zeitlichen und räumlichen Verflechtungen zeigt sich die spätantike und byzantinische Kunst jedoch als ein Phänomen von großer Eigenständigkeit und Ausstrahlung, innerer Geschlossenheit und erstaunlich langer Dauer. Das gilt auch für die reiche literarische Produktion, ohne deren gute Kenntnis die bildende Kunst nicht ausreichend erschlossen werden kann. Es sind nicht zuletzt diese spezifischen Literaturkenntnisse, die eine eigene Fachrichtung ‚Christliche Archäologie' begründen.

Literatur: W. F. Volbach/J. Dosogne, Byzanz und der christliche Osten, Frankfurt 1968. – B. Brenk, Spätantike und Frühes Christentum, Frankfurt 1977. – F. W. Deichmann, Einführung in die Christliche Archäologie, Darmstadt 1983. – A. Effenberger, Frühchristliche Kunst und Kultur von den Anfängen bis zum 7. Jh., München 1986. – C. Mango, The Art of the Byzantine Empire 312–1453, London 1986. – J. Lowden, Early Christian & Byzantine Art, London 1997. – J. Engemann, Deutung und Bedeutung frühchristlicher Bildwerke, Darmstadt 1997. – A. Kolb, Herrscherideologie in der Spätantike. Studienbücher Geschichte und Kultur der Alten Welt, Berlin 2000.

IV. Arbeitsweise und Hilfsmittel

1. Die schriftliche und materielle Überlieferung

Archäologie ist – wie der eingangs referierte Dialog zeigt – im Grunde ein anderes Wort für *Geschichtswissenschaft.* Die Begriffe sind freilich nicht synonym zu verwenden. Unter Geschichtsdokumenten versteht der Historiker in erster Linie schriftliche Äußerungen, während sich der Archäologe auf die Auswertung der von Menschenhand geformten, materiell greifbaren Zeugnisse spezialisiert hat. Eine solche Arbeitsteilung mag auf den ersten Blick nicht einleuchtend erscheinen. Doch für beide Quellenstränge – die Texte wie die Objekte – gilt, daß sie ihre Informationen nicht unmittelbar preisgeben. Objekte können nur auf dem Weg der Interpretation ‚zum Sprechen' gebracht werden. Wie problematisch es sein kann, das geschriebene Wort ungeprüft als Wahrheit zu übernehmen, ist uns aus unserer Gegenwart nur zu bekannt. Bevor also Archäologen und Historiker ihre Erkenntnisse zusammenführen, sind sie gehalten – jeder in seiner Spezialisierung für seinen Teilbereich – die tatsächliche Aussagekraft ihrer Quellen herauszupräparieren. Ein weiterer unverzichtbarer Partner dieses Dialogs zwischen den altertumskundlichen Teildisziplinen ist der Philologe, der nicht etwa nur die Übersetzung eines Textes liefert, sondern zuallererst einmal prüft, inwieweit die uns heute vorliegenden Texte authentisch, d. h. frei von bewußten oder ungewollten Entstellungen sind. Denn der Weg von der originären Niederschrift bis in die wissenschaftlichen Bibliotheken unserer Zeit führte über viele antike und mittelalterliche Schreibstuben und mußte im Zuge der Edition auch die interpretierende Gedankenwelt neuzeitlicher Gelehrter passieren. Die von den Philologen zu leistende *Quellenkritik* ist eine wesentliche Voraussetzung für den Gebrauch schriftlicher Zeugnisse durch den Archäologen.

In den Fallbeispielen (S. 74-191) finden sich unterschiedliche Formen der Verknüpfung archäologischer, historischer und philologischer Quellen. In einigen Fällen (Nr. 3 S. 85ff.) findet der Archäologe nur durch Hinweise aus antiken Texten den Weg zum Verständnis des von ihm untersuchten Objekts. In anderen Fällen findet eine aus der Antike schriftlich überlieferte Information erst durch ein vom Archäologen beigesteuertes Kriterium eine willkommene, wenn nicht sogar dringend gebotene Bestätigung (Nr. 4 S. 89ff.) – oder auch eine Modifizierung (Nr. 16 S. 149ff.). Mitunter ist es auch einfach so, daß ein historischer Sachverhalt zwar erkannt wurde, doch die optische Wahrnehmung über das Medium der Bildkunst dieses Wissen stärker in das allgemeine Bewußtsein bringt (Nr. 4 S. 89ff.; Nr. 7 S. 103ff.; Nr. 18 S. 160ff.). Es gibt aber auch die Situation, daß eine bildliche Darstellung einen Sachverhalt offenlegt, von dem sich in der schriftlichen Überlieferung nicht *ein* Wort findet (Nr. 8 S. 109ff.; Nr. 10 S. 119ff.).

Ein Dialog zwischen Archäologie und den philologisch-historischen Partnerfächern kann natürlich nur unter der Voraussetzung Früchte tragen, daß die Archäologen mit den Sprachen umzugehen verstehen, in denen die zur Diskussion stehenden Texte überliefert sind, also Latein und Griechisch. Welche Vorteile es z. B. mit sich bringt, wenn man im Umgang mit antiken Termini nicht allein auf das Glossar eines Fachbuchs angewiesen ist, sondern allein durch das Wortfeld zu weitergehenden Assoziationen geleitet wird, mag das folgende Beispiel zeigen: Eine der antiken Bezeichnungen für den kanonischen griechischen Tempel ist *Peripteros* (Vitruv, *de architectura* III 2, 1). In jedem Glossar erfährt man, daß damit ein „von Säulenhallen rings umgebener Tempel" bezeichnet wird. Wer aber in der griechischen Sprache ‚zu Hause' ist, wird als einen Bestandteil dieses Terminus unwillkürlich das Wortfeld *pteron* (τὸ πτέρον) d. h. *Feder, Gefieder*, erkennen. Der Ausdruck Peripteros führt also zunächst einmal weit weg von jeglicher Architektenterminologie. Die Griechen griffen statt dessen auf eine gleichnishafte Bezeichnung zurück. Sie erblickten in den Ringhallen offensichtlich mehr als eine nur schützende Einfassung des inneren Baukörpers *(Cella)*. Wie das Gefieder der Vögel zwar auch den Körper schützend umhüllt, sendet es zugleich durch seine Struktur und Farbgebung auch wirkungsvolle Signale an die Artgenossen aus. Ähnlich müssen sich die Griechen von dem Anblick einer Ringhalle mit ihren Säulen und dem dekorativen Gebälkaufbau angesprochen gefühlt haben. Es ist bereits als ein Gewinn zu werten, daß von der Einbeziehung des antiken Sprachgebrauchs der Impuls zu solchen Überlegungen ausgeht. Die eingeschränkte und offensichtlich gezielte Verwendung von Säulenstellungen in der griechischen und römischen Architektur scheint darauf hinzudeuten, daß sie als ein Gestaltungsmittel eingesetzt wurden, von dem eine Aura des Stolzes und der Würde ausging.

2. Die Ermittlung der Zeitstellung

Wir nehmen es als selbstverständlich hin, daß z. B. die Lebenszeit Alexanders des Großen mit den Jahreszahlen 356–323 v. Chr. angegeben wird. Es bedarf nur einer kurzen Überlegung, um sich klar zu werden, daß eine solche auf die Geburt Christi bezogene Angabe nur auf einer nachträglichen Umrechnung eines älteren chronologischen Systems beruhen kann. Der gleiche Sachverhalt trifft freilich z. B. auch auf Konstantin den Großen (S. 31) zu. Auch den Lebensdaten dieses ersten römischen Kaisers, der sich zum christlichen Glauben bekannte, lag nicht die Geburt Christi als Ausgangspunkt der Zählung zugrunde. Erst der römische Mönch *Dionysius Exiguus* stellte (im Jahr 532 n. Chr.) eine Berechnung auf, für die er sich von den überkommenen Anhaltspunkten der alten Hochkulturen löste und das – nach über 500 Jahren nur annäherungsweise ermittelte – Geburtsjahr Christi zum Ausgangspunkt nahm. Doch auch diese Initiative blieb zunächst folgenlos. Beginnend im 8. Jahrhundert, läßt sich die neue Zählung erstmals in einigen Urkunden nachweisen. Erst das Hohe Mittelalter brachte dann den Durchbruch.

Das chronologische Rahmenwerk, das Exiguus aus der griechischen und römischen Geschichte übernahm, war seinerseits auch ein erst spät etabliertes Konstrukt. Die in Griechenland zuletzt verbindliche Zeitrechnung nach *Olympiaden* ist um die Wende vom 5. zum 4. Jh. v. Chr. durch *Hippias von Elis* konzipiert und in der Folge von *Aristoteles* und noch später wirkenden Gelehrten systematisiert worden. Während die Griechen fortan das von Hippias auf das Jahr 776 v. Chr. ‚errechnete' erste olympische Kultfest zum Ausgangspunkt ihrer Jahreszählung nahmen, rechneten die Römer von dem gleichfalls erst nachträglich – durch Varro im Jahr 43 v. Chr. – bestimmten Zeitpunkt der Gründung Roms *(ab urbe condita)* im Jahr 753 v. Chr. (‚Varronische Zeitrechnung').

Es gibt hinreichende Gründe, den im griechisch-römischen Altertum entwickelten Zeitrechnungen im Grundsatz Vertrauen zu schenken. So haben in die antike Chronologie auch astronomische Ereignisse wie Sonnen- und Mondfinsternisse Eingang gefunden, deren seinerzeit exakt bestimmtes Datum durch die moderne Forschung bestätigt wird. Zusätzliche Absicherungen ergeben sich durch Verknüpfungen mit ihrerseits zuverlässigen Chronologien der Babylonier, der Perser und der Ägypter. Wir können also zuversichtlich davon ausgehen, daß im Jahr 2000 n. Chr. tatsächlich etwa 2350 Jahre seit der Geburt Alexanders des Großen vergangen sind.

a) Die absolute Chronologie

Die altertumskundliche Datengewinnung

Für die Arbeit der Klassischen Archäologen ist durch die im Mittelalter (re)-konstruierte Zeitrechnung ein Rahmen geschaffen, den zu füllen freilich eine große Herausforderung darstellt. Für die Zeit, in der die hier im Fallbeispiel Nr. 3 (S. 85ff.) besprochene Bronzestatuette geschaffen wurde (allgemein akzeptierte Datierung: 2. Hälfte 8. Jh. v. Chr.), liegen uns keinerlei chronologische Anhaltspunkte vor! Tatsächlich beruht das System der Datierung in der Klassischen Archäologie vornehmlich darauf, für die Objekte eine relative Abfolge ihrer Entstehung zu postulieren. Diese zunächst im freien Raum schwebende Kette läßt sich in Bezug zu einigen wenigen Fixpunkten, sogenannten *Festen Daten*, setzen. Sie bieten sich dem Archäologen in unterschiedlicher Form dar: Es gibt Bauwerke, deren Errichtung mit Personen oder Ereignissen der Zeitgeschichte verbunden ist, die ihrerseits chronologisch fixiert sind. So ist bei *Herodot* (I 92 und II 148) überliefert, daß der lydische König *Kroisos* Säulen für den Neubau des Artemistempels in der von ihm eroberten Stadt Ephesos gestiftet habe. Die Zuverlässigkeit der bei Herodot überlieferten Information wird durch den Fund eines Bruchstücks der Stifterinschrift bestätigt. Da der Zeitpunkt der Einnahme von Ephesos durch Kroisos in das Jahr 547 v. Chr. fällt, Kroisos selbst aber bereits im darauffolgenden Jahr den Persern unterliegt, ist davon auszugehen, daß die Säulen respektive weite Bauabschnitte des Tempels ‚um die Mitte des 6. Jhs. v. Chr.' errichtet wurden. Das ermöglicht eine Anschauung der Architekturformen jener Zeit und Region. Da die Säulen mit figürlichem Relief verziert sind, liefert der Befund zugleich auch ein Exemplum der Bildhauerkunst – wiederum jener Zeit und Region.

Auf ähnliche Weise wurde auch für die Mitte des 5. Jhs. v. Chr. ein Fixpunkt sowohl für die Architektur wie für die Skulptur gewonnen: Im Jahr 457 v. Chr. errang Sparta bei dem Ort Tanagra einen Sieg über ein von Athen geführtes Heer (Thukydides I 108, 1; Pausanias I 29, 9). Den Zehnten der Kriegsbeute brachten sie – einer antiken Norm folgend – in einem Heiligtum als Dankgeschenk dar. Dafür wandten sie sich an das Zeusheiligtum von Olympia und wählten als Ort der Anbringung für den von ihnen gestifteten vergoldeten Schild den First des Zeustempels aus. Aus dieser bei *Pausanias* (V 10, 4) überlieferten Nachricht folgt, daß der Tempel mit seinem reichen Skulpturenschmuck in den Giebelfeldern zu jener Zeit fertiggestellt gewesen sein muß.

Eine besonders günstige Situation liegt für Athen im 5. und 4. Jh. v. Chr. vor. In zahlreichen literarischen und epigraphischen Dokumenten sind nahezu lückenlos die Namen der jährlich wechselnden höchsten Beamten *(Archonten)* überliefert, nach denen man in Athen in jener Zeit die Jahre benannte und zählte. Die Namen der Archonten tauchen in allen Zeugnissen der auch in der Antike bereits allgegenwärtigen Bürokratie und Verwaltung auf. So läßt sich mit Hilfe der gut datierten *Bau-* bzw. *Abrechnungsurkunden* die Chronologie des 448 v. Chr. einsetzenden Baugeschehens auf der Akropolis von Athen mit vielen für Architektur und Skulptur relevanten Fixpunkten nachvollziehen.

Da es sich die Archonten um ihres Nachruhms willen angelegen sein ließen, einen während ihrer Amtszeit abgeschlossenen und obligatorisch in marmornen Inschriftenplatten festgehaltenen Vertrag mit einer figürlichen Reliefszene zu schmücken, besitzen wir eine dichte Folge von Bildhauerarbeiten (sog. *Urkundenreliefs*), die durch die Angabe des Archontennamens auf das Jahr genau datiert sind. Dank der besonderen Überlieferungslage in Athen steht uns die Entwicklung der – attischen – Marmorskulptur in der Spanne zwischen der Mitte des 5. Jhs. v. Chr. und dem beginnenden 3. Jh. v. Chr. gut nachvollziehbar vor Augen.

Bei der Suche nach Ereignissen in der griechisch-römischen Geschichte, die sich als chronologische Fixpunkte eignen, stieß die archäologische Forschung in der schriftlichen Überlieferung natürlich auch auf jene Berichte, die von der Gründung respektive von der Vernichtung ganzer Städte sprechen. Wenn Kolonisten in ihrer neuen Heimat ‚am Reißbrett' entworfene Siedlungen anlegen, dann läßt sich dies bei Ausgrabungen problemlos verifizieren, und für die Datierung gilt: Nichts an dieser Stelle ist älter als das Datum der Ankunft der Kolonisten. So sind die *Koloniegründungsdaten*, die der griechische Historiker *Thukydides* (VI 3, 1) für vierzehn Städte in Sizilien überliefert, entscheidende Anhaltspunkte für die Konstruktion einer Chronologie der Ereignisse in der ersten Hälfte des 1. Jtds. v. Chr. Doch ist sich die Forschung der bedingten Aussagekraft der chronologischen Angaben des Thukydides bewußt, denn für das historische Geschehen im 8. und 7. Jh. v. Chr. existierten keine Dokumente, auf die sich der antike Historiker hätte stützen können, als er in der 2. Hälfte des 5. Jhs. v. Chr. den Ablauf der älteren griechischen Geschichte darstellte. Vor die Entscheidung gestellt, auf jegliche Anhaltspunkte zu verzichten oder aber die Angaben des Thukydides zumindest als ‚Notanker' zu verwenden, entschied sich die Forschung für eine Nutzung der aus dem Thukydidestext abzuleitenden bzw. umzurechnenden Koloniegründungsdaten.

Die Forschung muß den gedanklich-methodischen ‚Spagat' vollziehen, die Daten, auf die sie sich beruft, selbst immer wieder in Frage zu stellen. In dieser Situation gilt es, konsequent nach Möglichkeiten der Überprüfung Ausschau zu halten. Da sind Befunde willkommen, bei denen griechische Keramik gemeinsam mit gut datierten Objekten anderer Kulturen auftritt, etwa wenn sich zu den griechischen Beigaben einer Bestattung ein ägyptisches Steingefäß gesellt, das mit der *Kartusche* eines Pharao versehen ist.

Neben den Gründungsdaten sind für die Erstellung einer absoluten Chronologie auch Ereignisse von Interesse, die zur Aufgabe einer

Siedlung führten. Die von zahllosen Kriegen geprägte griechische Geschichte kennt mehrere Fälle der völligen Zerstörung von Gebäudeanlagen oder auch ganzer Städte. Prominente Beispiele für ein solches Schicksal sind die Städte Karthago und Korinth, denen die Römer im gleichen Jahr – 146 v. Chr. – nach eigenem Bekunden den Todesstoß versetzten. Folgt man dieser Version, dann ist für beide in Schutt und Asche gelegten Städte zwischen 146 v. Chr. und dem durch Caesar etwa einhundert Jahre danach initiierten Wiederaufbau eine Phase der Verödung anzunehmen. Bis vor wenigen Jahren galt denn auch das Jahr 146 v. Chr. als ein gesicherter Fixpunkt. Für jede Gefäßscherbe, die man im Schutt unter einem der in der römischen Kaiserzeit errichteten Gebäude fand, galt, daß das entsprechende Gefäß vor 146 v. Chr. getöpfert sein mußte. Man spricht in diesem Fall von dem Jahr 146 v. Chr. als dem *terminus ante quem* für die Entstehung des Gefäßes, während für alle von der Neugründung herrührenden Objekte der *terminus post quem* 44 v. Chr. galt. Durch subtil beobachtete neue Grabungsbefunde konnte für Korinth jedoch eine auch nach 146 v. Chr. noch andauernde, wenn auch eingeschränkte Besiedlung nachgewiesen werden. Diese in Korinth überraschend eingetretene Situation mag beispielhaft für das Ineinandergreifen archäologischer und historisch-philologischer Forschung stehen. Vielfach führt erst die Verknüpfung beider Quellenstränge die historische Wirklichkeit vor Augen. Die aus der Grabung abgeleiteten Informationen tragen dazu bei, den Zeugniswert der antiken Schriftquellen zu relativieren. Wie notwendig dies gerade im Zusammenhang mit Kriegsberichterstattung ist, erleben wir leider auch in unserer Zeit. Siegesmeldungen haben es heute wie damals häufig an sich, den Erfolg überhöhend darzustellen. So gesehen entlarvt die Ausgrabung römische Propaganda. Bevor sich die archäologische Argumentation bei Datierungsfragen auf den korinthischen *terminus ante quem* 146 v. Chr. beruft, ist in jedem Einzelfall zu prüfen, ob das zum Vergleich herangezogene Objekt tatsächlich aus einem gesicherten Zerstörungsbefund stammt.

Auch Zerstörungen in anderen Städten (Olynth: durch Philipp II. im Jahr 348 v. Chr.; Delos: durch Mithridates im Jahr 88 v. Chr, und durch Piraten im Jahr 69 v. Chr.; Athen: durch Sulla im Jahr 87/86 v. Chr.) waren nach Ausweis der Grabungen nicht so radikal, wie es die antiken Nachrichten suggerieren. Immer wieder zeigte sich bei Grabungen, daß es auch nach der jeweiligen Katastrophe noch Leben in diesen Städten gegeben hat. Besonders Athen hat sich sehr rasch von den Übergriffen des Gegners erholt. Befunde wie sie die am 24. August des Jahres 79 n. Chr. unter meterhoher Lava versunkenen Städte Pompeji und Herculaneum mit einer für die damaligen Bewohner entsetzlichen Endgültigkeit, für die Altertumsforschung freilich einzigartigen chronologischen Eindeutigkeit liefern, sind eine Seltenheit.

Für die römische Kaiserzeit liefern die gut datierbaren Kaiserporträts (Fallbeispiel Nr. 17 S. 154ff.) sowie die relativ gut dokumentierte Abfolge der Konsuln ein chronologisches Rahmenwerk, das auch dort über Inschriften unmittelbar mit Zeugnissen der Skulptur verbunden ist. Eine Gattung, die in dichter Folge recht genau datierte Denkmäler liefert, sind die sog. *Historischen Reliefs*, die mit ihren Darstellungen auf konkrete Ereignisse der Zeitgeschichte anspielen (Fallbeispiel Nr. 16 S. 149ff.). Oftmals ist sogar die datierte Senatsentscheidung *(senatus consultum)* erhalten, die den Beschluß der Errichtung eines solchen Denkmals festhält oder auf die Einweihungsfeiern Bezug nimmt. Doch nicht immer ist ein nach einem Kaiser benanntes Bauwerk tatsächlich zu seinen Lebzeiten errichtet worden. Der *Titusbogen* am *Forum Romanum* z. B. kann aufgrund der Ikonographie seines Reliefschmucks erst von den Nachfolgern des Titus, vermutlich Domitian, gestaltet worden sein. Auch ist die aus der antiken Überlieferung abgeleitete Namensliste der römischen Konsuln in ihrer chronologischen Ordnung nicht in allen Fällen – insbesondere nicht in der frühen Republik – über jeden Zweifel erhaben, so daß auch hier immer wieder mit der Auflösung bzw. Modifizierung vermeintlich gesicherter Datierungen gerechnet werden muß.

Mit allem hier Dargelegten soll das auf historisch-philologischer Grundlage geknüpfte Netz ‚fester Daten' nicht grundsätzlich in Frage gestellt werden. Wenn es im Bewußtsein seiner immanenten Schwächen mit der gebotenen Umsicht verwendet wird, leistet es unverzichtbare Dienste, zumal auch die auf naturwissenschaftlicher Basis zu gewinnenden Anhaltspunkte keinesfalls Ersatz, sondern allenfalls ergänzende, zur Modifizierung sich eignende Informationen zu liefern vermögen.

Naturwissenschaftliche Datengewinnung

Seit sich die Klassische Archäologie mit dem Verlust einiger ihrer bisher für gesichert gehaltenen chronologischen Fixpunkte konfrontiert sieht, geraten für sie die naturwissenschaftlichen Methoden der Altersbestimmung, wie sie in der Vor- und Frühgeschichtlichen Archäologie (S. 33ff.) und der Provinzialrömischen Archäologie (S. 37ff.) seit einigen Jahrzehnten erprobt und oftmals mit guten Ergebnissen eingesetzt werden, stärker ins Blickfeld. Die 1949 in Amerika bekanntgemachte *Radio-Karbon-Methode (^{14}C)* ist inzwischen so weit entwickelt worden, daß man mit der gebotenen Umsicht bei bestimmten Fundkonstellationen (ausreichende Anzahl von analysierbaren Objekten im gleichen stratigraphischen Befund) zu hinreichend abgesicherten Ergebnissen kommen kann. Allerdings nimmt die immer in Rechnung zu ziehende Toleranz der Genauigkeit ab etwa 1000 v. Chr. rapide ab. Ein Wert von ‚600 v. Chr. ± 200 Jahre' bedeutet gegenüber der historisch/stilistischen Datierung, die ein spätgeometrisches Werk (um 700 v. Chr. [S. 23]) von einem spätarchaischen Werk (um 500 v. Chr. [S. 24]) problemlos abzugrenzen vermag, keinen Erkenntniszugewinn. Anders sieht es für die minoisch-mykenische Epoche des 2. Jtds. v. Chr. aus (S. 18 ff.). Gerade auch die Untersuchungen zum Ende der mykenischen Kultur haben vom Einsatz der *^{14}C-Methode* profitiert (Fallbeispiel Nr. 2 S. 80 ff.).

Sehr viel bessere Ergebnisse könnten für die Hauptepochen der Klassischen Archäologie mit der *Dendrochronologie* erzielt werden. Das Phänomen, daß sich die Witterungs- und Klimaschwankungen auf den Baumwuchs auswirken und sich dies in charakteristischen Unregelmäßigkeiten der Jahresringe widerspiegelt, gilt für alle Zeiten und alle Regionen – freilich mit zwei entscheidenden Einschränkungen. Zum einen reagieren die verschiedenen Holzarten unterschiedlich auf die Einflüsse der Natur, zum andern sind die Unterschiede der Klimazonen zu berücksichtigen. Mit anderen Worten, die spezifische Abfolge der Jahresringe bei irischen Eichen ist nicht kompatibel mit den Jahresringen der zur gleichen Zeit in Süddeutschland gewachsenen Tannen. Nur wenn für eine Region für möglichst viele Baumarten eine dichte Kette von einander überlagernden Jahresring-Folgen vorliegt, vermag die Dendrochronologie Daten zu liefern – dann freilich aufs Jahr genau. Für den Mittelmeerraum ist diese Norm noch bei weitem nicht erfüllt. Es kommt deshalb darauf an, daß in den Grabungen der Klassischen Archäologen in Zukunft Holzreste für eine dendrochronologische Datenbank analysiert werden.

Literatur: Zu den Systemen der antiken Zeitrechnung: E. J. Bickerman, Chronology of the ancient World, London 1968. – S. K. Heidrich, Olympias Uhren gingen falsch. Die revidierte Geschichte der griechisch-archaischen Zeit, Berlin 1987. – M. Deißmann (Hrsg.), Daten zur antiken Chronlogie und Geschichte, Stuttgart 1990. – H. E. Schlag, Ein Tag zuviel. Aus der Geschichte des Kalenders, Würzburg 1998.

Zu den Koloniegründungen: K. Fittschen, Untersuchungen zum Beginn der Sagendarstellungen bei den Griechen, Berlin 1969, S. 202–209. – J. Boardman, The Greeks Overseas. Their Early Colonies and Trade, London ^{3}1980. – M. I. Finley, Early Greece. The Bronze and Archaic Ages, London ^{2}1981. – A. Dihle, Die Griechen und die Fremden, München 1994.

Zur Verknüpfung griechischer und ägyptischer Funde: U. Jantzen, Ägyptische und orientalische Bronzen aus dem Heraion von Samos, Bonn 1972. – W. Helck, Die Beziehungen Ägyptens und Vorderasiens zur Ägäis bis ins 7. Jahrhundert v. Chr., Darmstadt 1979. – H. J. Eggers, Einführung in die Vorgeschichte, München ^{3}1986, S. 137–147: Ägypten, Kreta und Griechenland (mit Schaubild S. 143 Abb. 12).

Zur Stiftung des Kroisos: N. Himmelmann-Wildschütz, Beiträge zur Chronologie der archaischen ostionischen Plastik, in: IstMitt 15, 1965, S. 24–42. – A. Bammer/U. Muss, Das Artemision von Epesos, AW Sonderheft 1996.
Zum sog. Perserschutt: A. Lindenlauf, Der Perserschutt der Athener Akropolis, in: W. Hoepfner (Hrsg.), Kult und Kultbauten auf der Akropolis. Internationales Symposion vom 7. bis 9. Juli 1995 in Berlin, Berlin 1997, S. 46–115.
Zu den Bauabrechnungen von der Akropolis in Athen: IG I^2 Nr. 339–353. – N. Himmelmann, Zur Entlohnung künstlerischer Tätigkeit in klassischen Bauinschriften, in: JdI 94, 1979, S. 127–142. – B. Wesenberg, Zur Baugeschichte des Niketempels, in: JdI 96, 1981, S. 28–54; ders., Parthenosgold für den Parthenonbau? Zum Formular der Baurechnungen des Parthenon, in: AA 1985, S. 49–53; ders., Kunst und Lohn am Erechtheion, ebenda S. 55–65. – K. Brodersen u. a., Historische Griechische Inschriften und Übersetzung. Band I, Darmstadt 1992, Nrn. 75. 89. 91. 94. 95.
Zu den sogenannten Urkundenreliefs: M. Meyer, Die griechischen Urkundenreliefs, 13. Beih. AM, Berlin 1989. – C. L. Lawton, Attic Document Reliefs, Oxford 1995.
Zur Zerstörung Olynths im Jahr 348 v. Chr.: Antike Quellen: Diodor 16, 53, 2 f.; Demosthenes IX 26. – Archäologische Befunde: W. Hoepfner/E. L. Schwandner, Haus und Stadt im klassischen Griechenland, München [2]1994, S. 68–113.
Zur Zerstörung Karthagos im Jahr 146 v. Chr.: Antike Quellen: Polybios 38, 19; Diodor 32 f.; Appian, Libyscher Krieg 129 f. – Archäologische Befunde: F. Rakob, Die internationalen Ausgrabungen in Karthago, in: W. Huß (Hrsg.), Karthago, Darmstadt 1992, S. 46–75 (= Gymnasium 92, 1985, S. 489–513). – W. Huß, Karthago, München 1995.
Zur Zerstörung Korinths im Jahr 146 v. Chr.: Antike Quellen: Strabo VIII 6, 23 p. 381; Pausanias II 1, 2; Veleius Paterculus I 13, 1; Livius Fr. Buch 52; Cicero, de lege agraria I 5; II 51 und II 87, 3; ders., Tusculanae disputationes III 22, 53; ders., epistulae ad familiares IV 5, 4; Lex agraria (111 v. Chr.) § 96 f. – Archäologische Befunde: D. G. Romano, Post–146 B. C. land use in Corinth and planning of the Roman Colony of 44 B. C., in: T. E. Gregory (Hrsg.), The Corinthia in the Roman Period, JRA Suppl. 8, Ann Arbor 1993, S. 9–30. – I. Bald Romano, A Hellenistic deposit from Corinth. Evidence for interim period activity (146–44 B. C.), in: Hesperia 63, 1994, S. 57–104.
Zu den Plünderungen auf Delos in den Jahren 88 und 69 v. Chr.: Antike Quellen: Appian, Römische Geschichte XII 5, 28; Strabo X 5, 4 p. 486; Pausanias III 23, 3; Appian, Mithridatischer Krieg V 28; Phlegon von Tralleis Frgt. 12,13 [FGrHist II Nr. 257]. – Archäologische Befunde: Ph. Bruneau, Contribution à l'histoire urbaine de Délos à l'époque hellénistique et à l'époque impériale, in: BCH 92, 1968, S. 633–709 bes. 690–709. – M. Kreeb, Untersuchungen zur figürlichen Ausstattung delischer Privathäuser, Chicago 1988, S. 2–7.
Zur Plünderung Athens im Jahr 87/86 v. Chr.: Antike Quellen: Appian, Mithridatischer Krieg 30–41; Plinius, nat. hist. 45; Plutarch, Sulla 12–14; Pausanias I 20, 4–7. – Archäologische Befunde: W. Hoepfner, Das Pompeion und seine Nachfolgebauten. Kerameikos X, Berlin 1976, S. 139–140. – D. J. Geagan, Roman Athens: Some Aspects of Life and Culture I. 86 B. C. –A. D. 267, in: ANRW II 7, 1, Berlin 1979, S. 371–437. – M. C. Hoff, Laceratae Athenae: Sulla's siege of Athens in 87/86 B. C. and its Aftermath, in: M. C. Hoff/S. I.

Rotroff (Hrsg.), The Romanization of Athens. Proceedings of an International Conference held at Lincoln, Nebraska (April 1996), Oxford 1997, S. 33–51.
Zur Gattung der Historischen Reliefs: M. Torelli, Typology and structure of Roman historical reliefs, Ann Arbor 1982. – T. Hölscher, Die Geschichtsauffassung in der römischen Repräsentationskunst, in: JdI 95, 1980, S. 265–321; ders., Staatsdenkmal und Publikum: Vom Untergang der Republik bis zur Festigung des Kaisertums in Rom, Konstanz 1984 (ital.: 1994); ders., Beobachtungen zu römischen historischen Reliefs I, in: AA 1979, S. 337–348; II, in: AA 1984, S. 283–294; III, in: AA 1988, S. 523–541. – M. Oppermann, Römische Kaiserreliefs, Leipzig 1985. – G. Koeppel, Die historischen Reliefs der römischen Kaiserzeit I–IX, in: BJb 183, 1983 bis BJb 192, 1993.
Zur chronologischen Einordnung des Titusbogens: M. Pfanner, Der Titusbogen, Mainz 1983 (domitianisch). – K. S. Freyberger, Stadtrömische Kapitelle aus der Zeit von Domitian bis Alexander Severus. Zur Arbeitsweise und Organisation stadtrömischer Werkstätten der Kaiserzeit, Mainz 1990, S. 48–51 (Fertigstellung: trajanisch).
Konsequenzen aus Korrekturen in den Konsullisten: F. Sinn, Stadtrömische Marmorurnen, Mainz 1987, S. 24 mit Anm. 220. – H. Herdejürgen, Stadtrömische und Italische Girlandensarkophage I, Die Sarkophage des 1. und 2. Jahrhunderts, Berlin 1996, S. 18.
Zu den naturwissenschaftlichen Methoden der Altersbestimmung: R. C. A. Rottländer, Einführung in die naturwissenschaftlichen Methoden in der Archäologie, Tübingen 1983, S. 379–527: Methoden der Datierung. – H. J. Eggers, Einführung in die Vorgeschichte, München ^{3}1986, S. 122–198: Die absolute Chronologie. – C. Renfrew/P. Bahn, Archaeology. Theories, Methods and Practice, London ^{2}1996 (Reprint 1998), S. 111–164: Dating Methods and Chronology (diese sehr anschauliche Darstellung aller Methoden beinhaltet in erfrischender Klarheit auch die Darlegung der jeweiligen Schwachstellen der auf keinen Fall überzubewertenden naturwissenschaftlichen Methoden; dazu auch: G. Kossack/H. Küster, Rezension zu P. Breunig, ^{14}C-Chronologie des vorderasiatischen, südost- und mitteleuropäischen Neolithikums, Köln/Wien 1987, in: Germania 69, 1991, S. 433–445).

b) Die relative Chronologie

Die ganz überwiegende Zahl der antiken Zeugnisse läßt sich nicht durch absolute Daten zeitlich fixieren. Um diese Werke dennoch in ein chronologisches System einfügen zu können, bleibt der archäologischen Forschung nur der Weg, die Objekte zumindest in ihrer relativen Abfolge zu ordnen. Die Vorgehensweise folgt dem üblichen Schema: Man erfaßt innerhalb einer Gattung – z. B. Säule, Amphora, männliche Statue – zunächst die formalen Unterschiede, die sich zwischen zwei Werken mit gesicherter (absoluter) Datierung erkennen lassen, unterstellt, daß die Entwicklung von der älteren zur jüngeren Gestaltungsweise kontinuierlich verläuft und reiht dementsprechend dazwischen, was sich dieser fiktiven Linie zuordnen läßt.

Diese Methode bereitet innerhalb der *Architektur* die geringsten Schwierigkeiten, weil sich die Entwicklung oftmals in gemessenen Werten wiedergeben läßt, etwa in modifizierten Proportionsverhältnissen (z. B. Säulenhöhe zu unterem Durchmesser; am Kapitell: Höhe des *Echinus* zur Höhe des *Abacus* u.s.w.). Auch lassen sich parallel verlaufende Strömungen, z. B. die *ionische* und die *dorische* Ordnung, nach klaren Kriterien gegeneinander absetzen. Die auch für viele dekorative Details erarbeitete Chronologie ist infolge einer lange auf die Sakral- und Sepulkralarchitektur fokussierten Forschung freilich im wesentlichen nur auf die repräsentativen Bauten in den Heiligtümern und den administrativen Zentren der Städte anwendbar. Die Versuche, für die unterschiedlichen Mauertechniken eine nach stilistischen Kriterien begründete Chronologie zu erarbeiten, haben sich als untauglich herausgestellt.

Eine andere Gattung, bei der sich die Relation eines jeden Stücks zu den jeweils nächstliegenden Fixpunkten vergleichsweise schlüssig abzeichnet, ist die Keramik. Auch hier kann sich die Argumentation an formalen, objektiv bestimmbaren Kriterien orientieren: Bestimmte Gefäßtypen werden im Laufe der Zeit schlanker, andere Formen entwickeln sich mit einer gegenläufigen Tendenz. Weitere Anhaltspunkte lassen sich aus Veränderungen bei der Herstellungstechnik ableiten: Einführung der Töpferscheibe im Mittelmeerraum im frühen 2. Jtd. v. Chr. (im Orient bereits sehr viel früher); Vervollkommnung der Brenntechnik durch Konstruktion regulierbarer Brennöfen um 700 v. Chr.; Beginn der Verwendung von Formschüsseln in der Mitte des 3. Jhs. v. Chr. (sogenannte *Megarische Becher*); Beginn der Produktion von *Terra Sigillata* (feinkörniges, sehr hart gebranntes Tongeschirr mit einem metallisch glänzenden roten Überzug) in der 2. Hälfte des 1. Jhs. v. Chr. in Arretium (heute Arezzo).

Für die Ermittlung der Zeitstellung eines Gefäßes liefert die Formanalyse die Grundinformation. Bei unverzierter Gebrauchskeramik (z. B. Kochgeschirr) liefert sie sogar den einzigen Zugang. Um es dabei nicht bei allgemeinen subjektiven Eindrücken zu belassen, ist die Wiedergabe der Form in Gestalt einer *Profilzeichnung* notwendig. Das gilt insbesondere auch für Gefäßbruchstücke. Aus der Wölbung und Formung der Wandung lassen sich auch bei kleinen Scherben – so wie sie zumeist bei Ausgrabungen zutage treten – über die graphische Umsetzung Durchmesser und ursprüngliche Position im Gefäßkörper ermitteln, so daß sie aufgrund ihrer Formgebung in das System der relativen Chronologie integriert werden können.

Ein nicht unerheblicher Teil der antiken Keramik ist mit Dekor versehen. Das Spektrum der Verzierungen reicht von der schlichten ‚Lasur' bis zu figurenreichen szenischen Darstellungen, vom zweifarbigen Hell-Dunkel-Kontrast bis zur Vielfarbigkeit, von der glatten

Oberfläche bis zur Anreicherung durch applizierte Reliefs oder sogar rundplastische Figuren. Dieser Gestaltungsreichtum bietet natürlich beste Voraussetzungen für Beobachtungen, die zur Erarbeitung einer relativen Chronologie beitragen können. Aufschlußreich für die Entwicklung im Groben waren Grabungen in Nekropolen: Jedes Grab für sich bildet einen ‚geschlossenen Befund', bei einer langen Belegungsdauer ergibt sich aus der Lage der Gräber eine chronologische Abfolge. Die 1870 aufgenommenen Ausgrabungen im *Kerameikos* von Athen, der bedeutendsten Nekropole des antiken Athen, haben wesentlich zur Kenntnis der Entwicklung der griechischen Keramik beigetragen. Wertvoll waren die hier ergrabenen Befunde insbesondere für die Definition des sog. *Geometrischen Stils*, der nach dem linearen Dekorationsrepertoire der Keramik des 10. bis 8. Jhs. v. Chr. benannt ist. In einzelnen Bestattungen des frühen 7. Jhs. konnte dann das Eindringen neuer, fremdartiger Motive nachvollzogen werden: vegetabilischer und figürlicher Dekor, wie er aus der phönizischen Toreutik und Elfenbeinschnitzerei bekannt ist. Ebenso zeichnete sich ab, daß auf diesen *Orientalisierenden Stil* in der 2. Hälfte des 7. Jhs. v. Chr. jene Produktion einsetzt, die in ihrer reichen Bilderwelt vornehmlich Gestalten und Szenen des Mythos, daneben aber auch die reale Lebenswelt (der aristokratischen Elite) zur Anschauung bringt. Bei dieser zunächst reinen Silhouettenmalerei findet im späteren 6. Jh. v. Chr. nochmals ein markanter Wechsel statt. Standen zunächst dunkle Figuren vor hellem Grund *(schwarzfigurig [s. f.])*, ging man nun dazu über, die im hellen Tongrund belassenen Figuren gegen den schwarzen Hintergrund zu stellen *(rotfigurig [r. f.])*. Für die grobe Ordnung der von der Forschung lange Zeit völlig vernachlässigten Keramikproduktion während der hellenistischen Epoche erwiesen sich die amerikanischen Grabungen auf der Athener *Agora* als segensreich.

Diese in ihren Grundzügen durch Grabungen ermittelte Chronologie wurde durch kunsthistorische Analysen in einem Maße verfeinert, daß die relative Chronologie der Keramik heute mit Zeitschritten arbeitet, die sich auf ein Jahrzehnt bemessen. Man gibt Datierungen heute beispielsweise in der Form „um 480 v. Chr." oder „590/80 v. Chr." an. Auch wenn solche Datumsangaben immer nur Annäherungswerte darstellen, bilden sie in ihrer Dichte doch ein solides Fundament für die Zeitbestimmung von Bauten und Denkmälern, in deren Kontext sie bei Grabungen angetroffen werden (S. 66 ff.). Daß Keramik in so feinteiliger Abstufung datiert werden kann, beruht maßgeblich auf dem Umstand, daß uns diese Gattung in so großer Menge zur Verfügung steht. An Vasen des 6. und 5. Jhs. v. Chr. konnten anhand von Künstlersignaturen (z. B. *Sosias epoiesen* [Sosias hat mich gemacht] oder *Douris egrapsen* [Duris hat mich gemalt]) Gefäße identifiziert werden, die in der gleichen Werkstatt produziert worden sind.

Noch besser bezeugt sind solche Werkstattzusammenhänge in der hellenistischen und kaiserzeitlichen Keramik, weil in dieser Epoche regelrechte Firmenstempel verwendet wurden. Nachdem an solchen Beispielen studiert werden konnte, welcher Grad an Einheitlichkeit, welches Maß aber auch an Variationsbreite und innerer Entwicklung innerhalb einer Werkstatt respektive im Œuvre eines Töpfers oder ‚Vasenmalers' zu gegenwärtigen waren, war es nur ein kurzer gedanklicher Schritt, dieses Prinzip auch auf die keramischen Erzeugnisse zu übertragen, die keine Signatur oder Stempelung tragen. Bahnbrechend hat in dieser Hinsicht während der ersten Hälfte des 20. Jahrhunderts der englische Keramikforscher John D. Beazley gewirkt. Mehr als 65 000 attische schwarz- und rotfigurige Vasen (auch Scherben) hat er in Autopsie untersucht und dabei über 17 000 Darstellungen nach ‚Meisterhänden' geordnet. Wo keine authentisch aus der Antike überlieferten Namen zur Verfügung standen, führte Beazley Hilfsbezeichnungen ein. Sie orientieren sich an spezifischen Merkmalen der Zeichnung (z. B. *Elbow-out-Painter*), an einem im Œuvre des Malers signifikanten Motiv (z. B. *Schaukelmaler*) oder greifen den heutigen Aufbewahrungsort eines charakteristischen Exemplars auf (z. B. *Jenaer Maler*).

Auf der Grundlage eines beeindruckenden optischen Gedächtnisses und in einer – ohne Rückgriffmöglichkeit auf die EDV – unglaublichen organisatorischen Leistung hat Beazley somit Einheiten geschaffen, die ein in sich geschlossenes chronologisches Gerüst bilden. Dieses noch heute unverzichtbare Arbeitsinstrument ist freilich geprägt vom Geist seiner Entstehungszeit, als man in der Auseinandersetzung mit der *Künstlerpersönlichkeit* einen wesentlichen Zugang zur antiken Kultur erblickte. Es hat nicht an Versuchen gefehlt, aus dem stilistisch erschlossenen bzw. postulierten Œuvre bis zur Psyche und in die Lebensbahnen antiker Künstler vorzudringen. Diese vorübergehend sogar bestimmende Forschungsrichtung hat zwischenzeitlich zu einer gewissen Entfremdung zwischen der ‚Vasenforschung' und anderen Ausrichtungen innerhalb der Klassischen Archäologie geführt, ein Vorgang, der freilich in ähnlicher Weise auch für die ‚Meisterforschung' in der Skulptur (s. unten) galt.

Das methodische Verfahren, die Chronologie der Keramikproduktion unter Berücksichtigung des Werkstattzusammenhangs zu erarbeiten, hat in der 2. Hälfte des 20. Jahrhunderts durch die *Archäometrie* eine Objektivierung erfahren. Insbesondere durch naturwissenschaftliche Analysen des Tons sowie seiner Aufbereitung und Verarbeitung konnten stilistische Kriterien überprüft und dabei verifiziert oder korrigiert werden.

In der *Skulptur* hat die Erarbeitung einer relativen Chronologie methodisch einen ähnlichen Weg genommen wie in der Keramik. Auch hier spielte die Zuschreibung an Künstlerwerkstätten bzw. einzelne Künstlerpersönlichkeiten eine ausschlaggebende Rolle. Die Grundlage dafür hat Heinrich Brunn bereits in der Mitte des 19. Jahrhunderts mit seiner *Geschichte der griechischen Künstler* geschaffen. Darin hat er alle aus der antiken Literatur verfügbaren Nachrichten über die Wirkenszeit, die Werke und den Stil der bildenden Künstler zusammengetragen. Von dieser Grundlage aus unternahm er den Versuch, über eine gründliche Formanalyse die Entwicklung der griechischen Kunst nachzuzeichnen. Adolf Furtwängler ging diesen Weg in seinen *Meisterwerken der griechischen Plastik* weiter.

Die Leistung dieser am Ende des 19. Jahrhunderts wirkenden Archäologengeneration kann nicht hoch genug eingeschätzt werden. Sie sahen sich damals ja noch einer weitgehend ungeordneten Denkmälerflut gegenüber. Besonders in den Interpretationsansätzen Furtwänglers finden sich viele scharfsinnige Beobachtungen und Gedanken, die erst wieder in der ‚Aufbruchphase' während der letzten drei Jahrzehnte des 20. Jahrhunderts aufgegriffen wurden. In mancherlei Hinsicht mußten die damals formulierten Auffassungen inzwischen modifiziert und auch korrigiert werden – aus jener Zeit rührt z. B. der dem historischen Sachverhalt nicht gerecht werdende Terminus *Archaik* (Anfang der Kunstfertigkeit) für das 7./6. Jh. v. Chr. (S. 24) her. Dennoch, viele der Arbeiten aus jener Phase der Forschungsgeschichte sind auch heute noch anregend und in ihrer Methodik als mustergültig zu betrachten und deshalb als Sekundärliteratur unverzichtbar.

Wenn der ‚Meisterforschung' auf dem Gebiet der griechischen Bildhauerkunst heute eher Skepsis entgegengebracht wird, dann tragen dafür nicht deren Begründer Verantwortung, die diesen methodischen Weg um seiner Erkenntnisse für historische Prozesse wegen beschritten. Fragwürdig wird die ‚Meisterforschung' immer dann, wenn sie sich aus diesem übergeordneten Gedankenfeld löst und sich mit schließlich rein subjektiven Kriterien nach eigenen Vorstellungen Lebensbilder und Werkkataloge auch von solchen Künstlern konstruiert, von denen die antiken Quellen mitunter nicht mehr als den Namen, knappe Angaben zur Blüte ihrer Schaffenszeit, exemplarisch ein Werk und allenfalls noch den Namen des künstlerischen Lehrers überliefern.

Welche Kriterien hat die Forschung bei der Zuordnung von Werken der Skulptur an bestimmte Künstler respektive in die durch diese Namen verkörperten Epochen zur Hand? Beurteilt wird der *Stil* der Bildhauerarbeit. Wie wurde der Körper gestaltet, wie die dem Körper hinzugefügte Kleidung? Handelt es sich um mehrfigurige Gruppen, wird das Arrangement der Figuren zueinander zum Kriterium, bei Reliefs ist zusätzlich das Verhältnis der Figuren zum Hintergrund zu berücksichtigen. Im übrigen aber ist das Auge des Archäologen aufgefordert, die vom Bildhauer gestaltete Oberfläche nach allen aussagekräftigen Indizien abzusuchen. Das Spektrum der Kriterien reicht theoretisch vom Standmotiv bis zur Ausarbeitung der Ohrmuschel, von der Rückenmuskulatur bis zur Ausführung der Augenlider. Für die stilistische Beurteilung wird bevorzugt die Gewandwiedergabe herangezogen (weshalb Klassische Archäologen gern als ‚Faltenzähler', und wenn es um die Frisuren geht, als ‚Lockenzähler' belächelt werden). Ohne Frage bietet die von Falten durchzogene Gewandung dem Bildhauer reiche Möglichkeiten der Anwendung seines Könnens aber auch der Evozierung bestimmter Effekte: Der umhüllende Stoff des Gewandes kann die Körperlichkeit der menschlichen Gestalt bis an die Grenze der Auflösung verfremden – so bei säulenförmigen weiblichen Gewandstatuen des 6. Jhs. v. Chr. aus dem Heraion von Samos. Aber auch die gegenläufige Tendenz ist bezeugt: Durch eine raffinierte Faltenführung wird Körperlichkeit in unverhohlen erotischer Absicht unterstrichen – so an Werken der späteren Klassik. In der hochhellenistischen Epoche wird die Gewandung mit aufgewühlter und tief durchfurchter Faltenführung für das Streben nach dramatischen Effekten instrumentalisiert.

Eine solche Entwicklung läßt sich für die griechische Skulptur mit Hilfe der Fixpunkte aus der absoluten Chronologie in groben Zügen nachzeichnen. Anders als bei der Keramik ist eine auf zehn Jahre genaue Datierung – mit Ausnahme der guten Überlieferung für das 5. und 4. Jh. v. Chr. (S. 44f.) – nicht möglich. Auf die Gestaltungsformen der Bildhauerarbeit wirken ja mehr Einflüsse ein als nur die künstlerische Idee und Fertigkeit des Bildhauers. Die kostspieligen Kunstwerke aus Bronze oder Marmor unterliegen natürlich auch Vorgaben seitens der Auftraggeber, die ihrerseits in aller Regel nicht unabhängig sind von zeitbedingten Strömungen. Solche Konventionen haben sich im geographisch, politisch und ethnisch aufgespaltenen Griechenland nicht einspurig ausgebildet und weiterentwickelt. Für den Archäologen geben sich gestalterische Konventionen sowohl in ikonographischen Formeln (S. 59ff.) als auch in gewissen statuarischen Typen (Fallbeispiel Nr. 5 S. 92ff.) zu erkennen. Im *Kanon des Polyklet* ist eine solche um die Mitte des 5. Jhs. v. Chr. etablierte Konvention sogar schriftlich artikuliert worden.

Die Datierung griechischer Skulptur über den Stil ist zwar weiterhin unverzichtbar, doch mißt man diesem Zugang zur Chronologie nicht mehr das gleiche Gewicht wie früher bei. Man verfolgt stilistische Entwicklungen nun nur innerhalb kleinerer, äußerlich begrenzter Zeitabschnitte und Regionen. Auch koppelt man die stilistische Würdigung nicht mehr von anderen Beurteilungskriterien ab: Man fragt nach dem Auftraggeber und dessen Intentionen, man bezieht den Aufstellungsort und -zweck mit ein, so daß dadurch zusätzliche

Anhaltspunkte für die Entstehungszeit gewonnen werden können (Fallbeispiele Nr. 11 [S. 124ff.] und Nr. 13 [S. 134ff.]).

Für die römische Kaiserzeit stellt sich die Datierung von Werken der Skulptur weniger problematisch dar, weil die Kette der absoluten Chronologie sehr viel dichter gereihte Glieder aufweist (Fallbeispiele Nr. 16–21 [S. 149-178]). Unter den Werken, die während der römischen Kaiserzeit geschaffen wurden, fordert freilich eine größere Gruppe zu einer gesonderten Betrachtung heraus. Es sind die Kopien nach Werken der griechischen Kunst, mit denen die Römer öffentliche Bauten, vor allem aber die Gärten ihrer Villen ausstatteten (Fallbeispiele Nr. 7 [S. 103ff.] und Nr. 15 [S. 144ff.]). Ursprünglich nahm man diese römischen Kopien als authentischen Ersatz für die verlorenen griechischen Originale – so auch noch Johann Joachim Winckelmann (1717–1768), einer der maßgeblichen Wegbereiter der Klassischen Archäologie. Die bereits zuvor erwähnten Gelehrten des ausgehenden 19. Jahrhunderts erkannten dann jedoch, daß Kopien nach ein und derselben Vorlage in signifikanter Weise voneinander abweichen können. Von dieser Beobachtung war es kein großer Schritt zu der weiteren Feststellung, daß Art und Umfang der Modifizierung des Originals abhängig sind vom Zeitpunkt der Anfertigung einer Kopie. Die in den letzten 40 Jahren ausgereifte Methode der *Kopienkritik* ist nun ein Instrument, das in zweifacher Weise erkenntnisfördernd eingesetzt wird. Geht es darum, mit Hilfe römischer Kopien ein verlorenes griechisches Original – zumindest imaginär – zurückzugewinnen, ist nach solchen Kopien Ausschau zu halten, die in einer Zeit entstanden, in der die getreuesten Kopien geschaffen wurden (Fallbeispiel Nr. 11 S. 124ff.). Im Gegenzug läßt sich mit Hilfe der gegenüber dem Original vorgenommenen Veränderungen der zur Entstehungszeit einer Kopie vorherrschende Zeitgeschmack ablesen.

Literatur: Zu Form und Entwicklung in der Architektur: A. Boethius/J. B. Ward-Perkins, Etruscan and Roman Architecture, Harmondsworth 1970. – B. Wesenberg, Kapitelle und Basen, Düsseldorf 1971. – J. J. Coulton, Greek Architects at Work. Problems of Structure and Design, Granada 1977. – H. Knell, Grundzüge der griechischen Architektur, Darmstadt 1980. – A. Mallwitz, Kritisches zur Architektur Griechenlands im 8. und 7. Jahrhundert, in: AA 1981, S. 599–642. – G. Gruben, Die Tempel der Griechen, München ^{4}1986. – W. Müller-Wiener, Griechisches Bauwesen in der Antike, München 1988. – R. Ginouvès/R. Martin, Dictionnaire méthodique de l'architecture greque et romaine. I, Matériaux, techniques de construction, techniques et formes du décor, Rom 1985; II, Eléments constructifs: supports, couverture, aménagements interieurs, Athen/Rom 1992. – R. A. Tomlinson, Greek and Roman Architecture, London 1995.

Zu Form und Entwicklung in der Keramik:

Allgemein: E. Simon, Die griechischen Vasen, München 1976. – W. Schie-

rung, Die griechischen Tongefäße. Gestalt, Bestimmung und Formenwandel, Berlin [2]1983. – I. Scheibler, Griechische Töpferkunst, München [2]1995.
Geometrisch – Klassisch: J. D. Beazley, Attic Black-Figure Vase-Painters, Oxford 1956; ders., Attic Red-Figure Vase-Painters, Oxford [2]1963; ders., Paralipomena. Additions to ABV and to [2]ARV, Oxford 1971. – T. H. Carpenter (Hrsg.), Beazley Addenda, Oxford [2]1989. – J. Boardman, Schwarzfigurige Vasen aus Athen, Mainz [4]1994; ders., Rotfigurige Vasen aus Athen. Die archaische Zeit, Mainz [4]1994; ders., Rotfigurige Vasen aus Athen. Die klassische Zeit, Mainz 1991. – Vasenforschung nach Beazley. Bericht vom Symposion des Deutschen Archäologen-Verbandes, Tübingen 24.–26. 11. 1978. Schriften des Deutschen Archäologen-Verbandes IV, Mainz 1979. – A. D. Trendall, Red Figure Vases of South Italy and Sicily, London 1989 (deutsch: Mainz 1990). – M. Robertson, The art of vase-painting in classical Athens, Cambridge 1992. – A. Harrison, Chronological Method and the Study of Corinthian Pottery, in: Hephaistos 14, 1996, S. 193–216. – *Hellenistisch – kaiserzeitlich:* W. Hilgers, Lateinische Gefäßnamen, Bonn 1969. – J.-P. Morel, Céramique campanienne: les formes, Rom 1981. – S. Rotroff, Hellenistic Pottery. Athenian and imported moldmade bowls. The Athenian Agora XXII, Princeton 1982. – Th.-M. Schmidt, Studien zur Vasenkunst des Hellensimus I, in: FuB 28, 1990, S. 71–96; II, in: FuB 29/30, 1990, S. 59–78; III, in: FuB 31, 1991, S. 101–130. – St. Drougou/J. Touratsoglou, Hellenistische Keramik aus Makedonien. Chronologische Indizien, in: AntK 34, 1991, S. 13–27. – Z. Kotitsa, Hellenistische Keramik im Martin von Wagner Museum der Universität Würzburg, Würzburg 1998 (mit umfangreicher Bibliographie). – E. Ettlinger u. a., Conspectus formarum terrae sigilatae italico modo confectae. Materialien zur römisch-germanischen Keramik, Bonn 1990. – EAA. Atlante delle forme ceramiche. Ceramica fine romana nel bacino mediterraneo, I: medio e tardo impero, Rom 1981; II: tardo ellenismo e primo impero, Rom 1985. – M. Medri, Terra sigillata tardo italica decorata, Rom 1992.
Zur Archäometrie: J. Riederer, Kunstwerke chemisch betrachtet. Materialien, Analysen, Altersbestimmung, Berlin/Heidelberg/New York 1981. – H. Born (Hrsg.), Archäologische Bronzen. Antike Kunst, Moderne Technik, Berlin 1985. – B. Herrmann u. a., Prähistorische Anthropologie. Leitfaden der Feld- und Labormethoden, Berlin/Heidelberg/New York 1990. – M. Maggetti/G. Galetti, Die Baukeramik von Augusta Raurica, eine mineralogisch-chemisch-technische Untersuchung. Zur Herstellung und Verbreitung der in Kaiseraugst produzierten Ziegel der Legio Prima Martia, in: Jahresberichte aus Augst und Kaiseraugst 14, 1993, S. 199–225. – M. Seifert, Überlegungen zur Anwendung naturwissenschaftlicher Methoden bei der Herkunftsbestimmung von Keramik, in: Hephaistos 14, 1996, 29–43. – C. Weiß/U. Schüssler, Kameoglasfragmente im Martin von Wagner Museum der Universität Würzburg und im Allard Pierson Museum der Universität Amsterdam, in: JdI 115, 2000 (im Druck).
Zu Form und Entwicklung in der Skulptur:
Gesamtdarstellungen: H. Brunn, Geschichte der griechischen Künstler, Stuttgart/Leipzig/Berlin [2]1889. – A. Furtwängler, Meisterwerke der griechischen Plastik, Leipzig/Berlin 1893. – Ch. Picard, Manuel d'Archéologie Greque, La Sculpture, Paris 1935–1966. – L. Alscher, Griechische Plastik I–IV, Berlin 1954–1957. – B. Freyer-Schauenburg, Bildwerke der archaischen Zeit und

des Strengen Stils. Samos XI, Bonn 1974. – M. Robertson, A History of Greek Art, Cambridge 1975. – R. Lullies/M. Hirmer, Griechische Plastik, München ^{4}1979. – W. Fuchs, Die Skulptur der Griechen, München ^{4}1993. – B. S. Ridgway, The Archaic Style in Greek Sculpture, Princeton 1977; dies., The Severe Style in Greek Sculpture, Princeton 1970; dies., The Fifth Century Style in Greek Sculpture, Princeton 1981; dies., The Fourth-Century Style in Greek Sculpture, London 1997; dies., Hellenistic Sculpture I. The Styles of ca. 331–200 B. C., Madison 1990. – J. Boardman, Griechische Plastik. Die archaische Zeit, Mainz ^{4}1994; ders., Griechische Plastik. Die klassische Zeit, Mainz ^{4}1996; ders., Griechische Plastik. Die spätklassische Zeit (in Vorbereitung). – A. Stewart, Greek Sculpture. An Exploration, New Haven/London 1990. – A. H. Borbein, Plastik. Das Bild des Menschen in der Kunst, in: A. H. Borbein (Hrsg.), Das Alte Griechenland, München 1995, S. 241–289. – *Speziellere Darstellungen:* G. M. A. Richter, Kouroi, London 1960; dies., Korai, London 1968. – J. J. Pollitt, Art and Experience in Classical Greece, Cambridge 1972. – H. J. Schalles, Untersuchungen zur Kulturpolitik der pergamenischen Herrscher im 3. Jh. v. Chr., IstForsch 36, 1985. – W. Fuchs/J. Floren, Die griechische Plastik I. Die geometrische und archaische Plastik. HdArch, München 1987. – W. Martini, Die archaische Plastik der Griechen, Darmstadt 1990. – A. H. Borbein, Die griechische Statue des 4. Jhs. v. Chr., in: JdI 88, 1973, S. 43–212; ders., Rezension zu T. Lorenz, Polyklet, Wiesbaden 1972, und H. v. Steuben, Der Kanon des Polyklet. Doryphoros und Amazone, Tübingen 1973, in: GGA 234, 1982, S. 184–241. – D. Kreikenbom, Bildwerke nach Polyklet. Kopienkritische Untersuchungen zu den männlichen statuarischen Typen nach Werken Polyklets, Berlin 1990. – P. Moreno (Hrsg.), Lisippo. L'arte e la fortuna, Rom 1995. – A. Linfert, Kunstzentren hellenistischer Zeit. Studien an weiblichen Gewandfiguren, Wiesbaden 1976. – W. Geominy, Die Florentiner Niobiden, Bonn 1984. – R. R. R. Smith, Hellenistic Sculpture. A Handbook, London 1991. – R. Wünsche, Pasquino, in: MüJb 42, 1991, S. 7–38. – P. Moreno, Scultura ellenistica, Rom 1994. – G. Despinis, Studien zur hellenistischen Plastik I: Zwei Künstlerfamilien aus Athen, in: AM 110, 1995, S. 321–372. – O. Palagia/W. Coulson (Hrsg.), Regional Schools in Hellenistic Sculpture. Proceedings of an International Conference held at the American School of Classical Studies at Athens, March 15–17, 1996, Oxford 1998. – P. C. Bol (Hrsg.), Hellenistische Gruppen. Gedenkschrift für Andreas Linfert, Mainz 1999. – *Zur Kopienkritik:* A. Furtwängler, Über Statuenkopien im Altertum, Abh München 20 III 1896. – G. Lippold, Kopien und Umbildungen griechischer Statuen, München 1923. – H. Lauter, Zur Chronologie römischer Kopien nach Originalen des V. Jhs., Bonn 1966. – E. Schmidt, Der Kasseler Apoll und seine Repliken, AntPl V, Berlin 1966, S. 7–43. – R. Wünsche, Der Jüngling vom Magdalensberg. Studie zur römischen Idealplastik, in: Festschrift L. Dussler, München 1972, S. 45–80. – P. Zanker, Klassizistische Statuen. Studien zur Veränderung des Kunstgeschmacks in der römischen Kaiserzeit, Mainz 1974. – W. Trillmich, Bemerkungen zur Erforschung der römischen Idealplastik, in: JdI 88, 1973, S. 247–282; ders., Eine Jünglingsstatue in Cartagena und Überlegungen zur Kopienkritik, in: MM 20, 1979, S. 339–360. – B. S. Ridgway, Roman Copies of Greek Sculpture: The Problem of the Originals, Ann Arbor 1984. – Chr. Landwehr, Die antiken Gipsabgüsse aus Baiae. AF 14,

Berlin 1985. – W. Geominy, Zwischen Kennerschaft und Cliché. Römische Kopien und die Geschichte ihrer Bewertung, in: G. Vogt-Spira/B. Rommel, Rezeption und Identität. Die kulturelle Auseinandersetzung Roms mit Griechenland als europäisches Paradigma, Stuttgart 1999, S. 38–58.

3. Die Ermittlung der Aussage und Funktion

Ikonographie – Ikonologie – Typologie

Um dem Betrachter die intendierte Aussage seines Werks verständlich zu machen, mußte sich dessen Verfertiger einer in seiner Zeit geläufigen ‚Bildsprache' *(Ikonographie)* bedienen. In der Antike konnten die Künstler bzw. deren Auftraggeber, die sich über das Medium der Kunst an die Öffentlichkeit wandten, eine entsprechende Allgemeinbildung voraussetzen. Doch gab es z. B. in den Heiligtümern, die mit ihrer Ansammlung von künstlerisch bedeutenden Weihgeschenken Museen glichen, auch amtliche ‚Bildererklärer' *(Exegeten)*. Heute ist die Auslegung der antiken Bildwerke *(Ikonologie)* ein wissenschaftlicher Akt *(Hermeneutik/Semantik/Semiotik)*. Zu den wesentlichen Zielen der archäologischen Ausbildung gehört es, den Studierenden die ‚Vokabeln' dieser Bildsprache zu vermitteln. Der gleichen Aufgabe sieht sich auch die Kunstgeschichte gegenüber. Angesichts einer in vielen Bereichen deutlich umfangreicheren schriftlichen Parallelüberlieferung ist die Methodik der Bildinterpretation *(Ikonologie)* in der Kunstgeschichte sehr ausgeprägt entwickelt und deshalb für die Klassische Archäologie eine wichtige Orientierungshilfe.

Viele der antiken Bildzeichen sind Bestandteil des bereits auf der Schule vermittelten Allgemeinwissens. Das gilt vor allem für die Attribute der Gottheiten (Dreizack des Poseidon, Heroldsstab [*Kerykeion*] des Hermes, Keule des Herakles, Schlange des Asklepios u.s.w.). Die Deutung dieser Bildzeichen bereitet keine Schwierigkeiten, weil sie in der antiken Literatur in wünschenswerter Klarheit mit bestimmten Gestalten des Mythos verbunden und, etwa in der Vasenmalerei, tatsächlich von eben diesen – inschriftlich gekennzeichneten – Gottheiten getragen werden.

Die antike Kunst bliebe uns um vieles unverständlicher, wäre es der Forschung nicht gelungen, über die durch die Attribute vermittelten Signale hinaus weitere Gestaltungsformen als Informationsträger zu identifizieren und zu lesen. Ein Zugang zu solchen ikonographischen ‚Hieroglyphen' wäre ohne Anregungen aus der schriftlichen Überlieferung nicht denkbar (Fallbeispiel Nr. 3 S. 85 ff.). Im folgenden sollen einige wenige der auf diesem Wege definierten ikonographischen Formeln vorgestellt werden.

Langes Haar bei einer männlichen Gestalt: Reiche Haarmasse ist ein Kennzeichen des begüterten Mannes. Es ist zunächst sichtbares Zeichen eines von den Göttern wohlgefällig gestalteten, gesunden Körpers. In der Sphäre der Götterwelt vertritt Apollon das Ideal der männlichen Schönheit und des von jugendlicher Kraft erfüllten Körpers. Langes, kunstvoll frisiertes Haar ist deshalb ein ikonographisches Merkmal des Apollon. Das Volumen des Haares kann entweder dadurch sichtbar gemacht werden, daß man es offen zur Schau stellt oder in eine aufwendige Frisur einbindet, wie z. B. den *Krobylos* (Haarschopf) oder Zopffrisuren.

Im Bereich der Sterblichen ist volles Haar eine Bildformel für den sozialen Status der dargestellten Person. Nur derjenige ist imstande, das Haar in seiner vollen Länge zu tragen, der dadurch nicht bei körperlicher Arbeit beeinträchtigt wird. Langes Haar kennzeichnet mithin den Angehörigen der Oberschicht, der seinen Lebensunterhalt nicht aus eigener körperlicher Tätigkeit erwirbt. Diese Kennzeichnung spielt besonders in der archaischen Epoche eine Rolle, in der das stolze Selbstbewußtsein und die politische Dominanz der aristokratischen Oberschicht besonders konsequent zur Schau gestellt werden (Fallbeispiel Nr. 5 S. 92ff.).

Nacktheit: Die Griechen brachten der Nacktheit des menschlichen Körpers eine für unseren christlich geprägten Kulturkreis erstaunliche Unbefangenheit entgegen. So begegnen wir in allen Gattungen der Bildkunst unbekleideten männlichen wie weiblichen Körpern. Das bedeutet nun aber nicht, daß die Menschen im griechischen Altertum – etwa wegen der vorherrschenden warmen Temperaturen im Mittelmeerraum – tatsächlich ohne Bekleidung herumgelaufen wären. Bei der Betrachtung und Analyse antiker Kunst haben wir zu unterscheiden zwischen *realer Nacktheit* und *idealer Nacktheit.*

Reale Nacktheit: Natürlich legten die Menschen in bestimmten Situationen ihre Kleider ab, etwa bei der körperlichen Reinigung oder in der intimen Sphäre des Liebesakts – Themen, die in der Antike mit großer Unbefangenheit sehr häufig dargestellt wurden. Es entspricht auch der antiken Realität, wenn Athleten nackt dargestellt sind. Über die Ursprünge dieser allein bei den Griechen gepflegten Konvention sind in der neuzeitlichen Forschung viele Überlegungen angestellt worden, doch wurde diese Frage bereits in der Antike kontrovers diskutiert (Thukydides I 6; Pausanias I 44, 1).

Ideale Nacktheit: Wird der menschliche Körper unbekleidet dargestellt, ohne daß dies durch eine reale Handlung bedingt ist, haben wir die Nacktheit als eine Formel zu verstehen, mit deren Hilfe etwas Charakterisierendes über die Person zum Ausdruck gebracht werden soll. Die Formel ‚Nacktheit' hebt jeden so Dargestellten über das Durchschnittsniveau der Normalbürger hinaus. Wir treffen sie deshalb geradezu obligatorisch bei göttlichen Wesen an. In dieser Sphäre hat, im Gegenzug, Bekleidung wiederum eine besondere Aussagekraft (Fallbeispiel Nr. 5 S. 92ff.). Bei Sterblichen bezeichnet Nacktheit deren ethischen Rang und die außerordentliche Leistungsfähigkeit (Fallbeispiel Nr. 13 S. 134ff.). Die über das menschliche Normalmaß hinausgehende Sphäre war den ‚Halbgöttern' *(Heroen)* zugeordnet (Fallbeispiel Nr. 16 S. 149ff.). Nacktheit kennzeichnet die heroische Sphäre, man spricht deshalb auch von *heroischer Nacktheit*. Charakteristische Beispiele finden sich bei Kampfdarstellungen. In der Realität haben die Griechen in voller Rüstung gekämpft, der Körper war zur Gänze von einer meist bronzenen Wappnung bedeckt. Wenn die Bildkunst die Rüstung auf einzelne Elemente reduziert (die Kämpfer haben oft nur den Helm auf, tragen nur den Brustpanzer und das kurze Untergewand [*Chiton*] oder sind nur mit den schützenden Beinschienen angetan), dann erkennt der Betrachter an der zumindest partiellen Nacktheit, daß die so charakterisierten Krieger mit dem besseren Ethos kämpfen, daß sie in der Auseinandersetzung ‚die Guten' sind. Eine weitere Denkmälergattung, die sich bevorzugt dieser Bildformel bedient, sind die Grabstatuen und Grabreliefs. Natürlich wollte man die Verstorbenen in einem denkbar günstigen Licht darstellen.

Von der Ikonographie nur bedingt zu trennen ist die Annäherung an ein Bildwerk über Befragung der *Typologie*. Um zu verstehen, was mit *Typologie* gemeint ist, genügt es, sich die altgriechische Wortbedeutung zu vergegenwärtigen: *Typos* bezeichnet den Schlag, auch den prägenden Einschlag, der einer Sache ‚den Stempel aufprägt'. Der dadurch hervorgerufene Eindruck ist durch die spezifische Konstellation aller seiner Einzelelemente unverwechselbar, immer wiedererkennbar. So führt etwa die Verbindung der ikonographischen Formel ‚nackter Knabe' mit dem Attribut ‚Salbfläschchen' (Aryballos) zum Typus ‚Athlet'. Der klassische Typus ‚Stratege' wird gebildet aus der ikonogaphischen Formel ‚bärtiger Männerkopf' und dem Attribut ‚korinthischer Helm'. Da solche typologischen Konventionen meist während einer begrenzten Zeitspanne Gültigkeit besitzen, sind sie auch als chronologische Indizien zu werten. Die Fallbeispiele Nr. 7 (S. 103ff.) und Nr. 9 (S. 114ff.) zeigen für den griechischen Raum, daß die ‚typologisch' arbeitenden Künstler bei den Betrachtern offenkundig die entsprechende Bildung voraussetzen konnten. Für die römische Welt zeigt sich Gleiches in den Fallbeispielen Nr. 14 (S. 139ff.), Nr. 16 (S. 149ff.) und Nr. 20 (S. 169ff.). Nach dem zuvor Gesagten ist es nur logisch, daß das Kriterium der Typologie auch bei der Interpretation von Architektur angewendet werden kann (Fallbeispiel Nr. 23 S. 184ff.).

Literatur: C. Robert, Archaeologische Hermeneutik. Anleitung zur Deutung klassischer Bildwerke, Berlin 1919. – A. Rumpf, Archäologie. II, Die Archäologensprache. Die antiken Reproduktionen, Berlin 1956. – B. Schweitzer/U. Hausmann, Das Problem der Form in der Kunst des Altertums, in: U. Hausmann (Hrsg.), Allgemeine Grundlagen der Archäologie. HdArch VI, 1, München 1969, S. 163–203. – T. Hölscher, Römische Bildsprache als semantisches System, Heidelberg 1987; ders., Bilderwelt, Formensystem, Lebenskultur. Zur Methode archäologischer Kulturanalyse, in: Studi italiani di filologia classica 10, 1992, S. 460–483. – L. Giuliani, Bildnis und Botschaft. Hermeneutische Untersuchungen zur Bildniskunst der römischen Republik, Frankfurt am Main 1986. – P. Zanker, Die Maske des Sokrates. Das Bild des Intellektuellen in der antiken Kunst, München 1995. – J. Schäfer, Die Archäologie der altägäischen Hochkulturen. Einführung in die Bedeutung des Fachgebietes und in die methodische Forschung, Heidelberg 1998, S. 128–158: Formanalyse. Inhaltliche Deutung.

4. Die ‚Feldforschung'

Als Archäologe wird man heute häufig gefragt, ob man mehr als einhundert Jahre nach Heinrich Schliemanns aufsehenerregenden Funden immer noch ‚etwas finden' könne. Die Antwort fällt eindeutig aus. Unvermindert ist die Altertumsforschung darauf angewiesen, im Erdboden Zeugnisse aus der Antike aufzuspüren, und Jahr für Jahr ist ihr darin auch Erfolg beschieden. Natürlich freut sich jeder Ausgräber über ästhetisch reizvolle Einzelfunde, mit der ‚Schatzsuche' vergangener Zeiten hat das freilich nichts mehr zu tun.

a) Ausgrabung

Im Januar des Jahres 1506 stieß der Besitzer eines Weinbergs in der Nähe des Kolosseums in Rom bei Feldarbeiten auf eine Gewölbekammer. In ihr fand er die große Skulpturengruppe des Laokoon. Die Entdeckung sprach sich in Rom schnell herum. Auch Papst Julius II. erfuhr von dem Fund und beauftragte seinen Baumeister Giuliano da San Gallo mit einer Inspektion vor Ort. In seiner Begleitung befand sich Michelangelo. Beim Anblick der Marmorgruppe war den Kennern der antiken Schriftquellen sofort klar, daß sie vor jenem Werk standen, das Plinius der Ältere (23/24–79 n. Chr.) in seiner Naturgeschichte *(naturalis historia)* kurz beschrieben und als ein Werk bezeichnet hat, das „allen Werken der Malerei und Skulptur vorzuziehen ist." (nat. hist. 36,37). Der Papst erwarb das Kunstwerk, das unter großer Anteilnahme der Bevölkerung in die Vatikanischen Sammlungen überführt wurde. Die Tatsache, daß man im Erdboden antike Kunstwerke an der Stelle ihres einstigen Standortes vorfinden konnte, hat die Zeitgenossen fasziniert. Eine Initialzündung für die systematische Suche nach Bodenfunden ist von dieser singulären Entdeckung jedoch nicht ausgegangen.

Diese Konsequenz löste erst ein ähnlicher Vorgang in der Vesuvregion im Jahr 1706 aus. Bei der Anlage einer Zisterne war man überraschend unter der bis zu 20 m hoch aufgeschichteten Lava auf mehrere Marmorstatuen inmitten von Mauerzügen gestoßen. In der Folgezeit wurde die umgebende Architektur freigelegt, sie erwies sich als das Theater von Herculaneum. Daß sich daraus schließlich seit 1738 langfristig und systematisch betriebene Grabungen entwickelten, ist dem Umstand zu verdanken, daß der kunstsinnige König Karl III. von Bourbon, der im nahegelegenen Portici ein Schloß bewohnte, die Initiative ergriff und das Unternehmen nachhaltig förderte.

Die Arbeiten in Herculaneum zeichneten sich dadurch aus, daß die Bergung von Einzelfunden in Tagebüchern festgehalten und die freigelegten Gebäude in Plänen dokumentiert und die Ergebnisse in der Folgezeit in Publikationen einer breiteren Öffentlichkeit zugänglich gemacht wurden. Nach diesem Vorbild begannen 1748 Grabungen in Pompeji und im Jahr darauf auch in Stabiae.

Ebenfalls noch im 18. Jahrhundert erschloß sich mit den Nekropolen der östlich von Neapel gelegenen Stadt Nola eine weitere Quelle der Materialerweiterung: Im Wissen um die Konvention, die Verstorbenen mit wertvollen Beigaben zu bestatten, öffnete man die Gräber und entnahm ihnen zahllose bemalte Tongefäße (ital.: *vasi*, daher der für den deutschen Sprachgebrauch wenig glückliche Terminus ‚Vasen'), die sich alsbald als griechischer Import höchster Qualität erwiesen. Unter den Sammlern haben sich der englische Gesandte Sir William Hamilton und der spätere dänische König Christian VIII. besonders hervorgetan. In den zwanziger Jahren des 19. Jahrhunderts traten die um vieles reicheren Gräber der etruskischen Nekropolen als Fundstellen hinzu.

Diese Unternehmungen entsprachen bei weitem nicht den heute an eine Ausgrabung gestellten Anforderungen. Bei Lichte besehen, ging es den Beteiligten darum, möglichst viele und ansehnliche Objekte ans Tageslicht zu befördern, nicht zuletzt auch deshalb, um sie – gewinnbringend – verkaufen zu können. Dennoch bedeuten diese Fundbergungen eine entscheidende Station auf dem Wege zur wissenschaftlichen Archäologie. Zum einen machten sie deutlich, welchen Zugewinn an Erkenntnismöglichkeiten es mit sich brachte, wenn man das Altertum nicht allein durch die literarische Überlieferung vermittelt bekam, sondern die Lebenswelt der Antike auch in ihren realen Hinterlassenschaften vor Augen hatte. Zum andern gewann die Altertumskunde durch diese Sichtbarmachung authentischer Zeugnisse so stark an Popularität, daß die Bereitschaft zur Finanzierung weiterer Bodenforschungen allenthalben wuchs.

Damit war die Grundlage für die großen Grabungsunternehmungen geschaffen, die seit der zweiten Hälfte des 19. Jahrhunderts in Italien, vor allem aber in Kleinasien und Griechenland aufgenommen wurden. Sie unterschieden sich von den voraufgegangenen Unternehmungen dadurch, daß man es nicht mehr dem Zufall überließ, wo man fündig wurde, sondern sich nun gezielt um die Lokalisierung von antiken Stätten bemühte, deren historische Bedeutung aus der antiken Literatur bekannt war.

Wer in unserer Zeit das Studium der Klassischen Archäologie aufnimmt und sich damit den Weg zur Mitwirkung an einer Grabung ebnet, hat es also mit einer vergleichsweise nüchternen Arbeit zu tun. Zwar sind natürlich auch heute noch immer wieder auch ‚schöne Funde', gelegentlich sogar aufsehenerregende Funde zu vermelden, doch das Streben nach rein kunsthistorischem Ertrag reicht heute für die Erteilung einer Grabungslizenz nicht mehr aus.

Der Erwerb einer Grabungslizenz

Eine von privater Hand durchgeführte Grabung kommt heute nur noch in ganz seltenen Ausnahmefällen vor. In aller Regel geht die Initiative von amtlichen Institutionen aus. In Zusammenarbeit mit ihnen erhalten auch Universitätsinstitute Zugang zu Grabungslizenzen. In Deutschland sind dies die Landesämter für Bodendenkmalpflege. Deutsche Grabungsunternehmungen in den Ländern des Mittelmeerraumes liegen in aller Regel in der Obhut der in diesen Ländern ansässigen Auslandsabteilungen des Deutschen Archäologischen Instituts (S. 222 ff.). Üblicherweise werden auch Universitätsinstitute in die Grabungsunternehmungen des Deutschen Archäologischen Instituts einbezogen. Ebenso selbstverständlich sind bilaterale Kooperationen zwischen ausländischen Universitäten und Institutionen der Gastländer.

Der Weg über amtliche Stellen ist notwendig, weil jede Grabung rechtliche Vorgaben einzuhalten hat. So ist der Verbleib der Funde ebenso durch Gesetze geregelt wie die anschließende Konservierung der freigelegten Strukturen. Auch muß gewährleistet sein, daß die Grabung von geschultem Personal durchgeführt bzw. überwacht wird. Das Einverständnis der zuständigen Antikenverwaltung ist schließlich auch Voraussetzung für den in aller Regel notwendigen Antrag auf Bereitstellung öffentlicher Mittel für die Finanzierung des Projekts. So steht am Anfang einer jeden Grabung die Darlegung der Grabungsziele und der geplanten Vorgehensweise. Aus dem Antrag muß begründet hervorgehen, daß die Grabung einen wissenschaftlichen Ertrag erwarten läßt.

Es ist im Rahmen dieser Einführung in das Studium der Klassischen

Archäologie nicht der Ort, den gesamten Ablauf der Vorbereitung und Organisation einer Grabung darzustellen. Mehr und mehr setzt sich durch, daß mit der technischen Abwicklung Grabungsfirmen beauftragt werden – ein aufblühendes neues Berufsfeld für Absolventen des Archäologiestudiums (S. 220f.).

Im folgenden sollen jene Kernelemente des Grabens erläutert werden, die die Voraussetzung dafür bilden, daß die Ergebnisse der Grabung in die wissenschaftliche Diskussion eingeführt werden können.

Ein Ausgräber muß sich ständig der Tatsache bewußt sein, daß seine Grabung zwar einerseits Befunde erkennbar macht, daß durch den Prozeß der Grabung diese Befunde zugleich aber eliminiert werden. Ein *Befund* ist nicht zu verwechseln mit einem einzelnen *Fundstück,* das nach seiner konservatorischen Behandlung natürlich dauerhaft aufbewahrt und in einem Museum für jedermann sichtbar gemacht werden kann. Der durch eine Grabung aufgedeckte Befund bezieht die Fundsituation mit ein, also auch die Schicht, in der ein Objekt geborgen wurde. Nur wenn der Kontext bekannt ist, läßt sich sagen, ob die gefundenen Gegenstände z. B. aus der Nutzungsphase eines Gebäudes stammen oder ob sie erst nach der Aufgabe und Zerstörung des Anwesens mit anderem Schutt dort deponiert wurden. Diese Information ist wichtig etwa für die Datierung des Gebäudes (z. B. S. 180) oder auch für die Bestimmung seiner Funktion (Fallbeispiel Nr. 23 S. 184ff.).

Die Dokumentation der Grabung muß demnach so angelegt sein, daß jedes Fundstück jederzeit seinem Fundkontext zugeordnet werden kann. Entsprechend der für jede wissenschaftliche Arbeit geltenden Norm muß diese Dokumentation auch für solche Fachkollegen nachvollziehbar sein, die nicht an der Grabung beteiligt waren. In den Aufzeichnungen ist daher strikt zwischen der primären unvoreingenommenen Beobachtung und der später darauf aufbauenden Interpretation zu unterscheiden. Wer die Stichhaltigkeit eines Grabungsergebnisses bezweifelt, muß die Möglichkeit haben, die Argumentation bis zur originären Aufzeichnung zurückverfolgen und daraus dann eventuell auch alternative Schlußfolgerungen ziehen zu können. Im wissenschaftlichen Alltag erfolgt diese Überprüfung leider viel zu selten. Eine Ursache liegt darin, daß bei weitem nicht alle Klassischen Archäologen eigene Grabungserfahrung besitzen und ihnen daher der gedankliche Weg vom Grabungs*befund* zum später publizierten Grabungs*ergebnis* nicht vertraut ist. Allein um der Fähigkeit willen, die Interpretation einer Grabung überprüfen zu können, sind Grundkenntnisse der Grabungspraxis in der Altertumsforschung von großer Bedeutung.

Bei der Grabungsdokumentation spielt neben den schriftlichen Aufzeichnungen die graphische Dokumentation eine maßgebliche

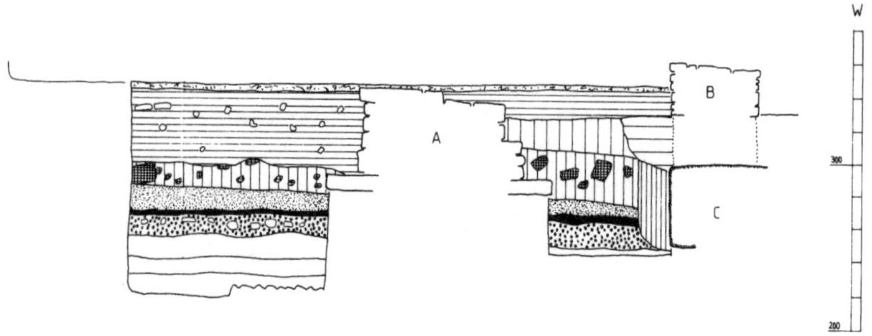

A = Nordwest-Ante des Schatzhauses. B = westliches Fundament des kaiserzeitlichen Hauses.
C = in situ verbliebene unterste Fundament-Quaderlage des hellenistischen Doppelantenbaues

LEGENDE

= kaiserzeitliche Schuttauffüllungen
= klassisch-hellenistische Schüttungen
= Fundamentanschüttung an Bau D: Kalksplitt und -steinabschlag
= Geländeaufhöhung unter dem Bau D
- feiner Kalksplitt
- Erde und Asche mit Keramik durchsetzt
- Kies

= Mörtelestrich des kaiserzeitlichen Hauses
= graue Erde (fundleer, hellenistisches Laufniveau?)
= kaiserzeitliche Raubgrabenfüllungen des hellenistischen Doppelantenbaues
= Fundamentgrabenfüllung des hellenistischen Doppelantenbaues

Abb. 1 Grabungsdokumentation: Profilzeichnung und Legende.

Rolle. Auch wenn dem Ausgräber heute in der Photographie bzw. in der Photogrammetrie und der computergestützten Vermessung entscheidende Hilfsmittel zur Verfügung stehen, ist auf die von Hand angefertigte, aus eigener Anschauung erwachsene Zeichnung nicht zu verzichten. Der Wert der Zeichnung liegt darin, daß der Ausgräber zu einer unmittelbaren, sehr detaillierten eigenen Auseinandersetzung mit der zu dokumentierenden Situation herausgefordert ist. Da sich andererseits bei der Umsetzung der optischen Wahrnehmung in die Zeichnung zwangsläufig auch subjektive Ausdeutungen einstellen können, ist der beste Weg die Kombination beider Dokumentationsweisen.

Ein Kernbegriff in der archäologischen Grabung ist die *Stratigraphie.* Darunter versteht man die im Grabungsprozeß gewonnene Trennung und Definition der Schichtabfolge. Wenn es z. B. gelingt,

Abb. 2 Grabungsdokumentation: Plana. Die Aufsicht auf eine Grabungsfläche nach zwei aufeinanderfolgenden Abhüben; oben der frühere Zustand, unten der spätere Zustand.

aus der Erdkonsistenz und aus der Relation zu den umgebenden Fundamentresten den *Laufhorizont* eines Innenraumes zu ermitteln, dann sind die unterhalb des Bodens geborgenen Funde der Zeit vor Anlage dieses Raumes zuzuordnen, während die unmittelbar auf diesem Boden angetroffenen Objekte aus der (letzten) Nutzungsphase des Raumes stammen. Um eine solche Schichtfolge auswertbar und im oben angesprochenen Sinne dauerhaft nachvollziehbar zu machen, bedarf es folgender Dokumentation: Die Grabungsfläche muß in jeder Schicht in der Aufsicht – im *Planum* – gezeichnet werden (Abb. 2). Nach dem Abgraben aller Schichten sind die seitlichen Erdwände des Grabungsschnitts – die *Profile* – in ihrer ganzen Höhenauszeichnung mit der darin sichtbar gewordenen Schichtabfolge zu zeichnen (Abb. 1).

b) Survey

Es ist allgemeiner Sprachgebrauch, daß die Spuren des Altertums ‚unter die Erde' geraten seien und es die Tätigkeit der Archäologen ausmache, diese verschütteten Zeugnisse wieder ‚ans Tageslicht' zu bringen. Natürlich findet man heute in den für Menschen zugänglichen Regionen des Mittelmeergebiets keine Statuen oder vollständig erhaltene Gefäße so auf dem Erdboden liegend *(in situ)*, wie sie vor etwa 2000 Jahren von ihren letzten Eigentümern dort zurückgelassen worden sein könnten. In der Tat ist das Kulturgut des Altertums – sofern es nicht bereits in der Antike vernichtet wurde – mit Ausnahme weniger Monumente *unter* die Erde geraten. Doch die Geschichte hat in viel größerem Umfang, als man sich das gemeinhin vorstellt, erkennbare Spuren auch auf der Erdoberfläche zurückgelassen. Allein die durch die Landwirtschaft bedingten Eingriffe in den Boden fördern ständig materielle Überreste an die Oberfläche. Aber auch so manche unscheinbare Steinsetzung oder Felsabarbeitung gibt sich bei genauem Hinsehen als Überrest eines Hauses, einer Geländeterrassierung oder einer Wegführung zu erkennen. Seit im 17. Jahrhundert Forschungsreisende die Länder des mittelmeerischen Kulturraums aufsuchten, sind solche ‚mit den Händen zu greifenden' Spuren der Antike ernst genommen worden. In vielen Fällen waren es Scherben von Tongefäßen, winzige Bruchstücke tönerner Dachziegel oder einige Splitter bearbeiteten Marmors, die zur Identifizierung einer antiken Siedlung oder eines Kultplatzes führten. Solche zum Glück in den älteren Reisebeschreibungen erwähnten Beobachtungen sind heute wichtige Quellen für die historische Landeskunde.

Solange in der Klassischen Archäologie das Hauptaugenmerk dem ausgewählten Kunstwerk bzw. dem kunstvoll gestalteten Bauwerk galt, betrachtete man die Oberflächenfunde freilich nur als ,Vorboten', die den Weg zu den *im Boden* verborgenen Funden weisen sollten. Doch je stärker sich die auf historischen Kenntniszugewinn orientierte Forschungsrichtung in der Klassischen Archäologie durchsetzte, erkannte man die eigenständige Aussagekraft der Spuren *auf dem Boden.* Die nach klar definierten Regeln durchgeführte systematische Bodenbegehung bezeichnet man als *Survey.*

Eine Grabung, die sich aus vielerlei Gründen – Organisation, Kosten, Zeit – auf ein eng begrenztes Areal konzentriert und dieses in der oben (S. 65 ff.) beschriebenen aufwendigen Weise kleinteilig erschließt, kann für ein Bauwerk feinste Erkenntnisse seiner Bau- und Nutzungsgeschichte liefern. Einem Survey bleiben solche Befunde verwehrt. Sein Ertrag liegt auf einem anderen Feld. Mit Hilfe eines Survey lassen sich z. B. für einen Jahrhunderte umfassenden Zeitraum unter dem Aspekt der Bevölkerungsdichte, der Wirtschaftsgeschichte, der Umwelteinflüsse die Lebensbedingungen in einer weiträumigen Siedlungszone nachzeichnen.

Einer der ersten konsequent konzipierten und durchgeführten Surveys auf griechischem Boden war die *Minnesota Messenia Expedition* im Südwesten der Peloponnes. Ziel des Forschungsprojekts war die Erkundung des von dem mykenischen Palast in *Pylos* verwalteten Territoriums, wie es sich aus den Linear-B-Texten in seiner Ausdehnung rekonstruieren läßt. Die Beteiligung von Spezialisten aus der Archäologie, den Geschichtswissenschaften, der Altphilologie, der Metallurgie, aus den Geowissenschaften, der Radiologie und aus der Botanik ermöglichte eine umfassende Studie. In der Argolis haben die im Fallbeispiel Nr. 2 (S. 80 ff.) referierten bahnbrechenden Erkenntnisse zum Ende der mykenischen Epoche ihre Wurzel in der Verbindung punktueller Grabungen in den Palastzentren von Mykene und Tiryns mit weiträumig angelegten Surveys in der gesamten Ebene von Argos. Der Ertrag eines Survey in Attika ist im Fallbeispiel Nr. 24 (S. 188 ff.) dargestellt.

Im Gegenzug zeigt sich der Nachteil unterbliebener Surveys im Umfeld signifikanter Ruinen sehr deutlich in dem Klischee, die Griechen hätten ihre Tempel bevorzugt an landschaftlich besonders eindrucksvollen Plätzen errichtet (z. B. Sunion, Bassae, Delphi). Eine solche These ist so lange nicht stichhaltig, wie die Archäologie nicht auch das weitere Umfeld einer solchen Anlage in die Analyse einbezieht. Für die Platzwahl eines Heiligtums können sehr wohl auch Faktoren wie z. B. die Anbindung an das Wegenetz oder die Verfügbarkeit von Wasser ausschlaggebend gewesen sein. Administrativ und in seiner konkreten Nutzung ist jedes griechische Heiligtum einer politischen Gemeinschaft, z. B. einer *Polis,* zugeordnet, in deren Siedlungsstrukturen es einzuordnen ist. Erst ein Survey, der landeskundliche Zusammenhänge erfaßt, vermag Monumente oder Antikenstätten aus einer isolierten Betrachtung zu befreien, die stets die Gefahr einer einseitigen, unvollständigen oder gar falschen Sicht in sich birgt. Vor diesem Hintergrund ist es ein Vorteil, daß eine Region wie das nordwestliche Griechenland mit seinen Landschaften Aitolien und Akarnanien, das von archäologischer Forschung lange vernachlässigt worden war, nun durch Surveys, das fruchtbringende Instrument der historischen Landeskunde, erschlossen wird.

Was für die Grabung Stratigraphie, Profilzeichnung und Plana bedeuten (S. 65 f.), ist beim Survey die systematische Kartierung aller Beobachtungen. Die Dokumentation erstreckt sich freilich nicht allein auf die exakte Kartierung der aufgelesenen Objekte (Scherben, Münzen, Ziegel etc.). Ein wesentlicher Gesichtspunkt des Survey ist die Berücksichtigung auch der Geomorphologie des in der Begehung erfaßten Areals. Entzerrt man später die Gesamtkartierung unter chronologischen Aspekten, trennt z. B. alle Eintragungen, die die klassische Epoche betreffen, von denen, die aus der hellenistischen Zeit stammen, dann können sich dabei nicht nur Verlagerungen in der Besiedlung abzeichnen, sondern gegebenenfalls auch die dafür ausschlaggebenden Ursachen – z. B. Verkarstung – benennen lassen.

c) Luftbildarchäologie und geophysikalische Prospektion

Die Dokumentation archäologischer Spuren aus der Luft vermag einzig die Existenz von Menschenhand vorgenommener Eingriffe in das bodennahe Erdreich zu belegen. Ohne weiterführende Maßnahmen – Survey oder Grabung – bleiben sie ‚stumm'. Das betrifft in erster Linie die Zeitstellung. Da bestimmte Bauten, etwa Villen oder Lager *(castra)* über das Kriterium der Typologie (S. 61) an ihrer spezifischen Grundrißgestaltung identifizierbar sind, hat die Erfassung aus der Luft gleichwohl einen beträchtlichen Erkenntniswert. Der entscheidende Vorzug der Luftbildarchäologie etwa gegenüber dem Survey besteht darin, daß mit diesem Hilfsmittel unter bestimmten Voraussetzungen antike Stätten schneller und eindeutiger auszumachen sind und daß bis zu einer gewissen Tiefe auch die bodennahen Erdschichten erfaßt werden.

Das Prinzip der Luftbildarchäologie besteht darin, daß aus der Distanz der Flughöhe das Auge respektive die Kamera signifikante Verschattungen am Boden (bei schräg einfallender Sonnenbestrahlung durch Vertiefungen oder Aufwölbungen in der Oberfläche hervorgerufen), Verfärbungen des Erdreichs oder – am prägnantesten – Divergenzen im Bewuchs (durch Wachstum beschleunigende oder hemmende Faktoren im Boden hervorgerufen) in ihren Strukturen zu erfassen vermag. Diese in entsprechenden Karten markierten Beobachtungen werden spätestens dann zu Rate gezogen, wenn ein Bauvorhaben ansteht und das zuständige Landesamt für Bodendenkmalpflege zu prüfen hat, ob durch die Baumaßnahme ein Bodendenmal gefährdet sein könnte. Luftbildarchäologie ist also unter anderem auch eine Maßnahme der Prävention. Lassen die durch Luftaufnahmen erkannten Spuren auf einen bedeutsamen Befund schließen, kann dies aber auch unmittelbar zu einer Grabung führen.

Die Luftbildarchäologie ist auf Zonen angewiesen, die möglichst eben und in jedem Fall frei von Baumbewuchs sind. Die bergigen Mittelmeerländer mit ihrem verbreiteten Macchiabewuchs eignen sich deshalb nur sehr bedingt für den Einsatz dieses in Mitteleuropa so ergiebigen Hilfsmittels.

Eine Variante der Luftbildarchäologie stellt die geophysikalische Prospektion dar. Nicht das optisch Wahrnehmbare wird erfaßt, sondern das durch Geräte (z. B. Cäsium-Magnometer) Meßbare. Diese Methode macht sich zunutze, daß die magnetischen Eigenschaften des Bodens durch Eingriffe des Menschen Veränderungen erfahren. So sind z. B. die Meßwerte über humusverfüllten Gräben deutlich höher als oberhalb von Steinsetzungen. Die heutigen Geräte erlauben es, derartige Befunde bis zu einer Tiefe von 6 m zu erfassen. Eine solche ‚Innenaufnahme‘ der oberen Erdschichten brachte bei Marktbreit am Main, in einer Region, in der man es aus der Perspektive der Historiker zunächst nicht erwartet und deshalb von archäologischer Seite auch niemals gesucht hätte, den Nachweis eines römischen Legionslagers, das mithin jenseits des Limes gelegen war. Gleichfalls von so nicht vorhersehbarer Ergiebigkeit war die geophysikalische Prospektion in Troja. Sie führte zum Nachweis einer ausgedehnten Unterstadt zu Füßen des bekannten Burghügels.

Während die Luftbildarchäologie im Mittelmeerraum aus den zuvor angesprochenen Gründen nur bedingt zum Einsatz kommen kann, sind die Voraussetzungen für geophysikalische Messungen dort oftmals sogar besser als in Mitteleuropa, wo das sehr viel dichtere Netz an Hochspannungsleitungen zu Beeinträchtigungen führt.

d) Unterwasserarchäologie

Bei dem Stichwort ‚Unterwasserarchäologie‘ gehen die Gedanken zunächst zu gesunkenen Handelsschiffen mit ihrer für Archäologen interessanten Ladung: Gebrauchsware (Keramik), in Amphoren transportierte Naturalien oder marmorne und bronzene Kunstwerke. Spektakuläre Entdeckungen waren z. B. die *Bronzen von Riace* oder der *Schiffsfund von Mahdia.* Daneben befaßt sich die Unterwasserarchäologie aber auch mit solchen Spuren der Antike, die in der Folge von Strandverschiebungen und Bodensenkungen – wie am Golf von Neapel (Baiae) – unter den heutigen Meeresspiegel abgesunken sind. Unter den Grabungsplätzen dieser Kategorie sticht seit geraumer Zeit das vormalige Hafenareal im Meer vor Alexandria hervor. Schichtbeobachtungen wie in einer Erdgrabung sind unter Wasser nicht durchführbar. In den Grundzügen ähnelt die in der Unterwasserarchäologie angewandte Methode eher der des Survey.

Literatur zur Feldforschung: Allgemeine Anleitungen: M. Wheeler, Moderne Archäologie. Methoden und Technik der Ausgrabung, Hamburg 1960. – G. Th. Schwarz, Archäologen an der Arbeit. Neue Wege zur Erforschung der Antike, Bern 1965. – F. G. Maier, Neue Wege in die Alte Welt. Methoden der modernen Archäologie, Hamburg 1977. – R. C. A. Rottländer, Einführung in die naturwissenschaftlichen Methoden in der Archäologie, Tübingen 1983, S. 319–378. – T. H. van Andel/C. Runnels, Beyond the Acropolis. A Rural Greek Past, Stanford 1987, S. 27–39: Walking in the Fields. Archaeology Without Digging. – A. M. Snodgrass, An Archaeology of Greece. The Present State and Future Scope of a Discipline, Berkeley/Los Angeles/London 1987, S. 93–131: The Rural Landscape of Greece Today. – C. Renfrew/P. Bahn, Archaeology. Theories, Methods and Practice, London ²1996 (Reprint 1998), S. 67–110. – In Poseidons Reich. Archäologie unter Wasser, AW 26, 1995, Sondernummer. – H. Becker (Hrsg.), Archäologische Prospektion. Luftbildarchäologie und Geophysik, München 1996. – E. Gersbach, Ausgrabung heute. Methoden und Techniken der Feldgrabung, Darmstadt 1998. – J. Schäfer, Die Archäologie der altägäischen Hochkulturen. Einführung in die Bedeutung des Fachgebietes und in die methodische Forschung, Heidelberg 1998, S. 91–110. – T. Bechert, Die Provinzen des Römischen Reiches. Einführung und Überblick. Zaberns Bildbände zur Archäologie, Mainz 1999, S. 13–20: Das Handwerkszeug des Archäologen. Methoden und Techniken, darin u. a. die Abschnitte Luftbildarchäologie, Geophysikalische Methoden, Ausgrabungen (mit ausführlicher Bibliographie).
Zur Historischen Landeskunde: H.-J. Gehrke, Zur historischen Landeskunde des antiken Griechenland, in: HZ 251, 1990, 88–101; ders., La strutture regionali della Grecia antica nei resoconti di viaggio del XVIII e XIX secolo, in: F. Prontera (Hrsg.), Geografica Storica della Grecia antica, Bari 1991, S. 3–23; ders., Die wissenschaftliche Entdeckung des Landes *Hellás*, in: Geographica Antiqua 1, 1992, S. 15–36.
Exemplarische Darstellungen: W. Radt, Siedlungen und Bauten auf der Halbinsel von Halikarnassos. 3. Beiheft IstMitt, Tübingen 1970. – W. A. McDonald/G. R. Rapp, Jr., The Minnesota Messenia Expedition. Reconstructing a Bronze Age Regional Environment, Minneapolis 1972; Nachfolgeprojekt: J. L. Davis (Hrsg.), Sandy Pylos. An Archaeological History from Nestor to Navarino, Austin 1998. – E. Formigli u. a., Due Bronzi da Riace, BdA Suppl. 3, 1984 (2 Bände). – M. Pietsch/D. Timpe/L. Wamser, Das augusteische Truppenlager Marktbreit. Bisherige archäologische und historische Erwägungen, in: BerRGK 72, 1991, S. 263–324. – D. Yntema, In search of an ancient countryside: the Amsterdam Free University field survey at Oria,

province of Brindisi, South Italy 1981–1983, Amsterdam 1993. – G. Gagsteiger/U. Müller/A. Woehl, Neue Untersuchungen am Wrack von Mahdia, in: G. Hellenkemper Salies (Hrsg.), Das Wrack. Der antike Schiffsfund von Mahdia, Köln 1994, S. 37–46. – M. Pfrommer, Alexandria. Im Schatten der Pyramiden, Mainz 1999, S. 8–19.

V. Charakteristische Fragestellungen und methodische Vorgehensweisen in 24 Fallbeispielen

Im folgenden wird exemplarisch dargestellt, mit welchen Fragen sich Klassische Archäologen heute beschäftigen, und welche Wege sie beschreiten, um aus der Interpretation von Monumenten, Bildwerken und Zeugnissen des Alltagslebens Rückschlüsse auf die Verhältnisse im Altertum zu ziehen. Die Beispiele sind so gewählt, daß sie sich zeitlich über die Spanne von den ägäischen Hochkulturen des 2. Jtds. v. Chr. bis in die römische Kaiserzeit erstrecken. Ein weiteres Auswahlkriterium war die Berücksichtigung möglichst vieler Materialgattungen (Skulptur, Architektur, Vasenmalerei, Kleinkunst), Themenbereiche (Sakralwesen, Totenkult, private und staatliche Repräsentation, Siedlungskunde, Ökonomie, Kopienwesen), Beurteilungskriterien (Stil, Ikonographie, Technologie) und der Arbeitsweisen (experimentelle Archäologie, Grabung, Survey). Als unverzichtbar erschien es schließlich, in diesem Rahmen auch die erkenntnisfördernden Schnittpunkte mit anderen altertumskundlichen Disziplinen aufzuzeigen. Daß es nicht möglich sein konnte, in 24 Fallbeispielen das gesamte Spektrum klassisch-archäologischer Arbeitsfelder anzusprechen, liegt auf der Hand. So sind insbesondere einige zeitliche und geographische Spezialgebiete innerhalb der Klassischen Archäologie (S. 227) hier nicht mit Musterdarstellungen vertreten.

Die Auseinandersetzung mit den Objekten vollzieht sich in aller Regel auf zwei gedanklichen Ebenen. Zunächst gilt es, auf die Grundfragen eine Antwort zu geben: *Was* ist dargestellt bzw. was ist gebaut, was ist hergestellt worden? Und: *Wann* ist das geschehen? Die zweite Gruppe von Überlegungen bezieht sich auf die Frage, *mit welcher Intention* ein Objekt geschaffen wurde: Was sagt die spezifische Form, die ins Bild gesetzte Thematik über den Urheber bzw. den Auftraggeber und seine Zeit aus? Die Ausweitung der Interpretation mit Blick auf diese letztlich entscheidenden Fragen setzt freilich weitere Informationen voraus. An erster Stelle steht dabei die Kenntnis des Fundzusammenhangs. So wie das Fallbeispiel Nr. 7 (S. 103 ff.) vor Augen führen wird, welch fruchtbarer Forschungsansatz von einem herausfordernden, weil rätselhaften Grabungsbefund ausgehen kann, steht das Beispiel Nr. 6 (S. 98 ff.) dafür, wie hemmend sich die Vermittlung von antiken Werken durch den Kunsthandel auf die Forschung auswirken kann. Grundlage jeder Interpretation ist die unvoreingenommene Beschreibung des Objekts. Sie mündet ein in die Zuordnung der Sache zu einer Denkmälergattung (z. B.: Götterbild, Porträt, Grabbau). Damit wird die Voraussetzung geschaffen, verwandte Denkmäler zum Vergleich heranzuziehen.

Es liegt auf der Hand, daß die uns heute zumeist lückenhaft zur Verfügung stehenden Informationen nur in seltenen Fällen zu einer eindeutigen Interpretation führen. Auch davon zeugt die nachfolgende Auswahl. Doch ebenso kommt es vor – und wird in den nachfolgenden Fallbeispielen entsprechend berücksichtigt – daß Interpretationen, die lange Zeit hindurch als gesichert galten und sich als feste Lehrmeinung etabliert hatten, durch neue Beobachtungen hinfällig oder doch zumindest fragwürdig werden (Fallbeispiele Nr. 1 S. 75ff.; Nr. 5 S. 92ff.; Nr. 9 S. 114ff.; Nr. 13 S. 134ff.).

Die in der Klassischen Archäologie gewonnenen Erkenntnisse haben in aller Regel hypothetischen Charakter. Wenn man den gern herangezogenen Vergleich der Archäologie mit der Kriminalistik auf diese Situation anwendet, würde man von Indizienbeweisen sprechen. Angesichts dessen wäre es wenig hilfreich, Studienanfängern ein Lehrbuch mit der Zusammenstellung des aktuellen ‚gesicherten' Fachwissens an die Hand zu geben, auch wenn dies verständlicherweise noch so sehr gewünscht wird. Ein Handbuch dieser Art würde von der Notwendigkeit der fortwährenden kritischen Auseinandersetzung mit der vorherrschenden Lehrmeinung ablenken. Im Gegenzug eröffnet sich bereits dem Studierenden die reizvolle Möglichkeit, in einem Seminarreferat zu neuen Forschungsansätzen vorstoßen zu können.

1. Ein Stuckrelief aus dem Palast vom Knossos

Wege zum Verständnis der minoischen Ikonographie –
Die verlorene Federkrone: Wandlung eines ‚Prinzen' zum Gott

Wie Heinrich Schliemann in Troja und Mykene leistete Arthur Evans auf Kreta mit seinen Ausgrabungen in Knossos Pionierarbeit für die bis heute ungebrochene Akzeptanz und Popularität der Archäologie. Es tut den Verdiensten dieser ersten Ausgräbergeneration keinen Abbruch, wenn viele der damals aus den Funden abgeleiteten Überlegungen heute in Frage gestellt und widerlegt werden. So geriet vor geraumer Zeit auch eines der bekanntesten Bildwerke der minoischen Kunst, das Stuckrelief des ‚Prinzen mit der Federkrone' auf den Prüfstand.

Bei den Grabungen im Palast von Knossos kamen zu Beginn des

zurückliegenden Jahrhunderts Hunderte kleinteilig zerborstener Fragmente von feinen Stuckreliefs zutage, die einst die Wände hervorgehobener Räume verzierten. Unter den im Südtrakt des Palastes gefundenen Bruchstücken stachen zwei sogleich ins Auge: Ein mit Federn geschmücktes Diadem und der Oberkörper eines Mannes, dessen rechter Arm angewinkelt vor die Brust geführt ist, während der linke Arm nach Ausweis des gerade noch erhaltenen linken Brustmuskels ausgestreckt war. Das Würdezeichen des federgeschmückten Diadems schrieb Evans zunächst der Gestalt eines Königs zu, das Oberkörperfragment der Darstellung eines Boxers.

Nun hatte sich Evans als Ausgräber natürlich nicht allein mit den Stuckreliefs zu befassen. Eine ungleich größere Herausforderung stellte die Interpretation der architektonischen Reste dar. Wie waren die Fundament- und Mauerzüge zu rekonstruieren? Was war die Funktion dieser gewaltigen Gesamtanlage? Darauf eine Antwort zu finden, bereitete große methodische Schwierigkeiten, weil für die nach dem mythischen König *Minos* benannte kretische Hochkultur des 2. Jtds. der Forschung keinerlei Schriftzeugnisse zur Verfügung standen – ein Zustand, der freilich bis heute andauert. In seinem Bemühen, aus den Relieffragmenten die ursprüngliche Bildszene zu rekonstruieren, zog Evans zu Recht auch die umgebende Architektur in Betracht. Dabei drängte sich ein Zusammenhang mit dem Fresko eines Prozessionszuges auf, der einst die Wände eines auf den Fundplatz der Stuckreliefs zuführenden Korridors geschmückt hat. In der als Stuckrelief hervorgehobenen Figur erblickte Evans den mit besonderer Würde ausgestatteten Anführer der Prozession. Vor diesem Hintergrund verband er nun das Würdezeichen des federgeschmückten Diadems mit sieben weiteren Bruchstücken, die sich einem männlichen Körper zuschreiben ließen, darunter auch das angesprochene Oberkörperfragment. Für dessen spezifische Armhaltung verwies er auf das vielfach belegte Bildmotiv des ‚Sphinxführers', bei dem ein Mann eine ihm nachfolgende Sphinx an einer Leine führt. Die Existenz eines solchen Würdenträgers bestärkte ihn in seiner Auffassung, daß die kretische Gesellschaft von einem ‚Priesterkönig' beherrscht worden sei. Nach der Auffassung von Evans stellte die von ihm rekonstruierte Figur (Abb. 3) einen knossischen ‚Priesterkönig', das heißt *Minos* in seiner menschlichen Inkarnation dar. Die Anlage von Knossos verstand er folgerichtig als dessen Residenz.

Seit Evans diese weitgehend akzeptierte Deutung in den zwanziger Jahren des zurückliegenden Jahrhunderts vorgelegt hat, haben sich die Grundvoraussetzungen für die Interpretation der minoischen Ikonographie insofern nicht verändert, als diese Kultur weiterhin durch keinerlei Schriftzeugnisse erhellt wird. Daran ändern auch die zahllosen Vorschläge einer Lesung des *Diskos von Phaistos* nichts. Ist unter solchen Voraussetzungen eine kritische Auseinandersetzung mit der These von Evans möglich? Gibt es überhaupt eine Veranlassung, an der Legitimität dieses Deutungsversuches Zweifel anzumelden?

Wie die weite Ausstrahlung der minoischen Kultur nach Ägypten, Kleinasien und in den Vorderen Orient während der 1. Hälfte des 2. Jtds. v. Chr. zeigt, nahm Kreta während dieser Epoche eine Schlüsselrolle im Mittelmeerraum ein. Auch wenn sich das Fehlen aussagekräftiger Schriftzeugnisse fraglos als ein Hemmnis darstellt, muß stets aufs Neue geprüft werden, ob die im Laufe der Zeit fortentwickelte archäologische Methodik nicht auch zu neuen Erkenntnissen über alte Funde führt. Im Falle des ‚Prinzen mit der Federkrone' liegen konkrete Anhaltspunkte für eine Revision der Rekonstruktion aus der Zeit von Evans vor: Die inzwischen erfolgte systematische Sichtung des auch zahlenmäßig erheblich erweiterten Bildmaterials hat gezeigt, daß das Attribut der Federkrone niemals mit männlichen Gestalten verbunden ist. In der derzeit bekannten ikonographischen Überlieferung ist die Federkrone ausschließlich für Sphingen und weibliche Würdenträger – Gottheiten und Priesterinnen – bezeugt. Natürlich wäre es voreilig, von vornherein eine Verbindung auch mit männlichen Wesen auszuschließen. Doch weitere Gründe stehen der Rekonstruktion durch Evans deutlich entgegen. Eine Durchmusterung der Menschendarstellungen in der minoischen Bildkunst hat eine erstaunlich gute Kenntnis der menschlichen Anatomie nachweisen können. In diese Untersuchung ist auch die ausgeprägte Brustmuskulatur des dem ‚Prinzen mit der Federkrone' zugeschriebenen Oberkörperfragments einbezogen worden. Demnach kann der linke Arm nicht im Schema eines Sphinxführers gesenkt gewesen sein, er muß vielmehr leicht angehoben gewesen sein.

Diese Beobachtungen führen in letzter Konsequenz zu einer veränderten Ikonographie der aus dem Oberkörperfragment zu ergänzenden Figur. In dem überlieferten Repertoire von Gesten und Gebärden in der minoischen Bildkunst kehrt stereotyp das Motiv einer Gestalt mit energisch ausgestrecktem Arm wieder, in dessen Hand ein Szepter oder eine Lanze gehalten wird, wobei – wie bei unserem Fragment – der andere Arm angewinkelt am Oberkörper liegt (Abb. 4). Diese gebieterische Pose findet sich mehrfach in bildlichen Darstellungen der Erscheinung *(Epiphanie)* einer Gottheit. Ikonographisch würde eine nach solchen Parallelen ergänzte Gottheit Zielpunkt jener Prozession sein, die sich aus den Überresten der übrigen Reliefbruchstücke erschließen läßt.

Die Revision der Evans'schen Deutung hat darüber hinaus an einem weiteren Punkt anzusetzen. Er betrifft die postulierte Existenz eines minoischen Herrschaftssystems, dessen zentrale Gestalt ein ‚Priesterkönig' war. Für die mykenische Welt des griechischen Fest-

Abb. 3 Alte Ergänzung des Oberkörperfragments zum ‚Prinzen mit der Federkrone'.

lands ist eine entsprechende Gesellschaftsstruktur durch die sogenannten *Linear-B-Tafeln* in Gestalt des *Wanax* bezeugt (Fallbeispiel Nr. 2 S. 80 ff.). Für das Verständnis der minoischen Kultur ist der Blick auf die gleichzeitigen und mit Kreta eng verbundenen Hochkulturen in Ägypten und im Vorderen Orient wegen des Fehlens eigener Schriftzeugnisse eine wichtige und oftmals aufschlußreiche Quelle. Auch dort läßt sich das jeweilige Herrschaftssystem aus klaren Schriftzeugnissen ableiten und in der reichen Bilderwelt leicht wiedererkennen. Eine mit Ägypten oder dem Vorderen Orient vergleichbare Herrscherikonographie findet sich in der minoischen Kunst nicht. Für die Idee eines zentralen Priesterkönigtums gibt es vor diesem Hintergrund keinen überzeugenden Anhaltspunkt. Einzig eine die gesamte archäologische Überlieferung berücksichtigende Analyse kann zu einer Annäherung an die Grundzüge der minoischen Kultur führen. Die Vielzahl von Bergheiligtümern und Palästen, besonders auch deren topographische Verteilung über das ganze Land deutet auf ein hierarchisch

Abb. 4 Neue Rekonstruktion des ‚Gottes mit der Lilienkette'.

organisiertes, theokratisches System hin. Die minoische Bilderwelt läßt sich mit einer solchen Struktur leicht in Einklang bringen. Innerhalb dieses Systems könnte der Palast von Knossos ein Kult- und Machtzentrum gewesen sein, das in den Händen einer Priesterkaste lag. Die neue Rekonstruktion des Stuckreliefs würde als ein Spiegel der dort vollzogenen Riten zu verstehen sein.

Literatur: Die Rekonstruktion und Deutung der Figur ist referiert nach W.-D. Niemeyer, Das Stuckrelief des ‚Prinzen mit der Federkrone' aus Knossos und minoische Götterdarstellungen, in: AM 102, 1987, S. 65–98.
Zur Wiedergabe der menschlichen Anatomie in der minoischen Kunst: J. Coulomb, Le ‚Prince aux Lis' de Knosos reconsidéré, in: BCH 103, 1979, S. 29–50. – *Zur Rekonstruktion und Deutung des Prozessionsfreskos:* R. Hägg, Pictoral Programmes in Minoan Palaces and Villas?, in: P. Darque/J.-C. Poursat (Hrsg.), L'iconographie Minoenne. Actes de la Table Ronde d'Athénes 1983. BCH Suppl. 11 (1985), S. 209–217. – Chr. Boulotis, Nochmals zum Prozessionsfresko von Knossos: Palast und Darbringung von Prestige-Objekten, in: R. Hägg/ N. Marinatos (Hrsg.), The Function of the Minoan Palaces. Proceedings of

the Fourth International Symposium at the Swedish Institute in Athens, 10–16 June 1984, Stockholm 1987, S. 145–156. (im gleichen Band 54 weitere Beiträge zur Funktion der minoischen Paläste). – *Zum Diskos von Phaistos:* Th. Balistier, Der Diskos von Phaistos. Zur Geschichte eines Rätsels und den Versuchen seiner Auflösung, Mähringen 1998. – *Einführende Literatur zur Minoischen Kultur:* O. Dickinson, The Aegean Bronze Age, Cambridge 1994. – J. L. Fitton, The Discovery of the Greek Bronze Age, London 1995. – J. Schäfer, Die Archäologie der altägäischen Hochkulturen. Einführung in die Bedeutung des Fachgebietes und in die methodische Forschung. Mit einem Beitrag zur Siegelglyptik von P. Yule, Heidelberg 1998. – Siehe auch die Literaturangaben zum nachfolgenden Fallbeispiel.

2. Wagenrennen im 12. Jh. v. Chr.

Das langsame Ende der mykenischen Epoche –
Die homerischen Helden und ihre Tradition

Ausgrabungen in einer antiken Siedlung bringen im Schutt der Ruinen in aller Regel nur stark fragmentierte Funde ans Licht. Die besonders empfindlichen Tongefäße sind oft bis zur Unkenntlichkeit zertrümmert. Es bedarf nicht nur großer Geduld, sondern auch eines geschulten Blicks, um die zahllosen Scherben an Hand von Werkspuren, des Tons und des Dekors einzelnen Gefäßen zuzuordnen, so daß sie vom Restaurator zusammengefügt und in ihre ursprüngliche Form gebracht werden können.

Auf diesem Wege gelang es, aus alten Funden der Grabungen in der mykenischen Burg von Tiryns ein ursprünglich etwa 35 cm hohes Gefäß (‚Kragenhalsamphora') so weit wiederherzustellen (Abb. 5), daß sich die szenische Darstellung auf der Wandung erkennen ließ (Abb. 6). Zwischen breiten horizontalen Streifen fallen zunächst drei ansatzweise erhaltene Wagengespanne ins Auge. Solche Wagen nutzen die Angehörigen der Oberschicht, wenn sie in den Krieg zogen. Deshalb gilt der erste Gedanke einer Schlachtdarstellung. Doch bei näherem Hinsehen vermißt man alle eindeutigen Hinweise auf eine Kampfdarstellung: Der Mann in dem weitestgehend erhaltenen Wagen in der rechten Bildzone trägt keinerlei Anzeichen einer Wappnung. Vor allem aber steht er allein im Wagenkasten. Die kampfbereiten Krieger hingegen waren auf die Hilfe eines Wagenlenkers angewiesen, der sie am Ort des Kampfes absetzte und bei drohender Gefahr jederzeit auch wieder aufnehmen konnte. Hier erkennen wir einen weit nach vorn gebeugten Mann. In der einen Hand hält er die Zügel, in der anderen einen kurzen Stab, wohl eine Peitsche, mit der er die Pferde zum Galopp antreibt. Auf die schnelle Bewegung deuten nicht nur die weit vorgestreckten Vorderbeine der Pferde, sondern auch die nach hinten wehenden, gebündelten Mähnenhaare. Dies alles spricht dafür, daß hier ein Wagenrennen dargestellt ist. Bekräftigt wird diese Deutung durch die vertikale Linie mit den angesetzen Halbkreisen. Damit ist offenbar die Begrenzung der Rennstrecke angegeben.

Einen Hinweis auf den Anlaß bzw. den äußeren Rahmen des Wettkampfes liefert die sitzende Gestalt in der linken Bildhälfte. Obwohl die Figur nahezu vollständig erhalten ist, läßt sich das Bildmotiv nicht leicht ablesen. Von der in perspektivischer Schrägansicht gezeigten Person erkennt man den in reinen Umrißlinien gezeichneten Kopf. Von dem schwarz umrandeten kurzen Oberkörper gehen die vorgehaltenen Arme aus. Darunter folgt in einem halbkreisförmigen Schwung der Körper, zur Hälfte schwarz, im übrigen gepünktelt. Von ihm gehen die sehr kurzen Beine aus. Vom Sitz selber ist nur die hohe Rücklehne zu sehen. Die Füße des Sitzes sind zugunsten des seitlich der Figur am Boden stehenden kesselartigen Gefäßes fortgelassen. Charakterisiert wird diese thronende Figur durch den Gegenstand in ihrer rechten Hand. Das trichterförmige Gefäß mit dem hohen schmalen Ständer und den kleinen ringförmigen Vertikalhenkeln ist eine *Kylix*, das heißt, ein Gefäß, das für kultische Handlungen verwendet wurde. In Analogie zu anderen Szenen in der mykenischen Bildkunst kann die thronende Figur deshalb als eine – wohl weibliche – Gottheit identifiziert werden. Vermutlich findet der Wettkampf der Wagenlenker also im Rahmen einer kultischen Feier statt. Da der Besitz kostbarer Rennpferde zweifellos ein Privileg der Oberschicht war, gewährt uns die Darstellung einen Einblick in die ‚höfische' Lebenswelt der spätmykenischen Zeit. Die selbst im Fragment aussagekräftige Form der Kragenhalsamphora wie auch die in der Darstellung wiedergegebene Kylix deuten auf eine Entstehungszeit im frühen 12. Jh. v. Chr. Das Gefäß stammt mithin aus der Zeit vor der Auflösung der mykenischen Welt.

Mit der Erschließung der Datierung und des Bildinhalts ist die Aussagekraft des Fundes freilich bei weitem noch nicht erschöpft. Das glücklicherweise aus so vielen Scherben wiedererstandene Gefäß mit seiner sprechenden Darstellung ist ein aufschlußreiches Dokument aus einer der problematischsten, noch immer viel diskutierten Phase der griechischen Geschichte, dem Übergang von der mykenischen Kultur des 2. Jtds. in die sich neu formierende Welt des frühen 1. Jtds. v. Chr. Noch vor wenigen Jahrzehnten ging man in der Forschung davon aus, daß die mykenische Kultur des 2. Jahrtausends durch äußere Feinde zerschlagen worden sei. Unter Berufung auf antike Vorstellungen machte man brandschatzende ‚Seevölker' dafür verantwortlich. Ein anderer in diesem Zusammenhang verwendeter Terminus ist die ‚Dorische Wanderung'. Auch diese Version stützt sich auf ein antikes

Geschichtsmodell, das seinen Niederschlag im Mythos vom Einzug der (dorischen) *Herakliden* fand. Sowohl im archäologischen Fundgut (Keramik) wie auch durch sprachwissenschaftliche Studien (Dialekte) lassen sich im fraglichen Zeitraum Veränderungen nachweisen, die eine modifizierte ethnische Konstellation belegen. Vieles deutet auf einen Bevölkerungszuzug aus dem Gebiet der nördlichen Adria in den Süden der Balkanhalbinsel hin. Welches Schicksal erlitt dabei aber die angestammte Bevölkerung? Bisher ging man von einer vollkommenen Auslöschung der mykenischen Kultur aus, so daß sich zu der sich seit dem 9. Jh. v. Chr. konsolidierenden frühgriechischen Welt keine Brücke schlagen lasse. Die Zäsur zwischen beiden Epochen nannte man ‚die dunklen Jahrhunderte', im Angelsächsischen ‚Dark Ages'.

Zur Korrektur dieser Vorstellung trugen nicht zuletzt Funde wie das hier besprochene Gefäß bei: Als im frühen 12. Jh. v. Chr. ein Töpfer daran ging, die Kragenhalsamphora zu formen und mit der Szene eines Wagenrennens zu verzieren, waren die Burgen von Mykene und Tiryns in dichter Folge gerade ein zweites Mal durch ein schweres Erdbeben und eine damit verbundene Feuersbrunst zerstört worden. Wenn ungeachtet solcher Schicksalsschläge in der Bildkunst die der Oberschicht vorbehaltenen Wettkämpfe thematisiert werden, spricht daraus ein Fortbestand der gesellschaftlichen Strukturen mit ihren ‚höfischen' Lebens- und Repräsentationsformen. Und tatsächlich läßt sich im archäologischen Befund ein großangelegter, planvoll durchgeführter Wiederaufbau nachweisen. Die zuvor in der weiten Bucht von Argos (der *Argolis*) auf viele Kleinsiedlungen verteilte Bevölkerung konzentriert sich nun auf einige wenige Siedlungszentren im Umfeld der alten Burgen. In Tiryns erhält neben der ummauerten sog. Unterburg auch ein etwa 180 000 m^2 messendes Areal eine dichte Bebauung. Sie hat mit mancherlei Rückschlägen – etwa einem weiteren Erdbeben um 1120 v. Chr. – bis in die Mitte des 11. Jhs. Bestand.

Doch auch dann wird die von der mykenischen Kultur geprägte Bevölkerung nicht vollständig zurückgedrängt oder gar ausgelöscht. Diese Vorstellung ist längst der Einsicht gewichen, daß bei allen Veränderungen und Neuerungen, die im frühen 1. Jtd. etwa im Sakralbereich oder im Siedlungswesen festzustellen sind, doch eine bewußte Auseinandersetzung mit der ins 2. Jtd. zurückreichenden Vergangenheit stattgefunden hat. Zusammen mit weiteren Wettkampfszenen gehört die Kragenhalsamphora aus Tiryns zu den Belegen, daß über den Einschnitt hinweg z. B. auch wesentliche Elemente des Wettkampfsports tradiert worden sind: Wagenrennen in einem kultischen Kontext, wie sie uns in dem spätmykenischen Vasenbild aus Tiryns entgegentreten, bilden auch für die Adelsgesellschaft des frühen 1. Jtds.

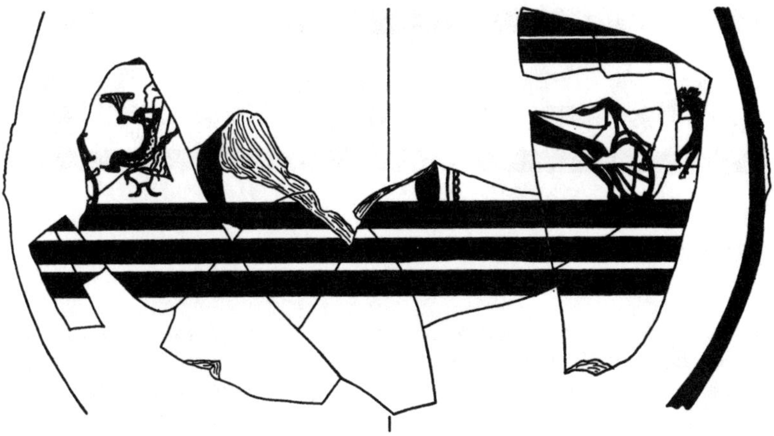

Abb. 5 Teilrekonstruktion einer Kragenhalsamphora aus Funden von der mykenischen Burganlage in Tiryns. Anfang 12. Jh. v. Chr. Nauplia, Archäologisches Museum.

einen selbstverständlichen Bestandteil ihrer stolz zur Schau gestellten Lebenswelt. Ein eindrucksvoller Beleg ist die Schilderung der Wettkämpfe im Rahmen der Leichenfeier zu Ehren des *Patroklos* im 23. Gesang der Ilias. In dem im 8. Jh. v. Chr. erstmals ausformulierten Epos haben die Wagenrennen den Status der bedeutsamsten Wettkampfart.

Die Auseinandersetzung mit der Frage, welche Faktoren das Ende der mykenischen Kultur herbeigeführt haben, stellt einen der derzeit ergiebigsten Forschungsschwerpunkte dar. Aus einer Vielzahl neuer Grabungsbefunde geht hervor, daß dieser Prozeß regional ganz unterschiedlich verlaufen ist. Nicht wenige Plätze überdauern diese Umbruchphase nahezu unbeschadet. In den Schriftzeugnissen der mykenischen Zeit, den sogenannten *Linear-B-Tafeln*, zeichnet sich ab, daß das System des zentral gesteuerten Militärapparats und die einer Planwirtschaft gleichkommende Lenkung der Ökonomie versagte. Die Gefolgsleute des mykenischen ‚Priesterkönigs' *(Wanax)* sagten sich von ihrem Herrn los. Ihre Nachkommen treten uns in den von Homer geschilderten Stammesfürsten lebhaft vor Augen.

Literatur: Die Deutung der Darstellung und das Schicksal der Burg von Tiryns sind referiert nach K. Kilian, Die Darstellung eines Wagenrennens aus spätmykenischer Zeit, in: AM 95, 1980, S. 21–31.
Zur Datierung der mykenischen Keramik: P. A. Mountjoy, Mycenaean Pottery. An Introduction, Oxford 1993; dies., Regional Mycenaean Decorated Pottery, Rahen/Westf. 1999. – *Zum Pferdesport im 2. Jahrtausend v. Chr.:* H. Döhl,

Abb. 6. Ergänzte Umzeichnung des Wagenrennens auf der Schulter der Kragenhalsamphora aus Tiryns.

Mykenische Kampfdarstellungen. Bild und Deutung im prähistorischen Griechenland, in: Beiträge zur Archäologie Nordwestdeutschlands und Mitteleuropa. Materialhefte zur Ur- und Frühgeschichte Niedersachsens 16, 1980, S. 21–32. – W. Decker, Die mykenische Herkunft des griechischen Totenagons, in: E. Thomas (Hrsg.), Forschungen zur Aegaeischen Vorgeschichte. Das Ende der mykenischen Welt. Akten des internationalen Kolloquiums 7.–8. Juli 1984 in Köln, Köln 1987, S. 201–230. – H. D. Evjen, The Origins and Functions of Formal Athletic Competition in the Ancient World, in: W. Coulson/H. Kyrieleis (Hrsg.), Proceedings of an International Symposium on the Olympic Games 5–9 September 1988, Athen 1992, S. 95–104. – W. Güntner, Ein neuer mykenischer Reiter, in: Nikephoros 8, 1995, S. 7–17. – W. Decker, Sport in der griechischen Antike. Vom minoischen Wettkampf bis zu den Olympischen Spielen, München 1995. – *Zum Ende der mykenischen Epoche allgemein:* S. Deger-Jalkotzy, E-QE-TA. Zur Rolle des Gefolgschaftswesens in der Sozialstruktur mykenischer Reiche. Mykenische Studien 6, Wien 1978; dies. (Hrsg.), Griechenland, die Ägäis und die Levante während der „Dark Ages" vom 12. bis zum 9. Jh. v. Chr., Wien 1983. – K. Kilian, Mycenaeans up to Date. Trends and Changes in Recent Research, in: E. B. French/K. A. Wardle (Hrsg.) Problems in Greek Prehistory. Papers presented at the Centenary Conference of the Britsh School of Archaeology at Athens. Manchester, April 1986, Bristol o. J., S. 115–152. – B. Eder, Argolis, Lakonien, Messenien. Vom Ende der mykenischen Palastzeit bis zur Einwanderung der Dorier. Mykenische Studien 17, Wien 1998. – *Zum Ende der mykenischen Burg von Tiryns:* K. Kilian, Zum Ende der mykenischen Epoche in der Argolis, in: JbRGZM 27, 1980, S. 166–195. – J. Maran, The Megaron within the Megaron. On the Date und Function of the „Temple" on the Upper Acropolis of Tiryns, in: R. Laffineur/R. Hägg, POTNIA. Divinités et religion en Égée à l'âge du Bronze. 8e Rencontre Égéenne Internationale, Göteborg du 12 au 15 avril 2000. – *Zur Forschungsgeschichte der mykenischen Kultur:* W. A. McDonald/C. G. Thomas, Progress into the Past. The Rediscovery of Mycenaean Civilization, Bloomington & Indianapolis 1990. – B. Eder, Staat, Herrschaft, Gesellschaft in frühgriechischer Zeit. Eine Bibliographie 1978–1991/92. Mykenische Studien 14, Wien 1994.

3. Bronzestatuette eines Kriegers

Das Dechiffrieren von Bildformeln mit Hilfe literarischer Quellen – Der frühgriechische Adel im ‚Selbstporträt'

Das Bildnis einer nackten männlichen Gestalt ist aus Bronze im Vollguß hergestellt (Abb. 7a. b). Die erhaltene Höhe beträgt 14,5 cm. Charakteristische Merkmale des Körperbaus sind die ohne Zäsur mit dem Becken verbundenen überlängten Beine, die durch eine starke Einziehung der Taille bedingte Reduzierung des Leibes und die Verformung des Oberkörpers zu einem an den Schultern weit ausladenden Rhombus. Der rechte Arm ist nach vorn gewinkelt und im Unterarm senkrecht erhoben. Die Finger der durch eine Kerbung gegen den Arm abgesetzten Hand umfaßten einen horizontal gehaltenen stabförmigen Gegenstand. In Analogie zu Bronzestatuetten, die bei gleicher Armhaltung zusätzlich einen Helm tragen und dadurch als Krieger gekennzeichnet sind, ist das verlorene Attribut als eine wurfbereite Lanze zu ergänzen. Der linke röhrenförmig gebildete Arm hängt leicht gebeugt neben dem Körper herab. Die Hand ist nicht ausgeformt, stattdessen ist das Ende abgeflacht und durchbohrt. In Analogie zu vollständig erhaltenen Figuren ist hier ein am Halfter gehaltenes Pferd zu ergänzen. Der Kopf hat die gleiche Höhenausdehnung wie der Oberkörper. Die kugelige Grundform wird durch die voluminöse Haarkappe unterstrichen. Feine Kerbungen gliedern die Haarmasse in eine sorgfältig gesträhnte Frisur. Augen, Nase und Mund treten markant aus der konvex gewölbten, dreieckigen Gesichtsscheibe hervor.

Die spezifische Körperbildung des als Krieger dargestellten Mannes wird erst durch ergänzende Beobachtungen in der Seitenansicht erfaßbar. Die in der Vorderansicht so wenig prononcierte Bein- und Beckenpartie erweist sich aus dieser Perspektive als voluminös durchmodelliert. Kniescheiben und Kniekehlen sind markant betont. Die Glutäen treten übersteigert hervor. Gegenläufig ist die Gestaltungsweise am Oberkörper: In der Vorderansicht weit ausladend, greift die Konturlinie in der Profilansicht kaum über die dünnen röhrenförmigen Arm- und Halsstränge hinaus.

Beruht die deutliche Abweichung von der natürlichen Erscheinung eines männlichen Körpers auf künstlerischem Unvermögen? Allein die hohe handwerkliche Qualität spricht gegen eine solche Annahme. Es kommt hinzu, daß eine solche Körperwiedergabe an zahllosen weiteren Bronzestatuetten festzustellen ist. Das gleiche Konzept der Menschendarstellung haben konsequent auch die Vasenmaler angewendet. Über die dichte Kette der verzierten Tongefäße läßt sich dieser Stil der selektiven Betonung einzelner Körperformen in die zweite Hälfte des 8. Jhs. v. Chr. datieren.

Eine Möglichkeit, die denkbaren Intentionen des Künstlers aufzuspüren, bietet die Lektüre der zeitgenössische Literatur, also der sog. ‚Homerischen Epen'. In der Ilias finden sich folgende Formulierungen bei der Charakterisierung der vor Troja agierenden Krieger: Die Schenkel und Hüften des Wagenlenkers von Achill werden als *pachys* (παχύς), also fleischig und damit kräftig bezeichnet:

Schon aber brachte der lanzenberühmte Automedon Hilfe;
Schnell das geschliffene Schwert von der kräftigen Hüfte sich reißend
(Ilias XVI 472–473. Übersetzung: H. Rupé)

Die Kraft in den Schenkeln des Kriegsgottes Ares wird durch das Adjektiv *thalerós* (θαλερός), d. h. blühend, hervorquellend, strotzend umschrieben (Ilias XV 113). Auch die gut gebildeten Knie werden als Sitz der Leistungskraft aufgefaßt: Auf sein Gebet um göttliche Unterstützung wird Menelaos von Athena für den Kampf gerüstet:

Und sie stärkte mit Kraft sogleich ihm die Schultern und Knie
(Ilias XVII 569. Übersetzung: H. Rupé)

In seinem Kampf mit Achill widerfährt dem Hektor auf gleichem Wege Hilfe durch Apollon:

Wie aber wäre wohl Hektor den Keren des Todes entronnen,
hätte nicht einmal noch, zum letztenmal sich Apollon
Ihm genaht und den Mut ihm gestärkt und die hurtigen Knie?
(Ilias XXII 202–204. Übersetzung: H. Rupé)

Besonders aufschlußreich ist jene Passage in der Ilias, in der beschrieben wird, wie Priamos von der Stadtmauer Trojas aus die Achäer in Augenschein nimmt. Anhand der Körperbildung vermag er in der großen Zahl der Krieger rasch die Vorkämpfer zu identifizieren. Nur die Namen muß ihm die an seiner Seite sitzende Helena nennen:

Jetzt erblickte der Greis den Odysseus und fragte von neuem:
Nenne mir nun auch jenen, mein Töchterchen; siehe, wie heißt er?
Niedriger trägt er das Haupt als Atreus' Sohn Agamemnon,
Breiter erscheint er jedoch in der Brust und den kräftigen Schultern.
(Ilias III 191–194. Übersetzung: H. Rupé)

Die in die Weite gespannte Brust führt zugleich zu einer Ausdehnung der Schultern und unterstreicht damit die gesteigerte Kraftansammlung. Das von Homer zur Charakterisierung der Brust verwendete

Abb. 7a und b Bronzestatuette eines Kriegers. H. 14,5 cm; 750–730 v. Chr. Olympia, Archäologisches Museum, Inv. B 4600.

Adjektiv *eurys* (εὐρύς) bedeutet aber nicht nur ‚weit', sondern auch ‚geräumig'. Und tatsächlich faßt er die Brust auch als ein Behältnis zur Aufnahme einer Charaktereigenschaft auf: Die Brust wird zum Sitz des Mutes und des Ethos der Krieger.

Überträgt man die Bildsprache des Dichters auf die Gestaltung der Bronzestatuette, erkennen wir hier die gleichen Formeln wieder. Dechiffrieren wir die vom Künstler wie Hieroglyphen verwendeten Gestaltungsmittel, erblicken wir in der Figur die Darstellung eines mutigen, den Anforderungen des Kampfes gewachsenen Kriegers.

Die Verwendung dieser aussagekräftigen Bildformeln setzte voraus, daß der Bronzebildner die entsprechenden Körperpartien unbekleidet darstellte. Die zum Bild eines Krieger eigentlich zugehörige Wappnung wurde konsequenterweise auf die Elemente beschränkt, die die Ablesbarkeit der Körperchiffren nicht beeinträchtigten. Eine solche in sich logische, mit der realen Erscheinung aber nicht konform gehende Gestaltungsweise ist mit unterschiedlichen Nuancen kennzeichnend für alle Epochen der griechischen Kunstgeschichte und wird auch in der römischen Bildkunst eingesetzt (Fallbeispiele Nr. 5 S. 92ff. und Nr. 13 S. 134ff.).

Der Fundort der Statuette ist das Zeusheiligtum von Olympia. Wie fügt sie sich in diesen Kontext ein? Trägt sie etwas zum Verständnis des Kultes von Olympia bei? Die Statuette ist kein Einzelstück im Zeusheiligtum. Das Motiv des wehrhaften Mannes wird von weiteren gleichartigen Figuren aufgegriffen. Aus der diesen Statuetten nachfolgenden Jahrhunderten stammen Helme und andere Rüstungselemente, die dem Zeus in Olympia als Votivgaben dargebracht wurden. Sie beziehen sich auf einen gegenüber den athletischen Wettkämpfen vergleichsweise wenig bekannten, gleichwohl für die Frühgeschichte Olympias entscheidenden Aspekt im Kult von Olympia. Zeus wurde hier zunächst als Kriegsgott verehrt. Sein Altar war Sitz eines Orakels, das Rat in Kriegsangelegenheiten erteilte.

Wie zahlreiche Parallelfunde aus Olympia und anderen griechischen Heiligtümern zeigen, stammt die hier besprochene Bronzestatuette aus einem größeren Gerätekontext: Sie war zusammen mit einem ringförmigen Griff auf dem Kesselrand eines bronzenen Dreifußes montiert. Die allein schon wegen ihres Materialwerts kostbaren und durch ihren figürlichen Schmuck zusätzlich prachtvoll ausgestalteten Kunstwerke waren die bevorzugten Weihgeschenke des frühgriechischen Adels, der sich im Motiv des wehrhaften Mannes adäquat dargestellt sah.

Literatur: Die Interpretation der geometrischen Bildsprache ist referiert nach N. Himmelmann-Wildschütz, Bemerkungen zur Geometrischen Plastik, Berlin 1964.

Zur bildreichen Sprache Homers: R. Hampe, Die Gleichnisse Homers und die Bildkunst seiner Zeit, Tübingen 1952. – *Zur Statuette und ihrer ursprünglichen Anbringung an dem ringförmigen Henkel eines bronzenen Dreifußes:* A. Mallwitz/H. V. Herrmann (Hrsg.), Die Funde aus Olympia. Ergebnisse 100-jähriger Ausgrabungstätigkeit, Athen 1980, S. 47–48 mit weiterer Literatur. – *Zur Gattung der Dreifußkessel:* M. Maaß, Die geometrischen Dreifüße von Olympia, in: AntK 24, 1981, S. 6–20. – *Zum Kontext im Bestand der Votivgaben des Zeusheiligtums von Olympia:* U. Sinn, Die Stellung der Wettkämpfe im Kult des Zeus Olympios, in: Nikephoros 4, 1991, S. 38–46.

4. Bronzeblech mit säugender Greifin

Archäologische Funde belegen den Realitätsgehalt vermeintlich mythischer Architektur – Orientalische Einflüsse im früharchaischen Griechenland

Das an seinen Rändern sorgfältig ausgeschnittene Bronzeblech zeigt das Bild einer Greifin, die ihr unter dem Leib kauerndes Junges säugt (Abb. 8). Technisch ist diese ungemein feinteilige Darstellung in einer Kombination von Treibarbeit, Ziselierung und Punzung geschaffen worden. Feine Nagellöcher an den Rändern rühren von der ursprünglichen Befestigung auf einer festen Unterlage her. In seinen größten Ausdehnungen mißt das Bronzeblech 80 x 80 cm.

Wie stets in der archäologischen Analyse interessiert zunächst, wann das Werk entstanden ist und welche inhaltliche Bedeutung die Darstellung hat. Für die Datierung liefern zahlreiche Bilder des Fabelwesens in der korinthischen Vasenmalerei aus der Zeit bald nach der Mitte des 7. Jhs. v. Chr. die besten Vergleiche. Im 3. Viertel des 7. Jhs. wird demnach auch die Bronzearbeit entstanden sein.

Das Bild des Greifen erfreute sich in der griechischen Kunst seit dem späten 8. Jh. v. Chr. großer Beliebtheit. Der Ursprung dieses Mischwesens liegt im Orient und reicht dort bis weit in das 2. Jtd. zurück. Die Idee, den Leib eines Löwen mit dem Kopf eines Adlers zu verbinden und den so geschaffenen Dämon mit göttlichen Flügeln auszustatten, verfolgte das Ziel, die Fähigkeiten der jeweils stärksten auf dem Boden und in der Luft lebenden Tiere zu vereinen und ihre Macht auf diese Weise noch zu potenzieren. Auch die Griechen sahen in dem Greifen einen dank seiner gesteigerten Kraft ehrfurchterheischenden Wächter, einen Garanten für die Einhaltung der gerechten Ordnung: Wer die von den Göttern eingesetzten Normen mißachtet, begibt sich in größte Gefahr. Der stets weit geöffnete Schnabel des Greifen unterstreicht dieses Signal. Und wenn im vorliegenden Bild die Greifin ein Junges säugt, wird damit keine Idylle vor Augen geführt, sondern auf die einem jeden Muttertier innewohnende erhöhte Wachsamkeit angespielt. Als unerbittlichen Wächter stellten die Griechen den Greifen besonders, aber nicht ausschließlich, dem Sühnegott Apollon an die Seite und versahen schützenswerte Anlagen wie Tempel oder Gräber mit seinem Bild.

Wenn also die prachtvolle Darstellung eines Greifen in einem Heiligtum gefunden wird, ist das alles andere als überraschend. Das hier besprochene Bronzeblech stammt aus dem Zeusheiligtum in Olympia und fügt sich somit in einen leicht nachvollziehbaren Zusammenhang. Man könnte deshalb geneigt sein, an dieser Stelle keine weiteren Fragen mehr an den Fund zu richten. Doch damit enthebt man sich der Möglichkeit, Einsichten in einen Bereich des griechischen Altertums zu gewinnen, den man im Zusammenhang mit dem Bronzeblech zunächst gar nicht erwartet hätte.

Wer die Frage stellt, *wo* innerhalb des Zeusheiligtums von Olympia das Bild der säugenden Greifin einst seinen Platz gehabt haben mag, wird bei der Durchmusterung der Funde aus Olympia auf zahlreiche ähnliche à jour gearbeitete Bronzebleche stoßen. Viele dienten als Beschläge von hölzernen Truhen, andere waren als Verzierung auf der Außenseite von Rundschilden befestigt. Eine solche Verwendung kommt für unser Blech nicht in Frage, weil seine Abmessungen dafür erheblich zu groß sind. Es ist sogar davon auszugehen, daß die Bildfläche ursprünglich mindestens doppelt so groß gewesen ist, denn die aus dem Orient abgeleiteten Bilder mit Fabeltieren waren in aller Regel spiegelsymmetrisch (antithetisch) verdoppelt. Daraus errechnet sich für unser Bronzeblech eine Bildfläche von etwa 80 x 160 cm. So ist eine dritte Verwendungsmöglichkeit in Betracht zu ziehen, nämlich die Befestigung an einer gemauerten Wand.

Mit Bronze verzierte Mauern – das weckt Assoziationen an Beschreibungen sagenhafter Tempel und Paläste. In der im frühen 7. Jh. v. Chr. niedergeschriebenen Odyssee bewundert Odysseus den Palast des Alkinoos, des Königs der Phaiaken:

... Odysseus
Ging aber nun zum berühmten Palast des Alkinoos. Stehen
Blieb er: Das Herz schlug hoch vor dem Tritt auf die eherne Schwelle.
Lag doch ein Glanz wie von Sonne und Mond hinauf bis zur Decke
Über dem Hause des hochbeherzten Alkinoos. Allseits
Stiegen die Mauern empor, von der Schwelle bis hinten im Winkel
Waren mit Erz sie verkleidet, ...

(Odyssee VII 84–87. Übersetzung: A. Weiher)

In einem für Delphi bestimmten Gesang *(Päan)* rühmt Pindar die Errichtung des – in einer mythisch verklärten Zählung – dritten Tempels des Apollon:

Abb. 8 Bronzerelief mit der Darstellung einer säugenden Greifin.
H. 80 cm; bald nach der Mitte des 7. Jhs. v. Chr.
Olympia, Archäologisches Museum, Inv. B 104.

... was wies er
Durch Hephaistos' höchst kunstreiche Hände,
Und Athenas für Formen auf?
Ehern waren die Wände und
ehern die Säulen darunter ...

(Pindar, VIII. Päan = frg. 41 [Snell: 52i], Vers 65–69.
Übersetzung: O. Werner)

Entsprachen solche ‚ehernen Wände' der antiken Realität oder entsprangen sie einem Einfall der Dichter, die bei der Beschreibung mythischer Bauten ihre Phantasie spielen ließen? In Olympia sind bei den Ausgrabungen bisher keine Fundamente von Bauten aus dem 7. Jh. v. Chr. aufgedeckt worden. Das ist immer schon als befremdlich erachtet worden, weil die Ausgrabungen eine große Anzahl empfindlicher und kostbarer Votivgaben aus dem frühen 1. Jtd. v. Chr. zutage gebracht haben (Fallbeispiel Nr. 3 S. 85 ff.), die eines architektonischen Schutzes bedurften. Es muß also in Olympia im 7. Jh. v. Chr.

bereits Gebäude zur Aufbewahrung von Weihgeschenken gegeben haben. Bei der Sichtung des Fundmaterials wurden vor geraumer Zeit tatsächlich tönerne Dachziegel des 7. Jhs. v. Chr. identifiziert. Daß sich von dem zugehörigen Mauerwerk keine Spuren erhalten haben, läßt sich dadurch erklären, daß die Wände – wie in der Frühzeit üblich – aus luftgetrockneten Lehmziegeln aufgemauert waren. Diese Mauern mit Bronzereliefs zu verkleiden, bewirkte nicht nur ein prachtvolles Aussehen, sondern schuf natürlich zugleich den unverzichtbaren Witterungsschutz.

‚Eherne Wände' wie sie in der frühgriechischen Dichtung beschrieben werden, entspringen also nicht etwa märchenhaft verklärten Vorstellungen über die Anfänge der griechischen Architektur. In den entsprechenden Passagen der Dichtung spiegelt sich die zeitgenössische Realität bzw. die Erinnerung an die unlängst vergangene Zeit. Man darf dieses Ergebnis nun nicht auf die ‚Homerischen Epen' insgesamt und alle Aussagen im Œuvre des Pindar übertragen, aber es ist eine lohnende Aufgabe der archäologischen Forschung, die Dichtung auf ihre Wirklichkeitsnähe hin zu prüfen.

Literatur: Die Gedanken zur ursprünglichen Verwendung sind referiert nach H.Philipp, XALKEOI TOIXOI. Eherne Wände, in: AA 1994, S. 489–498. *Zur kunsthistorischen Einordnung und Datierung:* R. Hampe/U. Jantzen, Olympiabericht I 1937, S. 90–92. – *Zur korinthischen Vasenmalerei:* D. A. Amyx, Corinthian vase-painting of the archaic period, London 1988. – D. A. Amyx/P. Lawrence, Studies in Archaic Corinthian Vase Painting. Hesperia Suppl. 28, Princeton 1996. – *Zur Verkleidung und Umhüllung von Architektur mit Bronzeblechen allgemein:* H. Kyrieleis, Bronzener Bauschmuck, in: Bathron. Beiträge zur Architektur und verwandten Künsten. Heinrich Drerup zum 80. Geburtstag, Saarbrücken 1988, S. 279–286. – *Zu den Relikten früharchaischer Tondächer in Olympia:* J. Heiden, Die Tondächer von Olympia. OF XXIV, Berlin/New York 1995. – *Zum Motiv des Greifen in der griechischen Kunst:* H. Demisch, Die Sphinx, Stuttgart 1979. – E. Akurgal, Zur Entstehung des griechischen Greifenbildes, in: Kotinos. Festschrift für Erika Simon, Mainz 1992, S. 33–52.

5. Der ‚Tänzer vom Kap Phoneas'

Die ‚Unlogik' der Ikonographie als Schlüssel zum Verständnis – Eine Statue als Spiegel des archaischen Festwesens

Im Jahr 1902 kam auf der Insel Samos in der Nähe des antiken Hafens eine vollständig erhaltene Marmorstatue (Abb. 9) ans Tageslicht. Die Fundumstände lösten sogleich Befremden aus. Es schien, als habe die Figur nicht allzu lange in der Erde gelegen. Auch war der Fundplatz, das Kap Phoneas, zuvor nicht durch irgendwelche antiken Funde aufgefallen. So ist den Aussagen eines Fischers Glauben zu schenken, der zu berichten wußte, daß die Statue von der in Sichtweite gelegenen kleinasiatischen Küste nach Samos gebracht und an der besagten Stelle vergraben worden sei. Das Motiv für diese eigenartige Transaktion ist wohl darin zu sehen, daß man die auf dem Territorium des damaligen Osmanischen Reichs gefundene Statue an einen Ort verbringen wollte, der leichter eine spätere Ausfuhr nach Europa ermöglichte.

Die mit Ausnahme weniger oberflächlicher Beschädigungen vollständig erhaltene Statue mißt in der Höhe 1,79 m. Der in diesem Bild erfaßte Mann ist also in voller Lebensgröße dargestellt. Die körperliche Erscheinung ist von der Leibesfülle geprägt, die in den breiten Schultern, einem extrem kurzen, fleischigen Hals und dem massigen Kopf noch eine Steigerung erfährt. Das in Lockensträhnen frisierte dichte Haar umfängt den ganzen Schädel und fällt in breiter Bahn weit auf den Rücken hinab. Die Beine befinden sich in einer leichten Schrittstellung. Die auf der Plinthe aufsitzenden nackten Füße weisen bemerkenswert schräg nach unten. Die Arme hängen mit einer geringen Anwinkelung im Ellbogen dicht neben dem Körper herab. Die Hände sind zur Faust geballt, wobei die Finger der rechten Hand den Saum des Gewandes umfassen.

Bei der Kleidung lassen sich auf den ersten Blick zwei Trachtelemente unterscheiden. Am prägnantesten tritt ein reich gefältelter Mantel *(Himation)* in Erscheinung, der über die linke Schulter des Mannes gelegt ist, und dessen sorgsam übereinander gestaffelter Saum von hier aus in einer breiten Bahn bis zum linken Knie herabreicht. Die rechte Brust freilassend, umhüllt der Mantelstoff die rechte Körperhälfte vom Leib bis zum Oberschenkel und bedeckt den Rücken vom Nacken bis zu den Kniekehlen. Es ist der Stoff dieses Mantels, den die Finger der rechten Hand bogenförmig fast bis in Höhe des Hüftgelenks raffen. Das zweite Trachtelement nimmt man zunächst in der vertikalen Faltenbildung zwischen den Beinen wahr. Seitlich davon schmiegt es sich so eng an die Beine, daß die Unterschenkel und die Knie in ihrer Formgebung nachvollziehbar sind. Es handelt sich um das aus dünnem Leinenstoff genähte Untergewand *(Chiton)*. Der untere Saum liegt am Spann der Füße auf, weitet sich hinten aber wie eine Schleppe aus und verdeckt die nach dem sichtbaren Teil der Füße als angehoben zu denkenden Fersen. Der Saum des Chitons ist auch noch an beiden Oberarmen erkennbar.

Die beiden für die griechische Tracht charakteristischen Gewandteile sind an unserer Figur um ein drittes Kleidungsstück bereichert. Es ist lange Zeit hindurch nicht als solches erkannt worden, weil es sich an dieser Figur lediglich durch einen unscheinbaren horizontalen

Absatz knapp unterhalb der Fäuste an der Außenseite der Oberschenkel abzeichnet. Eine entsprechende Markierung an eben dieser Stelle ist aber auch an einigen weiteren Statuen festzustellen. Es handelt sich um den unteren Saum eines nur den Leib umhüllenden Gewandes, das über dem Chiton, aber unter dem Himation wie ein ‚Wams' getragen wurde. Solche Kleidungsstücke sind aus der zeitgleichen Vasenmalerei wohlbekannt. In dem malerischen Stil der Vasenbilder wird der reiche Zierrat der bestickten Gewandteile deutlich sichtbar. In der Antike war dieses Übergewand *(Ependytes)* auch an der Marmorfigur unschwer durch seine Bemalung auszumachen. Einmal mehr zeigt sich die Tragweite des nahezu vollständigen Verlustes der Bemalung, die den antiken Marmorskulpturen ursprünglich ihren wirklichen Ausdruck verlieh.

Der Nachweis des Ependytes eröffnet in einem ersten Schritt das Verständnis dieser Statue. Der Ependytes wurde nämlich als eine ausgesprochene Festtracht angelegt. Unsere Figur zeigt mithin einen Mann, der an einem Fest teilnimmt. Der Bildhauer hat weitere ikonographische Kennzeichnungen vorgenommen, die es uns erlauben, den Ort und Charakter des Festes konkreter zu benennen. Damit fällt der Blick nochmals auf die oben beschriebene eigenwillige Stellung der schräg nach unten weisenden Fußspitzen. Dieses mit der massig statischen Gesamterscheinung so gar nicht zu vereinbarende Detail ist als Unvermögen des Bildhauers bezeichnet worden – ein in der archäologischen Argumentation gern begangener (Aus)-weg, um einen nicht erklärbaren Sachverhalt zu umgehen. Hält man sich jedoch die handwerklich-künstlerische Sorgfalt vor Augen, die an der Ausarbeitung der Figur allenthalben festzustellen ist, erscheint das Argument mangelnder Qualität wohl nicht stichhaltig. Folglich stellt sich die Frage, ob die vom üblichen Standschema abweichende Fußstellung als ikonographische Formel zu verstehen ist.

Das reichhaltigste ikonographische Spektrum der archaischen Epoche liefert die Vasenmalerei. Bei der Durchsicht einschlägiger Werke stößt man tatsächlich auf Figuren mit einer vergleichbaren Neigung der Füße: Es handelt sich um Tänzer! Die Vasenbilder zeigen die Aktion des Tanzes in voller Ausprägung. Die Beine sind in weiter Schrittstellung angewinkelt und werden vom ausschwingenden Gewand umspielt, die Arme sind zur Unterstützung der Bewegung vom Körper abgestreckt. In der szenischen Wiedergabe der Vasenbilder fehlt auch nicht der Musikant. Reicht die Übereinstimmung in der Fußstellung wirklich aus, um die blockhafte Gestalt des ruhig stehen-

Abb. 9 Marmorstatue eines Tänzers. H. 1,79 m; um 540 v. Chr. Vathy/ Samos, Archäologisches Museum, Inv. 68.

den Mannes in Analogie zu stark bewegten Figuren der Vasenbilder als Tänzer zu identifizieren?

Ein zweites Detail trägt zur weiteren Klärung bei: Es ist das Raffen des Gewandes mit der rechten Hand. Diese Bildformel setzen griechische Bildhauer der archaischen Zeit ein, wenn sie zur Darstellung bringen wollen, daß sich reich gewandete Personen ungeachtet der Stoffmassen elegant zu bewegen verstehen, so wie man es von den Mitgliedern der vornehmen Bürgerschaft bei deren Auftreten in der Öffentlichkeit erwartet. Solche repräsentativen Auftritte ergeben sich vor allem bei den Kultfesten einer Stadt, wenn die festlich gekleideten Angehörigen der tonangebenden Oberschicht in der Prozession einherschreiten oder im weiteren Verlauf des Festes an den obligatorischen Gruppentänzen mitwirken. Da die Tanzvorführungen jeweils von der Jugend der Stadt absolviert wurden, sagen die eingesetzten Bildformeln auch etwas über das Alter der in unserer Statue dargestellten Person aus. Ependytes, Tanzstellung der Füße, der die Bewegung fördernde Griff in das Gewand – alle diese charakterisierenden Einzelzüge eines aristokratischen jugendlichen Festteilnehmers hat der Bildhauer kunstvoll berücksichtigt. Und doch geht von dieser Statue eher der Eindruck einer gealterten, unter der Leibesfülle erstarrten Figur aus. Wie erklärt sich solche ‚Unlogik'?

Stärker als in den folgenden Epochen der griechischen Kunstgeschichte arbeitet die Bildhauerkunst der archaischen Zeit mit parataktisch nebeneinandergesetzten Formeln. Es werden keine Zustands- oder Aktionsbilder gezeigt. Die sichtbare Oberfläche der Gestalt ist wie ein Bilderbuch nach einzelnen Motiven abzusuchen, deren inhaltliche Bedeutung den Betrachtern der Entstehungszeit natürlich bekannt war. Zu den bereits besprochenen Formeln, die auf ein jugendliches männliches Mitglied der gesellschaftlichen Oberschicht hinweisen, treten Leibesfülle und massiges Haar als bekräftigende Chiffren hinzu. Die Fülligkeit des Körpers und des Gesichts kennzeichnen – nach orientalischem Vorbild – den Status wohlhabender, mithin auch politisch an führender Stelle agierender ionischer Griechen. Der so schwerfällig wirkende Körper signalisiert in dieser Statur die zu voller Tatkraft befähigende Gesundheit des Körpers. Der starke Haarwuchs betont dies zusätzlich.

Diese weitgehend auf Bildvergleichen beruhende Interpretation der Statue würde bei einem doch sehr stark hypothetischen Charakter verharren, wäre es nicht möglich, die hier zu Rate gezogenen Bildformeln als Erkennungsmerkmale der ionischen Oberschicht auch in der literarischen Überlieferung nachzuweisen. Zwei Textbeispiele seien dafür herangezogen. Zunächst aus einem wohl im 7. Jh. v. Chr. gedichteten, dem Homer zugeschriebenen Hymnus an Apollon. Beschrieben wird ein Fest im Heiligtum des Apollon auf Delos, das ein sakrales Zentrum der ionischen Griechen war. Alle angesprochenen Stichworte – reiche Gewandung, Tanz, Jugend, Wohlstand – finden sich auch in diesem literarischen Lobpreis ionischer Männer:

Aber, Phoibos, dein Herz schwelgt doch am reichsten in Delos.
Dies ist der Ort, wo Ioniens Söhne in wallenden Kleidern
Dir zu Ehren sich sammeln samt Kindern und züchtigen Weibern.
Freude bereiten sie dir, denn sie denken an dich, wenn der Wettstreit
Anhebt mit Tänzen und Liedern und Faustkampf. Mancher der Gäste
Meint wohl, wenn er Ioniens Söhnen dort allen begegnet,
Daß es Unsterbliche seien und solche, die nimmermehr altern.
Säh er bei allen doch Anmut, schwelgte sein Herz doch in Freuden,
Wenn er die Männer erblickt und die schön gegürteten Frauen,
Schiffe in eilender Fahrt und die Fülle ihres Besitztums.
(Verse 146–155. Übersetzung: Anton Weiher)

Ein anderer Text führt in das Heiligtum der Hera auf Samos und damit gleichfalls in die ionische Welt. Der aus Samos stammende und vermutlich im 6. Jh. v. Chr. – also zur Entstehungszeit unserer Statue – wirkende Dichter Asios beschreibt den Einzug einer Prozession in das Haupttheiligtum seiner Heimatinsel. Neben der kunstvoll gestalteten Haartracht tritt in seiner Schilderung vor allem das Bild hervor, wie die wundervollen bis zum Boden herabreichenden Gewänder *die weite Erde fegen.*

Literatur: Die Interpretation ist referiert nach H. Kyrieleis, Der Tänzer vom Kap Phoneas, in: IstMitt 46, 1976, S. 111–121.
Zur Datierung hat sich am ausführlichsten geäußert: R. Özgan, Untersuchungen zur archaischen Plastik Ostioniens, Bonn 1978, S. 42–69; in der gleichen Arbeit (a. O. S. 101–123) auch die grundlegenden Ausführungen zum Trachtelement des Ependytes. – *Weitere wichtige Arbeiten zur archaischen Skulptur in der Region von Samos, Milet und Didyma:* K. Tuchelt, Die archaischen Skulpturen von Didyma, IstForsch 27, Tübingen 1970. – B. Freyer-Schauenburg, Bildwerke der archaischen Zeit und des Strengen Stils, Samos XI, Bonn 1974. – *Zur einstigen Bemalung der Marmorskulpturen:* V. Brinkmann, Die Friese des Siphnierschatzhauses. Studien zur antiken Malerei und Farbgebung I, München 1994. – *Zur archaischen Festkultur:* L. Schneider, Zur sozialen Bedeutung der archaischen Korenstatuen, Hamburg 1975. – E. Stein-Hölkeskamp, Adelskultur und Polisgesellschaft, Stuttgart 1989. – P. Schmitt-Pantel, La cité au banquet, Rom 1992.
Einen interessanten, unmittelbaren Einblick in die politischen und gesellschaftlichen Verhältnisse auf Samos und den an der kleinasiatischen Küste gelegenen Grabungsplätzen zur Zeit der mysteriösen Auffindung der Statue am Kap Phoneas liefert der Band ,Halbmond im letzten Viertel. Briefe und Reiseberichte aus der alten Türkei von Theodor und Marie Wiegand 1895 bis 1918' herausgegeben u. erläutert von G.Wiegand, München 1970.

6. Der sogenannte ‚Bostoner Thron'

Antike Sonderform oder raffinierte Fälschung der Neuzeit? – Kunsthandel im Zwielicht

Im Herbst des Jahres 1894 tauchte in Rom eine dreiseitige Marmorschranke auf, deren Außenseiten mit Reliefschmuck versehen sind (Abb. 10). Die Längenausdehnung beläuft sich auf etwa 1,60 m, die beiden Schmalseiten messen 73 cm (rechts) und 55 cm (links). Das Relief der Langseite zeigt einen nackten geflügelten Knaben, der in seiner Rechten eine Handwaage hält. Die wohl aus Metall gearbeitete und mit Dübeln angestückte Waage selbst ist verloren. Erhalten sind aber die wieder aus dem Marmor herausgemeißelten Gewichte, die in unterschiedlicher Höhe verharren. Der Wägende wird von zwei Frauen eingerahmt. Sie sitzen auf Polstern, die ihrerseits in den von je einer langgezogenen Volute ornamental gestalteten unteren Reliefabschluß eingebettet sind. Nach dem gleichen Schema sind auch die beiden Schmalseiten mit jeweils einer sitzenden Gestalt versehen: Auf der rechten Seite ist ein nackter Jüngling im Spiel einer Leier begriffen, auf der kürzeren linken Seite kauert eine alte Frau.

Wenige Tage nach der Auffindung des dreiseitigen Reliefs wurde in Rom ein Brief verfaßt, in dem das gerade aufgetauchte Stück überschwenglich gepriesen wurde. Die Beschreibung mündet in den Ausruf: *„Ich kann das Glück noch gar nicht fassen, der erste Archäologe gewesen zu sein, der dieses mit Augen schauen durfte."* Doch die folgenden Passagen des gleichen Briefes führen zu der Erkenntnis, daß die Feder des Autors weniger von archäologischer Begeisterung als von der Geschäftstüchtigkeit des Kunsthändlers geführt wird: *„Was den Preis betrifft, so habe ich diese Frage noch gar nicht ernst gefasst. Gleichviel! Die Hauptsache ist, es wird möglich sein, das Stück herauszubekommen. Mit Permess geht es unter keinen Umständen. Ich will mich heute bei meinem Spediteur erkundigen, ob er Mittel und Wege kennt, das Stück heimlich fortzubringen. Sonst müßten wohl Helbig und Martinetti auf Mittel und Wege denken."*

Der Autor des Briefes ist der Archäologe und Kunsthändler Paul Hartwig. Empfänger ist Carl Jacobsen, der Begründer der Ny Carlsberg Glyptotek in Kopenhagen. Zwei Jahre später gelang tatsächlich die – illegale – Ausfuhr des Reliefs. Verkauft wurde es allerdings nicht nach Kopenhagen, sondern an Edward P. Warren, der es für das Museum von Boston erwarb. Hartwig selbst sowie die in seinem Brief genannten Kollegen Helbig und Martinetti wurden vom Bostoner Museum mit einer stattlichen Prämie belohnt.

Dieser obskure Weg des Reliefs allein würde kaum ausgereicht haben, den Verdacht zu begründen, es handele sich bei ihm um eine moderne Fälschung. Doch das Auftauchen des Reliefs und die von archäologischen Kunsthändlern entfalteten Aktivitäten haben eine Vorgeschichte, die aufhorchen läßt. 1887 war bei illegalen Ausgrabungen in Rom ein ganz ähnliches Marmorwerk entdeckt worden. Auch dieser Marmorblock mit u-förmigem Grundriß ist mit Reliefs versehen. Die Schmalseiten sind, motivisch eng verwandt, mit auf Kissen sitzenden Gestalten geschmückt. Die Hauptseite zeigt wie bei dem Gegenstück eine Dreiergruppe. Auch stilistisch stehen sich beide Werke mit den weichen, schwellenden Körperformen, der feinen Fältelung der Gewänder und der sorgfältigen Strähnung der Frisuren sehr nahe. Alles deutet auf eine ursprüngliche Zusammengehörigkeit.

Auch das ist zunächst noch kein Grund, das mit einem gewissen zeitlichen Abstand aufgetauchte zweite Relief als eine Fälschung zu deklarieren. Der Argwohn entzündete sich vielmehr an der Tatsache, daß die beiden Museen, denen der zweite Fund noch vor dem allgemeinen Bekanntwerden zum Kauf angeboten wurde, bereits im Falle des ersten Reliefs alles daran gesetzt hatten, in den Besitz dieses Werks zu gelangen. Da bei diesem Stück jedoch die genauen Fundumstände bekannt und damit auch die Besitzverhältnisse geregelt waren, blieben die Wünsche der Museen unerfüllt. Und dies, obwohl die rechtmäßigen Besitzer, die in finanzielle Nöte geratenen Fürsten Ludovisi, durchaus an einem Verkauf interessiert waren. Doch der italienische Staat untersagte dies unter Hinweis auf die einschlägige Gesetzgebung. Die Chancen für die Museen, ein Relief von so hoher Qualität zu erwerben, und die Gelegenheit für die eingeschalteten Kunsthändler aus einem so lukrativen Verkauf eigene finanzielle Vorteile zu ziehen, wären gegeben gewesen, wenn die Existenz des Reliefs nicht öffentlich bekannt gewesen wäre. Mit entsprechendem Geschick ließ sich eine solche Situation natürlich herbeiführen ... – Es ist diese Gesamtkonstellation, die rasch dazu führte, das auf dunklen Wegen aus Italien über England nach Boston gelangte Relief als eine Fälschung zu verdächtigen.

Man sollte meinen, die von der archäologischen Forschung entwickelten und im Laufe der Zeit immer verfeinerten Methoden der Beurteilung sollten eine klare Entscheidung ermöglichen. Die Diskussion um die Echtheit des ,Bostoner Throns' führt freilich zu der ernüchternden Einsicht, daß die zur Verfügung stehenden Kriterien im Zweifelsfall unzureichend sind. Besonders heikel ist die Situation, wenn – wie im vorliegenden Fall – die wissenschaftliche Argumentation durch persönliche Abneigungen bzw. Zweifel an der Integrität der an der Bekanntmachung und dem Verkauf beteiligten Kollegen überlagert wird. Vor allem aber gerät eine Wissenschaft, die mit den Kriterium der ikonographischen Formel, der Typologie und des stilistischen Vergleichs arbeitet, notgedrungen ins Schlingern, wenn sie sich mit singulären Gestaltungsformen konfrontiert sieht. Was sich nicht in ein bekanntes Raster einfügen läßt, findet sich nicht selten in die Rubrik ‚*rara et falsa*' (Rätselhaftes und Falsches) eingeordnet. Eine solche Stigmatisierung vermag ein Kunstwerk dann in der Folgezeit kaum noch abzuschütteln.

Der unverändert anhaltende Disput um die Echtheit hat in jüngster Zeit nochmals zu neuen Interpretationsansätzen geführt, die – wie sollte es anders sein – wieder zu gegensätzlichen Resultaten gelangten. Die beiden ideenreichen Abhandlungen führen freilich vor Augen, wie anregend es auf die Forschung wirkt, wenn sich keine unstrittige Lehrmeinung durchzusetzen vermag. So faßte der Autor einer dieser Untersuchungen das Wägemotiv näher ins Auge. Der Vorgang der Wägung von Schicksalslosen *(Kerostasia; Psychostasia)* ist aus der antiken Literatur bekannt. In der *Ilias* entscheidet Zeus auf diesem Weg über das Schicksal der beiden im Entscheidungskampf vor den Mauern Trojas befindlichen Hauptakteure Hektor und Achill. Dem auf diese Weise ermittelten Urteil haben sich auch die beiden Schutzgötter der Helden zu beugen, Apollon an der Seite Hektors und Athena als Helferin des Achill:

Als sie nun endlich zum vierten Male die Quellen erreichten,
Richtete Vater Zeus die goldenen Schalen der Waage,
Warf zwei Lose hinein des trauerbringenden Todes,
Das des Achilleus und das des Rossebändigers Hektor,
Faßte die Mitte und wog. Da sank des Hektor Verhängnis
Lastend zum Hades hinab, es verließ ihn Phoibos Apollon.
Doch zu Achilleus kam die funkelnde Göttin Athene.
(Ilias XXII 208–214. Übersetzung: H. Rupé)

Bei der antiken Schicksalswägung zeigte die durch die Last des Unheils hinabgezogene Waagschale die Niederlage an. Überträgt man dies auf das Relief, ergibt sich der befremdliche Sachverhalt, daß die frei aufblickende und deshalb wie die Siegerin wirkende Frau links als die Unterlegene zu verstehen ist, während der in sich versunkenen, niedergeschlagen wirkenden Frau rechts das positive Urteil zugesprochen wurde. Diese ‚inkonsequente' Ikonographie weckt den Verdacht, daß der Schöpfer des Reliefs ohne Kenntnis der einschlägigen antiken Bildsprache gearbeitet hat. Mehr noch: Der hier offenbar zugrundeliegende Irrtum läßt sich, so scheint es, sogar bis zu den Wurzeln zurückverfolgen. Sind Gestik und Mimik der beiden Frauengestalten zutreffend gedeutet, folgt das im Relief dargestellte Motiv der Schicksalswägung dem Schema der christlichen Religion: *Gewogen und zu leicht befunden* heißt es im *Buch Daniel* Kap. 5 Vers 27. Entsprechend weist die Waage in den der christlichen Vorstellung verpflichteten

Abb. 10 Reliefriptychon von der Einfassung eines Kultplatzes der Aphrodite. Br. 1,60 m; um 450 v. Chr. Boston, Museum of Fine Arts. H. L. Pierce Fund 08. 205. E. P. Warren Collection.

Darstellungen unter dem Gewicht der guten Taten stets für die siegreiche Person nach unten.

Kann es ein untrüglicheres Indiz geben, den Schöpfer des ,Bostoner Throns' als einen im späten 19. Jahrhundert im christlich-katholischen Rom tätigen Bildhauer zu entlarven? Doch wie sicher ist eigentlich die Zuweisung von Sieg und Niederlage durch die Haltung und Gebärdensprache der beiden Frauen? Das Motiv der sinnenden Gestalt auf der rechten Seite ist in der antiken Ikonographie eindeutig für Frauen der griechischen Mythologie bezeugt, die durch geduldiges und mutiges Eintreten für ethische Prinzipien nach einem langen Leidensweg schließlich doch den verdienten Sieg erringen (Fallbeispiel Nr. 7 S. 103 ff.). Die Ikonographie der Schicksalswägung wäre demnach durchaus in sich schlüssig.

Eine andere Annäherung an das ,Streitobjekt' geht von der architektonischen Rahmenornamentik aus: Die Form der langgestreckten, sich aus der Horizontalen zur Ecke erhebenden Volute und deren Bekrönung durch eine ausladende Palmette war in der griechischen Architektur eine geläufige Verzierung von Altären. Bediente sich der potentielle Fälscher mithin solcher Altäre als Vorlage? Wohl kaum! Mit einer einzigen Ausnahme stammen nämlich alle entsprechenden Beispiele aus Ausgrabungen, die erst nach dem Auftauchen des ,Bostoner Throns' durchgeführt wurden. Es ist nur schwer vorstellbar, daß ein im späten 19. Jahrhundert in Rom arbeitender Bildhauer sich bei seiner Fälschung ausgerechnet an dem gerade zuvor in Epidauros aufgetauchten, damals noch singulären Altargiebel orientiert haben soll – absolut unmöglich ist aber auch das natürlich nicht ...

Die zum Teil sehr emotional geführte Diskussion um die Echtheit des ‚Bostoner Throns' hat die sachliche Auseinandersetzung mit der Frage der ursprünglichen Verwendung dieses und des zweiten Relieftriptychons erheblich beeinträchtigt. Doch kann natürlich auch der Versuch, einen konkreten Verwendungszweck der in ihrer Form und Ikonographie so eigenwilligen Kunstwerke namhaft zu machen, in der festgefahrenen Diskusssion hilfreich sein. Ein solch befreiender Vorschlag verbindet beide Reliefwerke mit einem unteritalischen Aphroditekult in Contrada Marasà in Lokri. Dort können die kurz vor der Mitte des 5. Jhs. v. Chr. gearbeiteten Relieftriptycha sehr gut jene Plätze markiert haben, an denen den Teilnehmern des Kultfestes die Kultlegende in szenischen Aufführungen und Rezitationen dargeboten wurde. In diesem Ambiente würde die Ikonographie der tugendsamen Frau am rechten Bildrand sinnfällig mit der siegreich nach oben weisenden Waagschale korrespondieren.

Literatur: Beschreibung und Fundgeschichte: M. B. Comstock/C. C. Vermeule, Sculpture in Stone. The Greek, Roman and Etruscan Collections of the Museum of Fine Arts Boston, Boston 1976, S. 20–25. – E. Nash, Über die Auffindung und den Erwerb des ‚Bostoner Thrones', in: RM 66, 1959, S. 104–137. – M. Moltesen, Una nota sul Trono Ludovisi e sul Trono di Boston: La „connection" danese, in: BdA 64, 1990, S. 27–46. – *Zur Diskussion um Echtheit und Deutung:* F. Studniczka, Das Gegenstück der Ludovisischen „Thronlehne", in: JdI 26, 1911, S. 50–192 (echt). – A. v. Gerkan, Untersuchungen am Ludovisischen und Bostoner Relief, in: ÖJh 25, 1929, S. 125–172 (Fälschung). – H. P. Isler, Echt oder falsch? Neue Beobachtungen zum Bostoner Thron, in: NBA 14, 1997/98, S. 51–72 (Fälschung: christliche Version der Schicksalswägung). – A. Ohnesorg, Nochmals der „Bostoner Thron". Ein Plädoyer für seine Echtheit, in: NBA 14, 1997/98, S. 119–138. – G. P. Caratelli (Hrsg.), The Western Greeks, Venedig 1996, S. 705 Kat. Nr. 190; ders., Il Trono Ludovisi e il Trono di Boston. Convegno di studio, Venezia, 12 settembre 1996. Quaderni di Palazzo Grassi, Venedig 1997. – M. Mertens-Horn, Bilder heiliger Spiele. Zur Deutung der sog. „Throne" aus Marmor in Rom und Boston, in: AW 28, 1998, S. 217–231. – *Zur Problematik des Kunsthandels:* D. Graepler, Fundort unbekannt! Eine Wanderausstellung über Raubgrabungen, in: AW 26, 1995, S. 221–223. – H. G. Niemeyer (Hrsg.), Archäologie, Raubgrabungen und Kunsthandel. Schriften des Deutschen Archäologen-Verbandes e. V., Hannover 1995.

7. Die ,Trauernde Penelope'

Unsichtbar und doch kopiert? – Fruchtbare Irritation dank eines eindeutigen Grabungsbefundes

Bei den Ausgrabungen in der Residenz des Dareios in Persepolis wurde 1930 ein aus griechischem Marmor gearbeitetes Bildwerk gefunden, das eine Frau in sitzender Haltung mit übereinandergeschlagenen Beinen darstellt (Abb. 11). Der Kopf, die Unterarme, die Füße und der Sitz fehlen. Der makellos erhaltene Torso erlaubt es aber, das Sitzmotiv der Frau zu ergänzen: Der auf dem leicht vorgebeugten Oberkörper aufsitzende Kopf war gesenkt. Der stark angewinkelte rechte Arm ruhte mit dem Ellbogen auf dem rechten Oberschenkel und bot so das Widerlager für den in die rechte Hand gestützten Kopf. Von der rechten Hand wurde bei den Grabungen ein kleines Bruchstück geborgen. Mit der Hand des neben dem Körper ausgestreckten linken Armes stützte sich die Frau auf dem Sitz ab. Von dem Sitz selbst haben sich nur Reste einer brettartigen, eckigen Sitzfläche erhalten; Spuren an der Unterseite des Sitzes einschließlich mehrerer Dübellöcher weisen auf einen unter der Sitzfläche angebrachten zylinderförmigen Gegenstand hin. Bei einer Höhe des erhaltenen Fragments von 85 cm ist die Figur geringer als lebensgroß dargestellt.

Der Oberkörper der Frau ist mit einem *Chiton* bekleidet. Das dünne, weit geschnittene Gewand fällt faltenreich am Oberkörper herab und läßt dabei die voll entwickelten Brüste hervortreten. Auf den Schultern und an der Außenseite der Oberarme ist die für diesen Gewandtypus charakteristische, bis zu den Ellenbogen herabgeführte dichte Knüpfung des Stoffes erkennbar. Der Rücken, der Unterleib und die Oberschenkel sind von einem festeren Mantelstoff umhüllt. Aus der Oberflächenmodellierung, den weichen Übergängen von sich stauendem Stoff und den dazwischenliegenden Mulden, insbesondere den weitgespannten Zugfalten am Rücken, lassen sich durch viele Parallelen klare Erkenntnisse über Ort und Zeit der Entstehung der Figur ableiten. Bei der in Persepolis gefundenen Statue handelt es sich um eine Arbeit, die in den Jahrzehnten nach der Mitte des 5. Jhs. v. Chr., um 440–430, geschaffen worden ist. Darüber hinaus gibt diese sublime Oberflächenbehandlung zu erkennen, daß der Künstler aus der ostgriechischen Bildhauertradition hervorgegangen ist. Seine Werkstatt war am ehesten also entweder auf einer der ägäischen Inseln oder in einer der Städte an der kleinasiatischen Küste angesiedelt.

Hier, im östlichen Mittelmeerraum war das Motiv der mit aufgestütztem Kopf sitzenden Frau schon einige Jahrzehnte vor der Erschaffung des Marmorbildwerks bekannt. Bereits um 470 v. Chr. hat man die sinnend Sitzende in der Gattung der sogenannten *Melischen Reliefs* verwendet, wenn man das Schicksal mythischer Frauen wie Penelope oder Elektra in Bildern darstellte. Zur gleichen Zeit taucht das Motiv – einmal sogar mit der Beischrift *Panelopa* (Penelope) – auch auf Fingerringen auf, vor allem auf kostbaren Goldringen.

Bei der Entdeckung der Figurenreste in Persepolis gingen die Gedanken der Ausgräber aber nicht allein zu diesen Vorläufern und Parallelen in der griechischen Kleinkunst. Schon lange vor der Bergung der klassischen Marmorstatue in Persepolis wußte man, daß eine derartige Statue im 5. Jh. v. Chr. geschaffen worden sein mußte. In der römischen Kaiserzeit ist ein Bildwerk dieses Motivs und dieser Größenabmessung mehrfach recht getreu kopiert worden. Bruchstückhaft lassen sich mindestens vier marmorne Nachbildungen nachweisen. Darüber hinaus kommt das Motiv in verkleinertem Maßstab auch in anderen Gattungen der römischen Kaiserzeit vor.

Auf den ersten Blick liegt also der seltene Fall vor, daß wir ein bedeutendes Kunstwerk der klassischen Epoche nicht nur auf dem indirekten Weg über späte Nachbildungen kennen, sondern das Original selber vor Augen haben. Es versteht sich von selbst, daß die archäologische Forschung die Entdeckung der Statue in Persepolis mit großer Freude aufgenommen hat. Doch ebenso groß wie die Begeisterung über die außerordentliche Qualität der Bildhauerarbeit war die Irriation über die Fundumstände, die sich nicht in das bisher unangefochtene Denkmodell bezüglich der Entstehung römischer Kopien nach Originalen der klassischen Epoche einbinden lassen!

Was ist so ungewöhnlich an der hier vorliegenden Konstellation? Die Palastanlage des Dareios in Persepolis, innerhalb deren weitläufiger Bebauung die um 440 v. Chr. geschaffene Statue gefunden wurde, ist im Jahr 330 v. Chr. zerstört worden. Seit dieser Zeit lag das klassische Marmorbildwerk, in mehrere Bruchstücke zerschlagen, unter einer meterhohen Schuttschicht verborgen. Woher nahmen dann aber die römischen Kopisten die Anschauung für ihre getreuen Nachbildungen? Auf diese Frage gab es keine Anwort, die sich reibungslos in die bisherigen Denkbahnen einfügen ließ.

Die Existenz getreuer römischer Kopien läßt keinen Zweifel daran, daß es abgesehen von der klassischen Statue in Persepolis ein zweites ‚Original' aus dem 5. Jh. v. Chr. gegeben haben muß, das den Kopisten als Vorlage zur Verfügung stand. Für eine ähnliche Konstellation gibt es einen prominenten Analogiefall. Als die Perser im Jahr 480 v. Chr. Athen einnahmen, entführten sie als Kriegsbeute auch Kunstwerke, darunter das um 500 v. Chr. geschaffene Ehrenmonument der ‚Tyrannenmörder', das im Palast von Susa zur Schau gestellt wurde. Nach der Vertreibung der Perser 479 v. Chr. haben die Athener als

Ersatz für das verlorene Denkmal eine neue Ausführung der Statuengruppe in Auftrag gegeben. Der Vergleich mit den Vorgängen um die ‚Tyrannenmördergruppe‘ drängt sich schon deshalb geradezu auf, als das athenische Denkmal, wie die ostgriechische ‚Penelope‘ ja auch, in eine Residenz der persischen Könige verbracht worden ist. Wenn demnach auch die Statue der ‚Penelope‘ – in welcher griechischen Stadt auch immer ihr Standort gewesen sein mag – als Beutekunst in die Hände der Perser gefallen war, läßt sich in Analogie zur ‚Tyrannenmördergruppe‘ leicht ein Motiv für jene Zweitanfertigung benennen, die dann später den römischen Kopisten vor Augen stand.

Doch dieser Gedankengang mündet in ein neues Dilemma ein: Bei der Zerstörung der persischen Residenzen hat Alexander der Große die Aktionen seiner Soldaten nicht teilnahmslos geschehen lassen. Ihm hatten es die Athener zu verdanken, daß das ursprüngliche Ehrendenkmal der ‚Tyrannenmörder‘ nach Griechenland zurückkehrte (Pausanias I 8, 5). Auch andere griechische Kunstwerke, wie der ‚Apollon Philesios‘ aus Didyma haben ihre Verschleppung durch die Perser unbeschadet überdauert. Wenn die Statue der ‚Penelope‘ in die gleiche Kategorie prominenter Beutekunst gehörte, stellt sich sehr eindringlich die Frage, warum nicht auch sie von den Griechen geschont worden ist.

Für den Erkenntniszugewinn ist kaum eine bessere Situation denkbar als eine solche Irritation, denn sie fordert eine Überprüfung der eingefahrenen Denkweisen heraus. Im übrigen zeigt sich an diesem Beispiel, wie sehr die Archäologie darauf angewiesen ist, die Objekte, die sie untersucht, in ihrem antiken Kontext kennenzulernen. Wäre die Statue der ‚Penelope‘ nämlich im Kunsthandel mit seinen bewußt verschleiernden Herkunftsangaben aufgetaucht, wäre die Forschung nicht in die dargelegte Aporie geraten und hätte deshalb auch nicht die Anregung zum Überdenken ihrer Beurteilungskriterien erhalten.

Zunächst muß die mit so großer Selbstverständlichkeit vertretene These auf den Prüfstand, daß die Statue der ‚Penelope‘ nur als Kriegsbeute in die Residenz von Persepolis gelangt sein kann. Wenn wir in den antiken Quellen so viel von der Feindschaft zwischen Griechen und Persern lesen, dann ist dies vor allem eine Folge davon, daß wir in den meisten der erhaltenen Äußerungen die ‚amtliche‘ athenische Sicht der Dinge vermittelt bekommen. Gerade auch im 5. Jh. v. Chr. gab es viele griechische Städte, die aus Überzeugung oder aus Opportunismus ein freundschaftliches Einvernehmen mit den Persern suchten und pflegten. Das gilt insbesondere für die griechisch geprägten Städte entlang der kleinasiatischen Küste und auf den der Küste vorgelagerten Inseln. Die propersische Strömung in dieser Region nahm in der zweiten Hälfte des 5. Jhs. v. Chr. in dem Maße zu, wie die auf einen Krieg zusteuernden Rivalen auf dem Festland, Athen und Sparta, möglichst viele Bündnispartner auf ihre Seite bringen respektive zwingen wollten. Wenn in dieser Zeit ein griechisches Kunstwerk seinen Weg in eine persische Residenz fand, dann kann es dort durchaus als Geschenk übergeben worden sein, um sich der Gunst des Perserkönigs zu vergewissern. Der Fundkontext innerhalb der Residenz von Persepolis läßt eine solche Deutung zu. Die Bruchstücke der Statue wurden nämlich im ‚Schatzhaus' der weitläufigen Palastanlage angetroffen. Die dort gelagerten Schätze stammten aus Kriegsbeute und schlossen Tributleistungen ein. Aber auch Gastgeschenke hatten dort ihren Platz. Nichts spricht dagegen, den eingeschlagenen Gedankengang fortzuführen.

Wenn die Statue der ‚Penelope' wirklich als Geschenk einer perserfreundlichen griechischen Stadt nach Persepolis gelangt sein sollte, stellt sich die weiterführende Frage, ob die Gabe lediglich als ein ästhetisch ansprechendes Kunstwerk überbracht worden ist oder ob die Intention des Geschenks in irgendeiner Form auch in der Wahl des Bildmotivs zum Ausdruck kommt. So ist die Ikonographie der Statue noch einmal näher zu beleuchten.

Es wurde oben bereits kurz angesprochen, daß der Bildhauer in seinem Werk ein Motiv aufgegriffen hat, daß zur Entstehungszeit der Marmorstatue untrennbar mit zwei Namen aus der griechischen Mythologie verbunden war: Es handelt sich zum einen um Elektra, die Tochter des mykenischen Königspaares Klytaimestra und Agamemnon. In der gleichen Weise ist aber auch Penelope, die Gattin des Odysseus, dargestellt. Austauschbar wie das Bildmotiv ist in der Tat auch das Schicksal beider Frauen. Nach den Regeln der frühgriechischen Adelsgesellschaft gilt Penelope angesichts des langen Ausbleibens ihres Gatten als Witwe, die zur Wiederverheiratung verpflichtet ist, damit Haus und Hof wieder in die Entscheidungsbefugnis eines Mannes gelangen. Unter entwürdigenden Umständen ist sie dem Drängen der inzwischen dauerhaft in ihrem Haus weilenden Freier ausgeliefert. Sie erträgt diese Schmach in der ungebrochenen Zuversicht auf die Heimkehr ihres von allen als verschollen betrachteten Gatten. Ihre unbeugsame Haltung trägt den Sieg über die Rücksichtslosigkeit ihrer Peiniger davon. Elektra wird das Opfer der von Klytaimestra schamlos eingefädelten Ermordung des Agamemnon durch Aigisthos, der an der Seite Klytaimestras in Mykene das Zepter übernimmt. Elektra ist in der Folgezeit schlimmsten Erniedrigungen ausgeliefert, die sie, getragen von der Hoffnung auf das rächende Einschreiten ihres Bruders Orest, über viele Jahre hinweg erduldet. Auch ihr Schicksal wendet sich schließlich zum Guten. Bei Pylades, dem treuen Weggefährten ihres Bruders, findet sie wieder in die lange verwehrte Geborgenheit zurück.

Elektra und Penelope galten den Griechen als Sinnbilder für eine

Abb. 11 Statue einer sitzenden Frau aus der achämenidischen Residenz Persepolis. H. 85 cm; um 440–430 v. Chr. Teheran, Archäologisches Museum, Inv. 1538.

unbeugsame Haltung gegenüber Anfechtungen und Anfeindungen. Elektra beweist Familiensinn, Penelope Treue und Gattenliebe. So versteht man, daß Bilder dieser in tiefe Gedanken versunkenen und dabei in sich ruhenden Frauen als Bildmotive für Fingerringe und den Schmuck von hölzernen Schatullen in den Frauengemächern gewählt wurden. Das Motiv konnte aber sehr gut auch mit einer politischen Aussage verknüpft werden, indem z. B. eine ganze Stadt gegenüber Anfechtungen von außen eine Gesinnung bekundete, wie sie im Mythos von Elektra und Penelope auf ebenso eindrucksvolle wie erfolgreiche Weise an den Tag gelegt worden ist. Aus solcher Intention heraus geben die Bewohner von Theben der Personifikation ihrer Stadt die Gestalt der in ihrem Ethos unbezwingbaren Frauen des Mythos. Wenig später wird genau dieses Motiv vielerorts zur Ikonographie für die Schutzgöttin *(Tyche)* der Städte. Die Statuette der *Tyche von Antiochia* ist das bekannteste Beispiel dieser Serie.

Vor diesem Hintergrund ist es denkbar, daß in einer der ostgriechischen Städte in der Mitte des 5. Jhs. v. Chr. der dem Bildmotiv innewohnende Symbolgehalt auf das eigene Schicksal einer auferzwungenen Unterordnung unter eine fremde Macht übertragen worden ist. Eine solche Macht war vor allem Athen, das viele Städte und Inseln unter dem Dach des ‚Attisch-Delischen Seebundes' zusammengeführt hatte, was mit Pflichtabgaben und mitunter auch dem Verlust der Eigenständigkeit verbunden war. Um sich dem athenischen Druck zu entziehen, haben in dieser Situation nicht wenige Orte eine Verbindung mit den Persern angestrebt. Die Übersendung einer Statue mit dem eindeutigen Sinngehalt, wie er dem Elektra-Penelope-Motiv innewohnt, könnte sehr gut ein entsprechendes Hilfegesuch vorbereitet oder begleitet haben. Ein griechisches Kunstwerk mit einer solchen politischen Vorgeschichte konnte bei der Zerstörung der Residenz von Persepolis natürlich nicht auf eine schonende Behandlung durch die griechischen Eroberer hoffen.

Wie so oft kann auch diese Interpretation nur als eine denkbare Deutung in die Diskussion eingeführt werden. Aber darin liegt ein Großteil des Reizes der Auseinandersetzung mit den archäologischen Zeugnissen, daß über die Dokumente der Bildkunst der Blick für die historischen Rahmenbedingungen geschärft wird und die sich daraus abzuleitenden neuen Perspektiven gemeinsam mit den altertumskundlichen Nachbardisziplinen weiter zu ergründen sind.

Es bleibt zum Schluß noch die Frage, welches Werk den römischen Kopisten als Vorlage vor Augen stand. Denn ob Beutestück oder Zuneigung signalisierendes Geschenk, die nach Persepolis gelangte Ausfertigung lag seit 330 v. Chr. für jedermann unsichtbar in den Trümmern der persischen Residenz. Sie stand den römischen Kopisten auf keinen Fall als Vorlage zur Verfügung. Doch was vor nicht allzu langer Zeit als undenkbar galt, nämlich daß griechische Bildhauer ein einmal konzipiertes Werk anschließend in Serie herstellten, ist inzwischen eindeutig belegt. Gerade aus der ostgriechischen Region, aus deren Werkstätten auch unsere Statue stammt, sind Beispiele für diese Vorgehensweise bezeugt. So wie einige Städte um 400 v. Chr. ihre gemeinsame propersische Haltung in ihren Münzen öffentlich bekundeten, kann in den Jahrzehnten um die Mitte des 5. Jhs. v. Chr. die Abneigung gegen die aufdringlichen ‚Blutsbrüder' vom griechischen Mutterland in seriell hergestellten Statuen zum Ausdruck gebracht worden sein, die das Motiv der ausdauernden und unbezwingbaren Frauengestalten des Mythos als Orientierung für das eigene Handeln aufgriffen.

Literatur: Die hier formulierte Gesamtinterpretation ist ein Beitrag des Autors für diesen Band.
Zu den Fundumständen: E. F. Schmidt, Persepolis II, Chicago 1957. – *Zur Verbreitung des Bildmotivs in der griechischen, etruskischen und römischen Kunst:* I. McPhee, Elektra I, in: LIMC III, Zürich 1986, S. 709–717 mit Literatur auch zur Statue aus Persepolis. – *Zu den politischen Verbindungen und den wechselseitigen künstlerischen Beeinflussungen zwischen griechischen Städten und den Persern:* W. Raeck, Zum Barbarenbild in der Kunst Athens im 6. und 5. Jahrhundert v. Chr., Bonn 1981. – G. Walser, Hellas und Iran. Studien zu den griechisch-persischen Beziehungen vor Alexander, Darmstadt 1984. – M. C. Miller, Athens and Persia in the fifth century BC. A study in cultural receptivity, Cambridge 1997. – St. Ritter, Heracles, the Symmachy and the Persians, in: D. Kuhn (Hrsg.), Die Gegenwart des Altertums. Internationale Fachkonferenz 18.–20. November 1999, Würzburg 2000. – *Zu den Verzerrungen unseres Geschichtsbildes durch die Dominanz der athenischen Sicht:* H.-J. Gehrke, Jenseits von Athen und Sparta, München 1986. – *Zur seriellen Herstellung von Kunstwerken in archaischer und klassischer Zeit:* V. M. Strocka, Variante, Wiederholung und Serie in der griechischen Bildhauerei, in: JdI 94, 1979, S. 143–173. – B. S. Ridgway, Roman Copies of Greek Sculpture. The Problem of the Originals, Ann Arbor 1984, S. 6–9: Greek Copies.

8. Weihrelief einer jungen Mutter an Artemis

Literatur, Inschriften und Bildkunst: Der Zeugniswert der drei Hauptquellen der Altertumsforschung – Ein Bilddokument zur Rolle der Frauen in der Antike

Unweit der Thermopylen, an der Nordküste des Malischen Golfs, lag die antike Stadt *Echinos* (heute: Achinos). Wegen seiner Lage an der wichtigen Küstenstraße zwischen Thessalien und dem Süden war der Ort mehrfach Streitobjekt zwischen den rivalisierenden griechischen Städten und fand deshalb Erwähnung in antiken Schriftquellen. Doch über die Bewohner der Stadt sagen diese knappen Erwähnungen nichts aus. Ein vor wenigen Jahren bei Notgrabungen geborgener Fund gewährt nun – sehr ausschnitthaft zwar, aber doch anschaulich – Einblick in das Leben der Stadt in der Zeit um 300 v. Chr.

Eine querrechteckig geschnittene Marmorplatte (68 x 121 cm) zeigt in flachem Relief sechs Figuren von ganz verschiedenartiger

Größe (Abb. 12). Fünf Personen in der linken Bildhälfte stehen einer mächtigen Einzelperson am rechten Bildrand gegenüber. Zwischen ihnen hat ein Altar seinen Platz. Der Altar, die Komposition und die deutliche Differenzierung der Größenverhältnisse liefern den Schlüssel zum Verständnis der Szene. Eine Pilgergruppe hat sich in ein Heiligtum begeben, um einer Gottheit ein Opfer darzubringen. Der Beweggrund für den Gang in das Heiligtum ist augenscheinlich das so ostentativ in den vorgestreckten Armen der voranschreitenden Frau gehaltene Wickelkind: Eine Mutter bringt ihren Dank für die Geburt des Kindes dar.

Daß ein solches Dankopfer in Form eines aufwendigen und kostspieligen marmornen Weihreliefs verewigt wurde, ist leicht nachvollziehbar, wenn man um die hohe Kindersterblichkeit und die außerordentliche Gefährdung der Gebärenden in der Antike weiß. Grabreliefs und Grabgedichte legen auf beklemmende Weise Zeugnis von diesem allgegenwärtigen Schicksal ab. Als eine der Ursachen hat man bereits in der Antike das oftmals allzu niedrige Heiratsalter der Frauen erkannt. Es dürfte im Schnitt bei 14 Jahren gelegen haben. In der klassischen Epoche haben Männer wie Platon, Aristoteles und Xenophon für ein Mindestalter von 16–20 Jahren geworben. In seinem Werk *Politika*, in dem Aristoteles seine Auffassungen über das Zusammenleben in einer Gemeinschaft darlegt, äußert er sich auch über das richtige Lebensalter zur Ehe, das er für die Frauen mit 18 Jahren und für die Männer mit 37 Jahren ansetzt. Neben vielen anderen Argumenten für eine Heraufsetzung des Heiratsalters führt er auch den gesundheitlichen Aspekt der Mütter an: *„Wenn sie allzu jung sind, leiden die Mütter mehr bei der Geburt, und die Zahl der Todesfälle ist größer."* Aristoteles bekräftigt seine Position mit dem Hinweis auf einen Orakelspruch, den Bürger aus der nordostpeloponnesischen Stadt Troizen (Fallbeispiel Nr. 22 S. 178 ff.) erhalten hatten, als sie besorgt nach den Ursachen der hohen Sterblichkeit der Gebärenden fragten. Die Antwort *Bebaue nicht die junge Furche* sei nicht etwa auf die Bestellung der Äcker zu beziehen gewesen, das Orakel habe vielmehr vor zu früher Empfängnis warnen wollen *(Politika* VII 16 [1335 a]).

Auch das Relief spielt mit den Mitteln der Bildsprache auf das jugendliche Alter der dankbaren Mutter an. Als aussagekräftige Chiffre hat der Bildhauer die Differenzierung in der Körpergröße gewählt. In diesem Zusammenhang ist die mittlere Gestalt in der dreiköpfigen Pilgergruppe außer acht zu lassen. In ihrer deutlich reduzierten Körpergröße spiegelt sich ihr Status einer Dienerin, die bei dem Transport der Opfergaben und des Opfergeräts assistiert. Der Größenvergleich bezieht sich allein auf die am linken Bildrand stehende Frau, die die jugendliche Mutter um Kopfhöhe überragt. In ihrer vor dem Oberkörper erhobenen Linken ist der charakteristische Gebetsgestus zu erkennen, in der ausgestreckten Rechten hält sie ein kleines Gefäß. Sie gehört zum Kreis derer, die Dankbarkeit über die glückliche Geburt empfinden. Wahrscheinlich handelt es sich bei ihr um die Mutter des Kindsvaters, die stellvertretend für die Familie an dem Dankopfer teilnimmt. Die matronale Erscheinung und das würdevoll über dem Kopf getragene Schleiertuch sprechen in Analogie zu anderen Weihreliefs für einen solchen Rang.

Die im Vergleich zu den Pilgern überlebensgroße Gestalt rechts des Altars ist natürlich die göttliche Empfängerin des Opfers. Als solche ist sie nicht nur durch die Größe, sondern auch durch das Diadem im Stirnhaar gekennzeichnet. Ihre Identifizierung als Artemis ermöglicht die über ihrer rechten Schulter gerade noch erkennbare Pfeilspitze, die aus einem hinter dem Rücken getragenen (durch den Körper verdeckten) Köcher herausragt. Die Fackel in der Rechten ist zwar kein spezifisches Attribut nur der Artemis, doch ist sie dieser Göttin in vielen Darstellungen beigegeben. Näherer Aufschluß über das Wesen der Göttin wäre dem in der Linken gehaltenen, jetzt verlorenen Gegenstand zu entnehmen, dessen einstige Existenz durch ein Bohrloch nachgewiesen ist.

Die griechischen Götter sind mit wenigen Ausnahmen nicht jeweils nur auf eine einzige Funktion festgelegt. Gerade auch Artemis ist mit ganz verschiedenartigen Intentionen verehrt worden. Besonders ausgeprägt ist dabei in vielen Regionen Griechenlands ihre Rolle als Vegetationsgottheit. In diesem Zusammenhang steht ihr Eintreten für die Fruchtbarkeit und Fortpflanzung der Menschen. Unter ihren Schutz stellen die Frauen die Schwangerschaft, die Geburt und das weitere Gedeihen der Kinder. Durch das jüngst gefundene Relief ist Artemis mit ihrem Heiligtum in *Echinos* nun erstmals auch in Thessalien als Helferin der gebärenden Frauen und Beschützerin der heranwachsenden Kinder bezeugt.

Die Darstellung des Dankopfers einer jungen Mutter enthält einige bemerkenswerte Details sowohl aus religionsgeschichtlicher Sicht, als auch im Hinblick auf die künstlerische Gestaltung eines an sich geläufigen Bildmotivs. Als Merkwürdigkeit fällt einem natürlich das winzige Format des Opferdieners und des von ihm an den Altar geführten Stieres auf. Mit dieser widernatürlichen Verkleinerung schuf der Bildhauer den notwendigen Freiraum, um den Blick des Betrachters auf das zentrale Motiv des Reliefs zu konzentrieren, nämlich das der Göttin dankbar entgegengehaltene Kleinkind. Doch auch das Opfertier durfte in diesem Erinnerungsbild an das Dankopfer nicht fehlen. Die Griechen haben mit großer Unbefangenheit den bei den Sakralhandlungen betriebenen Aufwand und den materiellen Wert ihrer Weihgeschenke zum Gradmesser ihrer Dankbarkeit erhoben. Der Verzicht auf die Einbeziehung des geopferten Stieres in das Relief hätte der Stifterin bei den Betrachtern den Vorwurf mangelnder Dankbarkeit eingebracht. Unabhängig von dem unkonventionellen Format ist mit der Einfügung der Chiffre ‚Stieropfer' dem Anspruch Genüge getan.

Unkonventionell ist auch die Verwendung eines einfachen Tabletts als Behältnis für die als Opfergaben bestimmten Früchte. Üblicherweise werden die Opfergaben in einem spezifischen dreihenkeligen, mit einem Tuch bedeckten Korb *(kanoun)* oder in geschlossenen Behältnissen mitgeführt. Es ist nicht auszuschließen, daß in der vorliegenden Darstellung lokale Kultgebräuche im Bilde festgehalten sind. Vielleicht lag dem Bildhauer aber auch nur daran, die Opfergaben sichtbar zu machen, sie sind jedenfalls mit großer Detailfreude wiedergegeben: Auf dem Tablett liegen ein Apfel, ein Granatapfel, drei Honigkuchen und eine Weinrebe, darüber ein Myrtenzweig.

Ohne Parallele unter den bisher bekannten Weihreliefs sind die über den Köpfen aufgereihten bzw. aufgehängten Textilien nebst einem Paar Schuhe. Die Interpretation kann sich auf Inschriften aus den beiden Artemisheiligtümern in Brauron und auf der Athener Akropolis stützen. Sie bezeugen die Sitte, jene Gewänder an Artemis zu weihen, die bei der Niederkunft getragen wurden. So gesehen illustriert das Relief lediglich einen bereits bekannten Sachverhalt. Doch mit dem nun vorliegenden Bilddokument kann die Diskussion darüber beendet werden, ob die Kleiderweihungen im Anschluß an glücklich verlaufene Geburten erfolgten, oder ob sie nur vorgenommen wurden, wenn die Wöchnerinnen im Kindbett verstarben. Durch das neue Relief sind sie eindeutig als Dankvotive ausgewiesen. Darüber hinaus liefert das Relief die Information, daß auch die bei der Geburt verwendeten Tücher im Heiligtum dargebracht worden sind. Die neben den Textilien sichtbaren Schuhe werfen die Frage auf, ob zwischen ihrer Weihung nach der Niederkunft und der Konvention, Bräute bei der Hochzeit mit Schuhen zu beschenken, ein Zusammenhang besteht.

Der Neufund ist hilfreich für eine zwischen Archäologen und Philologen geführte Diskussion um die Aussagekraft einer äußerst interessanten Literaturgattung: Eine Vielzahl von metrischen Weihinschriften *(Epigrammen)* liefert einen lebendigen Einblick in die Gebräuche und Intentionen bei der Wahl der Weihgeschenke in den Heiligtümern. Diese geben sich den Anschein, für tatsächliche Aufschriften von Weihgeschenken verfaßt worden zu sein. Doch seit der hellenistischen Epoche sind solche Epigramme überwiegend Kunstprodukte, zum Vortrag beim Symposion oder als reine Stilübungen entstanden. Eine eindeutige Entscheidung, ob sie die Realität in den Heiligtümern wiederspiegeln, ist selten möglich. Das galt z. B. auch für die beiden folgenden Epigramme:

Abb. 12 Weihrelief aus dem Artemisheiligtum von Echinos. H. 68 cm; um 300 v. Chr. Lamia, Archäologisches Museum, Inv. AE 1041.

Wöchnerin Atthis an Artemis:
Dieses Untergewand sowie einen Gürtel mit Fransen
Hat am jungfräulichen Tor Atthis dir nach der Geburt,
Tochter der Leto, geweiht; denn du hast ihr die Bürde genommen
Und ohne Schmerzen ein Kind lebend vom Schoß ihr gelöst.
(Leonidas von Tarent, 3. Jh. v. Chr. – Anthologia Graeca VI 202. Übersetzung: H. Beckby)

Wöchnerin Euphrante an Artemis:
Diese herrliche Binde, Sandalen, die Locke von ihrem
Jugendlich schimmernden Haar, kraus noch und duftend vom Öl,
Gürtel, das feine Hemd, das unterm Chiton sie getragen,
Und das glänzende Band, das ihren Busen umfing,
Legte Euphrante im Tempel der Artemis nieder, nachdem sie
Glücklich in Wehen die Last aus ihrem Schoß gebar.
(Marcus Argentarius, 1. Jh. v. Chr. – Anthologia Graeca VI 201. Übersetzung: H. Beckby)

Der archäologische Neufund erweist diese Epigramme als zuverlässige Zeugnisse des griechischen Sakralwesens. Er verhilft zu einer noch besseren Einschätzung der beiden Verfasser, von denen der erstere als Autor von über einhundert Epigrammen bekannt ist. Der Römer Marcus Argentarius hat, wie sich nun zeigt, in seinem fiktiven Epigramm doch ein authentisches Sujet aufgegriffen.

Literatur: Die Interpretation ist referiert nach F. Dakoronia/L. Gounaropoulou, Artemiskult auf einem neuen Weihrelief aus Achinos bei Lamia, in: AM 107, 1992, S. 217–227. – F. T. van Straten, Hiera Kala. Images of Animal Sacrifice in Archaic and Classical Greece, Leiden/New York/Köln 1995, S. 82–84 Nr. R 75bis.
Zu den inschriftlich bezeugten Kleiderweihungen in attischen Artemisheiligtümern: T. Linders, Studies in the Treasure Records of Artemis Brauronia found in Athens. ActaAth 4° XIX, Stockholm 1972. – *Zur Kindersterblichkeit in der Antike:* S. Ghinopoulo, Pädiatrie in Hellas und Rom, Jena 1930. – A. Peiper, Quellen zur Geschichte der Kinderheilkunde, Stuttgart 1960. – R. Goetze, Der Tod im Kindesalter: Eine medizinhistorische Studie auf der Grundlage von Epitaphen der Anthologia Graeca, Erlangen 1974. – *Zur Ehe und zur Rolle der Frau im klassischen Griechenland:* W. K. Lacey, Die Familie im antiken Griechenland, Mainz 1983 [dt. Ausgabe]. – C. Reinsberg, Ehe, Hetärentum und Knabenliebe im antiken Griechenland, München ^{2}1993. – *Zur Göttin Artemis:* Ch. Vorster, Griechische Kinderstatuen, Köln 1983, S. 57–73. – E. Simon, Die Götter der Griechen, Mainz ^{4}1998, S. 132–155. – *Zur Bedeutung von Schuhen als Geschenke:* S. Piniatoglou, Eileithyia, Würzburg 1981. – C. Weiß, Zur Typologie und Bedeutung attischer Schuh- und Sandalengefäße, in: Nikephoros 8, 1995, S. 19–40.

9. Das ‚Charonrelief' vom Kerameikos in Athen

Halbgötter oder Kaufleute? Honorige ‚Außenseiter' im spätklassischen Athen – Grabschmuck als Spiegel des Alltagslebens einer Stadt

Der ‚Kerameikos' war ein Ortsteil *(Demos)* des antiken Athen. Der Name leitet sich von *Keramos*, dem mythischen Ahnherrn der Töpfer ab. Das Territorium des *Demos Kerameis* erstreckte sich vom Areal der späteren Agora entlang der nach Norden und nach Eleusis führenden Ausfallstraßen. In historischer Zeit durchzog die Stadtmauer mit der Toranlage des Dipylon das Gebiet. Wie üblich im griechischen Siedlungswesen, hatten außerhalb der Stadtgrenze entlang der Straßen die Grabbezirke ihren Platz. So steht der Name ‚Kerameikos' in der Forschung heute als Synonym für eine der Nekropolen des antiken Athen. Der an dem Bach Eridanos gelegene Bestattungsplatz vor dem Dipylon besaß das höchste Renommee. Auf der das Gebiet durchquerenden Straße bewegte sich nicht nur die Prozession in das hochangesehene Mysterienheiligtum von Eleusis, hier sammelte sich bei dem athenischen Stadtfest der *Panathenäen* auch der zur Akropolis hinaufführende Festzug. Die Grabbezirke dieser Nekropole waren den maßgeblichen Familien Athens vorbehalten. Aber auch die Stadt zeichnete verdiente Bürger – so die Gefallenen vieler Kriege – und manchen Fremden mit der ehrenvollen Bestattung an dieser Stelle aus.

1863 wurde in einem der Grabbezirke ein bemerkenswertes, in

seiner Darstellung singuläres Relief (Abb. 13) gefunden. Der querrechteckig geschnittene, 1,20 m hohe und 1,62 m breite Marmorblock war ursprünglich in eine gleichfalls aus Marmor gearbeitete Rahmung eingefügt. Darauf weisen Spuren einer entsprechenden Verdübelung an den Seiten hin. Die Reliefplatte wurde bereits in der Antike aus ihrer originalen Rahmung herausgelöst und in einen ursprünglich nicht zugehörigen Kalksteinsockel eingelassen. Damit beginnen bereits die Schwierigkeiten bei der Analyse dieses Bildwerks: Wir müssen damit rechnen, daß der Grabschmuck nicht für den Kontext geschaffen worden ist, innerhalb dessen er bei den Ausgrabungen aufgefunden worden ist. Bestünde diese Einschränkung nicht, könnte die Interpretation davon ausgehen, daß die im Bilde dargestellten Personen in irgendeiner Form mit der Familie eines gewissen *Lysimachides aus Acharnai* in Verbindung zu bringen sind. Den Namen dieses Mannes bezeugt eine an gleicher Stelle gefundene, mit einer Inschrift versehene marmorne Grablekythos. Aus den Aufzeichnungen über die athenischen Amtsträger ist bekannt, daß ein *Lysimachides aus Acharnai* im Jahr 339/38 v. Chr. das höchste Staatsamt, nämlich das eines *Archonten*, innehatte.

Die Vorstellung, das Grabmonument einer bekannten athenischen Familie zu besitzen, war reizvoll, zumal die Darstellung, obwohl in dieser Form einzigartig, doch auf den ersten Blick keine allzu großen Schwierigkeiten bereitete: Wer anders sollte dargestellt sein, als Mitglieder dieser Familie? In dem Schiff davor wäre dann der Totenfährmann *Charon* zu sehen, der die Verstorbenen, die ihm der Totengeleiter Hermes an den Unterweltstrom *Acheron* heranführt, mit seinem Nachen an das am jenseitigen Ufer gelegene Tor des *Hades* bringt.

Man sollte meinen, diese Interpretation lasse keine Fragen offen. Ein von seinem Format aufwendiges Grabrelief kann mit einer angesehenen und zweifellos wohlhabenden athenischen Familie in Zusammenhang gebracht werden. Das Motiv des Grabschmucks greift unmittelbar die Vorstellungen vom Dasein der Verstorbenen im Jenseits auf. Und dennoch sind weiterhin Fragen an die Ikonographie dieses Reliefs gestellt und schließlich Antworten gegeben worden, die der Darstellung eine völlig neue Aussage entlockten. Was veranlaßt einen Archäologen, um eine allgemein akzeptierte Deutung eine neuerliche Diskussion auszulösen?

Wie so oft geht die fruchtbare Irritation von den in der Darstellung verwendeten Bildformeln aus. So wie sie hier kombiniert sind, sind sie im Grunde unvereinbar. Hier hat die unbefangene (!) Betrachtung einzusetzen. Das zentrale Motiv bilden die beiden Männer. Der rechte ist in seiner Haltung so weit wahrzunehmen, daß man seine gelagerte Haltung erkennt. Auch wenn die *Kline*, auf der er ruht, selbst nicht zu sehen ist, sind das Kissen, an das sich sein aufgerichteter Oberkörper anlehnt und auf dem sein linker Arm aufliegt, untrügliche Indizien. Der vor dem Mann aufgestellte Beistelltisch nimmt die letzten Zweifel, auf ihm sind allerlei Speisen griffbereit ausgebreitet: Links wohl ein Granatapfel, daneben Trauben und ein flacher Kuchen, und ganz rechts ein beliebtes, wegen seiner Form *Pyramides* genanntes Gebäck. Wenn man dann noch hinzunimmt, daß der stark beschädigte kugelförmige Gegenstand in der linken Hand des Mannes offensichtlich einen Trinkbecher meint, ist die Szene eindeutig identifizierbar: Der Mann ist beim Mahl dargestellt. Die Person zu seiner Seite ist sein Mahlgenosse. Aus der Haltung der Armansätze läßt sich das in solchen Zusammenhängen nicht ungewöhnliche Motiv der Handreichung *(Dexiosis)* erschließen.

Soweit sind sich alle Bearbeiter des Reliefs einig. Doch *welcher Art* ist das Mahl, zu dem sich die beiden Männer zusammengefunden haben? Im Grabbereich gehen die Gedanken zunächst zu der Konvention, Verstorbene als *Heroen* zu ehren, indem man sie in eine über das menschliche Normalmaß hinausgehenden Sphäre versetzte. Eine Bildformel für diese überhöhende Darstellung ist das sogenannte ‚Heroenmahl'. Ein prominenter *Heros*, dem nach vollbrachten übermenschlichen Leistungen verehrungsvoll ein Mahl bereitet wurde, war z. B. Herakles. Wird der Speisende, wie im Falle des Herakles, als wirklicher *Heros* dargestellt, oder will man ihn nach Art eines Heros wiedergeben, werden dafür bestimmte Erkennungszeichen verwendet. Das können die neben der Kline ostentativ zur Schau gestellten Waffen sein, mit denen der Geehrte zuvor heldenhaft gekämpft hatte, das können Personen sein, die den Speisenden aus geziemendem Abstand bewundernd betrachten. Häufig wird die Absicht der Heroisierung des Verstorbenen durch ein Pferd bzw. in verkürzter Form durch den in einem Festerrahmen sichtbaren Pferdekopf verdeutlicht. Das Bild des Pferdes führte die Gedanken des Betrachters zu den ‚Reiterheroen', die – wie z. B. die *Dioskuren* – als Schutzpatrone den Halbgöttern gleichgestellt waren.

Keines dieser charakterisierenden Merkmale findet sich auf dem Relief. Die Deutung als ‚Heroenmahl' muß folglich ausscheiden. So kommt eine zweite, gleichfalls im Sepulkralbereich bezeugte Möglichkeit in Betracht: Wollte man im Grabschmuck bekunden, daß der Verstorbene im weitesten Sinne ein ‚gutes Leben' geführt hat, das heißt, daß er erfolgreich war, in Wohlstand gelebt und dank seines Ansehens ein offenes, von Geselligkeit geprägtes Haus geführt hat, stellte man ihn beim Bankett *(Symposion)* dar. Konzentriert sich der Blick auf die beiden lagernden beleibten Männer, trifft ihre Darstellung auf das Ambiente eines solchen Wohllebens zu. Unlösbare Schwierigkeiten bereiten nun aber die beiden Frauen an den Seiten der Männer. Ehefrauen nahmen am Bankett nicht teil. Waren Frauen

Abb. 13 Grabrelief einer auswärtigen Kaufmannsfamilie in Athen. H. 1,20 m; um 330–320 v. Chr. Athen, Kerameikos-Museum, Inv. P 692.

zugegen, gehörten sie zum Stand der Hetären, die als vielseitige ‚Unterhaltungskünstlerinnen' zum vergnüglichen Teil der Gelage beitrugen. Diesem Status gehören die beiden Frauen des Reliefs nicht an. Dagegen spricht ihr matronales Sitzen auf feingedrechselten Stühlen *(Diphroi)*. So wie sie sind in der gleichzeitigen Bildkunst ‚gutbürgerliche' athenische Ehefrauen dargestellt.

Die beiden Bildformeln ‚Gutsituierter Mann beim Bankett' und ‚Ehrbare Ehefrau' weisen zwar gleichermaßen in die Sphäre der repräsentativen Selbstdarstellung von Mitgliedern der einflußreichen Bürgerschaft Athens, das Problem besteht nur darin, daß sie in diesem unmittelbaren Nebeneinander aus den dargelegten Gründen unvereinbar sind. Doch erneut stoßen wir hier auf eine gar nicht so ungewöhnliche Gestaltungsweise in der griechischen Bildkunst: Die Szene ist in zwei getrennte Wirklichkeitsebenen aufzulösen. Im Bildentwurf sind gewissermaßen zwei Folien übereinandergelegt. Ausgedrückt wird auf diese Weise, daß beide Partner in den jeweiligen Ehegemeinschaften der ihnen zugewiesenen ‚bürgerlichen' Rolle vollauf gerecht werden.

Welche Rolle spielt der Mann im Schiff in diesem unbeschwerten Bild? Ist es wirklich Charon, der nun unerbittlich in das ungetrübte Dasein der beiden Paare eingreifen wird? Wieder bietet die unvoreingenommene ikonographische Analyse die entscheidenden Anhaltspunkte. Die charakteristische Erscheinung des mythischen Totenfährmanns *Charon* ist aus vielen Darstellungen gut bezeugt. Völlig untypisch für *Charon* ist das lässige, abwartende Sitzen im Boot. *Charon* ist immer aktiv, entweder sehen wir ihn das Boot mit einem langen Stecken in Bewegung haltend, oder er greift zum Steuerruder. Auch die Tracht paßt nicht zum Fährmann: *Charon* ist mit einem leichten ärmellosen Gewand, der *Exomis*, bekleidet und trägt als Kopfbedekkung in aller Regel eine Filzkappe, den *Pilos*. Der über die Schultern gelegte pelzartige, dicke Umhang ist aber nicht nur für *Charon* untypisch, er ist in der attischen Kunst überhaupt ein Fremdkörper. Fremd sind dort auch so gewaltige Bärte und so voluminöses Haar, wie sie an dem Mann im Schiff und ebenso bei den beiden Gelagerten festzustellen sind.

Diese Auffälligkeiten in der Tracht liefern den Schlüssel zur Deutung: Männer gleichen Aussehens und mit ähnlich dicken Mänteln angetan, sind aus der lokalen Bildkunst im nördlichen Schwarzmeergebiet, dem Wohngebiet der Skythen, bekannt. Haben wir in den drei Männern also Skythen vor uns? Wie ist dann zu erklären, daß sich zwei von ihnen in der Art vornehmer athenischer Bürger als Bankettteilnehmer darstellen lassen?

Zur Entstehungszeit des Reliefs, in der zweiten Hälfte des 4. Jhs. v. Chr., war den Athenern der Anblick von Skythen wohlvertraut, und man war froh, wenn man sie sah. Athen vermochte seinen Getreidebedarf im ausgehenden 4. Jh. v. Chr. nicht mehr aus eigener Ernte zu decken (Fallbeispiel Nr. 24 S. 188ff.). Viele der Skythen waren Kapitäne, die auf ihren Schiffen Getreide aus der ‚Kornkammer' am Schwarzen Meer nach Athen brachten – und dabei natürlich zu Wohlstand und Ansehen kamen. Ungeachtet ihrer für das Überleben der Stadt so wichtigen Rolle, blieben sie Menschen ‚zweiter Klasse', *Metöken*, denen das athenische Bürgerrecht verwehrt blieb. Wenn sie für ihre stolze Selbstdarstellung im Grabmal dennoch die Bildformeln wählten, deren sich die athenischen Vollbürger bedienten – Teilnahme am Bankett bzw. würdevolles Thronen auf dem Diphros – dann zeigt sich darin wohl die Sonderrolle, die sie sich auch ohne athenisches Bürgerrecht in der Stadt erworben hatten, zumal überliefert ist, daß manche der Getreidehändler die eine oder andere Schiffsladung der notleidenden Bevölkerung als Spende zukommenließen. Freilich ist nicht gesichert, daß dieses Grabrelief von Metöken bereits bei seiner ersten Aufstellung einen Grabbezirk in dem den vornehmsten Bürgerfamilien Athens vorbehaltenen Friedhof schmückte. Vielleicht aber gehörten die Händler zu jenen Fremden, denen der Demos von Athen für erwiesene Wohltaten die Ehre einer Bestattung im Kerameikos erwies. Nicht vom Tod und von Jenseitsvorstellungen handelt die Szene auf dem Grabrelief, sie wirft vielmehr ein bezeichnendes Licht auf die schwierigen ökonomischen Zustände in Athen und die dadurch bewirkten Veränderungen im gesellschaftlichen Gefüge der Stadt.

Archäologen können die Ergebnisse ihrer Forschung kaum einmal wirklich beweisen. Die Redlichkeit gebietet es, die vorgetragenen Überlegungen als Hypothese zur Diskussion zu stellen. Mit dieser Intention ist auch die hier referierte Interpretation in die Forschung eingeführt. Unabhängig davon, ob sich die – ungemein sorgfältig herauspräparierte – Deutung letztlich behaupten wird, ist die mit den ureigensten Mitteln der Archäologie erfolgte Auseinandersetzung ein besonders überzeugendes Beispiel dafür, wie durch eine Bildbetrachtung historische Zusammenhänge sichtbar gemacht und damit zugleich ungleich intensiver in das Bewußtsein gerufen bzw. in die wissenschaftliche Diskussion eingeführt werden können.

Literatur: Die Interpretation ist referiert nach A. Scholl, Das ‚Charonrelief' im Kerameikos, in: JdI 108, 1993, S. 353–373.
Zum Kerameikos: U. Knigge, Der Kerameikos von Athen. Führung durch Ausgrabungen und Geschichte, Athen 1988. – *Zum Bildmotiv der Mahlszenen:* R. N. Thönges-Stringaris, Das griechische Totenmahl, in: AM 80, 1965, S. 1–99. – Pfuhl – Möbius II, S. 353–495. – J.-M. Dentzer, Le motiv du banquet couché dans le proche-orient et le monde grec du VII° au IV° siècle avant J. C., Rom 1982. – St. Schmidt, Hellenistische Grabreliefs. Typologische und chronologische Beobachtungen, Köln/Wien 1991, S. 141–148. – M. Cremer, Hellenistisch-römische Grabstelen im nordwestlichen Kleinasien. Asia Minor Studien 4,1: Mysien, Bonn 1991, S. 70–81. – J. Fabricius, Die hellenistischen Totenmahlreliefs. Grabrepräsentation und Wertvorstellungen in ostgriechischen Städten, München 1999. – *Zum Bankett:* B. Kaeser/K. Vierneisel (Hrsg.), Kunst der Schale – Kultur des Trinkens, München 1990. – A. Schäfer, Unterhaltung beim griechischen Symposion, Mainz 1997.

10. Eine Komödienszene

Vasenmalerei als Theaterkritik: ‚Schlechte Presse' für einen Dichter, Beifall für seinen ‚Verriß'

In einer unteritalischen Töpferwerkstatt, wohl in Tarent, ist um 370 v. Chr. der kleine glockenförmige Mischkrug *(Krater)* geformt, verziert und gebrannt worden, dessen Bildschmuck hier besprochen werden soll (Abb. 14). In der Szene vermischen sich heitere und dramatische Aspekte. Um ein *Drama* im Wortsinn, das heißt, um ein auf der Bühne dargebotenes Geschehen, handelt es sich in der Tat. Zu erkennen ist das an den starren Masken, die beide Gestalten vor ihren wahren Gesichtern tragen. Bei der von links heraneilenden Frau zeichnet sich die Konturlinie der Maske deutlich gegen den Hals und das Kopfhaar ab. Die rechte Person trägt zudem das für Schauspieler typische, relativ eng am Körper anliegende Trikot. Altersfalten und drastische Entstellungen der Nase und des Mundes weisen die Masken der literarischen Gattung der Komödie zu. Umso überraschender ist es, in dieser heiteren Sphäre mit einer Spielsituation konfrontiert zu werden, in der es offenkundig um Tod oder Leben geht.

Bedroht ist zunächst einmal die in der rechten Bildhälfte dargestellte Person. Sie hat sich auf einem Block niedergelassen, der unten auf einer flachen breiten Basis aufsitzt und an seinem profilierten oberen Abschluß mit einem Ornament (‚Eierstab') verziert ist. In starker Verkleinerung und flüchtiger Malweise greift es das Ziermotiv auf, das die Standleiste der Szene unterfängt. Beide sichtbaren Seiten sind mit einer dunklen Flüssigkeit bespritzt – gemeint ist offenbar Blut. Der ‚Sitz' des Mannes ist ein Altar. Das Niederlassen auf einem Altar ist in der griechischen Welt ein eindeutiges Ritual: Es ist der Vollzug des Schutzflehens *(Hikesie)*. In unserem aus der Antike abgeleiteten Sprachgebrauch ist es die Wahrnehmung des Asylschutzes, den jede Stelle gewährt, an der Götter präsent sind. Neben den Statuen der Götter sind das nach griechischer Glaubensvorstellung alle Feuerstellen, so natürlich in erster Linie auch die Altäre in den Heiligtümern.

Bei einem geordneten Ablauf des Schutzbegehrens müßte der Priester oder die Priesterin an den Altar herantreten, um dem Schutzflehenden Gelegenheit zu geben, seine Not darzulegen. Der Ritus des Schutzflehens führt für den Schutzflehenden jedoch nicht zwangsläufig zu einem glücklichen Ausgang. Verhindert wird zunächst einmal nur jegliche Form von Selbstjustiz. Im Priester bzw. in der Priesterin findet der in Not Geratene einen Rechtsbeistand, der falsche Anschuldigungen aufdeckt, und im Falle berechtigter Vorwürfe dennoch um eine versöhnliche Regelung bemüht ist. In antiken Schriftzeugnissen wird mehrfach berichtet, daß Schutzflehende zögerliche Priester dadurch unter Druck setzten, daß sie mit dem Freitod drohten. Einen solchen Ausgang nicht verhindert zu haben, würde dem Priester als Sakrileg angelastet werden.

Der ostentativ emporgehaltene Dolch in der rechten Hand des Schutzflehenden scheint uns mit einer solch dramatischen Wende im Schutzbegehren des Mannes zu konfrontieren. Wie erklären sich in solcher Situation aber der große Mischkrug in den Händen der herbeieilenden Frau, und was hat es mit dem eigenartigen, gleichfalls ostentativ vorgezeigten Gebilde in der linken Hand des Schutzflehenden auf sich? Erinnern wir uns, daß wir in der Szene zwei Komödienschauspieler in Aktion sehen. Die für einen Archäologen unverzichtbare Lektüre antiker Theaterdichtungen führt tatsächlich schnell zu einer Komödie, die in einer Situation kulminiert, wie sie uns im Vasenbild vor Augen steht: Ein Mann sucht Zuflucht auf einem Altar, sieht dennoch sein Leben bedroht, nimmt ein Kleinkind zur Geisel und verkündet, das Kind zu erstechen, falls man ihn nicht laufen lasse. Die Mutter fleht nun nicht etwa um das Leben ihres Kindes, sondern erbittet sich nur zeitlichen Aufschub, damit ein Gefäß herbeigeholt werden kann, in dem sie die nach dem Dolchstoß aus dem Körper strömende Flüssigkeit auffangen will.

Bei dem hier in Rede stehenden Theaterstück handelt sich um eine Komödie des in der zweiten Hälfte des 5. Jhs. v. Chr. in Athen wirkenden Lustspieldichters Aristophanes. Sie trägt den Titel ‚Die Frauen beim Thesmophorenfest'. Die Handlung rankt sich um das heimliche, bei Todesstrafe verbotene Einschleichen eines Mannes in ein dreitägiges Fest, das die athenischen Frauen im Heiligtum der Demeter begehen. Natürlich wird der Mann entlarvt und findet sich nun der zwangsläufigen Ahndung seines Sakrilegs durch die Todesstrafe ausgesetzt. Die Geisel, die er für ein Kleinkind hielt, entpuppt sich zu seinem anfänglichen Entsetzen als ein zu einem Kind verkleideter Weinschlauch. Doch sehr schnell zeigt sich, daß der drohende Verlust des im Schlauch geborgenen Alkohols der ‚Mutter' nicht weniger zu Herzen geht, als wäre das Faustpfand in den Händen des Mannes tatsächlich ihr Kind.

Aus der Textanalyse haben Philologen Erkenntnisse über die Intentionen des Aristophanes bei der Abfassung seiner Komödie abgeleitet. In ihr finden sich viele parodistische Anspielungen, ja Verunglimpfungen der Dichtkunst des Euripides, so daß die Handlung der Komödie wohl nur den Rahmen für eine kritische Auseinandersetzung mit dem in Athen umstrittenen Dramatiker abgibt. Um den Spott auf die Spitze zu treiben, greift Aristophanes ein Motiv aus einer bekannten Tragödie des Euripides auf: Der junge König Telephos aus dem kleinasiatischen Mysien begibt sich, einem Orakelspruch folgend, nach Argos, um dort Heilung seiner im Kampf empfangenen Wunden zu erlangen. Als ihm die Behandlung verweigert wird, ergreift er den kleinen Orest, den Sohn des argivischen Königs Agamemnon, als Geisel. Dieses bei Euripides effektvoll dramatisierte Motiv wird in der Komödie des Aristophanes ins Lächerliche gewandelt. Schärfer hätte die Kritik am Stil des Euripides nicht ausfallen können. Doch auch dabei läßt es Aristophanes nicht bewenden. Euripides wird sogar selbst als handelnde Person in diese sarkastische Parodie seiner Tragödie einbezogen: Niemand anders als Euripides selbst hat den nun in Not geratenen Mann zum heimlichen Eindringen in das Frauenfest zu Ehren der Demeter überredet!

Die Zurückführung des Vasenbildes auf einen antiken Text ist ein Forschungsergebnis, das für sich genommen bereits wertvoll ist. Doch einmal mehr ist auch hier der Fall gegeben, daß die Beantwortung der Frage ‚Was ist dargestellt?' weiterführende und letztlich erst wirklich fruchtbringende Neugierde wachruft: ‚Mit welcher Intention wurde es dargestellt?' Bemerkenswert ist die zeitliche und geographische Distanz des um 370 v. Chr. in Unteritalien geschaffenen Vasenbildes zur Entstehung der Textvorlage, denn Aristophanes schrieb seine Komödie im Jahr 411 v. Chr. für das athenische Publikum, das zu jener Zeit eine hitzige Diskussion um den literarischen Rang des Euripides führte.

Mehrere ikonographische Details lassen keinen Zweifel daran, daß sich der Vasenmaler dezidiert am Text des Aristophanes orientiert hat. Ausgiebig wird zu Beginn der Komödie die Verkleidung des zum Spion erkorenen Euripidesfreundes Mnesilochos in eine Frau inszeniert. Sein Bart wird gestutzt und das Ergebnis im Spiegel betrachtet (Vers 214–236). Die Bartstoppeln im Gesicht bzw. auf der Gesichtsmaske und der so ostentativ neben dem Kopf (im Profil) wiedergegebene Klappspiegel spielen unverkennbar darauf an. Wenn unmittelbar vor der Verkleidungsszene ein Spiegel als typisch ‚weibisch' und deshalb als unvereinbar mit dem einem Mann eigentlich geziemenden Schwert bezeichnet wird (Vers 140), dann darf man in der optisch so prominent dargebotenen Kombination beider Objekte in der Mittelachse des Bildes wiederum eine geistreich umgesetzte Anspielung auf die Textvorlage erblicken.

Zu den als wirkungsvoll erachteten Mitteln, um dem im fortgeschrittenen Mannesalter befindlichen Mnesilochos das Aussehen einer jungen Frau zu verleihen, zählen die Männer um Euripides auch ein Stirnband, das sie Mnesilochos folglich zusammen mit einem Haarnetz anlegen (Vers 257). Der Vasenmaler hat auch dieses Detail in sein Bild einbezogen – ohne genaue Kenntnis des Textes wäre ihm das kaum möglich gewesen.

Mit dieser Feststellung erhält das Vasenbild einen ungeahnten Zeugniswert: 40 Jahre nach der Erstaufführung der Komödie hatte die Satire auf das Werk und die Person des Euripides fernab von Athen unvermindert ihr interessiertes und verständiges Publikum und war dabei augenscheinlich so populär, daß die selbstverständlich von kommerziellen Interessen geleiteten unteritalischen Töpfer es als lohnend erachteten, eine Kernszene dieser Komödie als Bildmotiv zu verwenden.

Wiederaufführungen von Komödien des Aristophanes sind literarisch bisher nicht bezeugt. Ja, man meinte sogar, außerhalb Athens seien sie wegen der vielen zeitgebundenen und lokalen Anspielungen ohnedies nicht publikumswirksam gewesen. Gemeinsam mit weiteren vergleichbaren Zeugnissen korrigiert das Würzburger Vasenbild diese Vorstellung. Es vermittelt zugleich einen überzeugenden Einblick in

Abb. 14 Der schutzflehende Mnesilochos aus der Komödie ‚Die Frauen beim Thesmophorenfest' des Aristophanes auf einem apulischen Vasenbild; H. 18,5 cm; um 370 v. Chr. – Würzburg, Martin von Wagner Museum der Universität, Inv. H 5697.

das Geistesleben der unteritalischen Bevölkerung, der die Dramen des Euripides so vertraut gewesen sein mußte, daß sie sich auch an der satirischen Auseinandersetzung mit ihnen erfreuen konnte.

Literatur: Die Interpretation ist referiert nach O. Taplin, Comic Angels and Other Approaches to Greek Drama through Vase-Painting, Oxford 1993. – E. Pöhlmann, in: Gnomon 70, 1998, 385–390. – Wichtige Beobachtungen steuerte M. Erler anläßlich eines interdisziplinären Seminars im Martin von Wagner Museum der Universität Würzburg bei.
Zu dem Würzburger Gefäß auch: A. Kossatz-Deissmann, Telephus travestitus, in: Tainia. Festschrift für Roland Hampe, Mainz 1980, S. 281–290. – *Zum Ablauf des rituellen Schutzbegehrens in den Heiligtümern:* U. Sinn, Greek sanctuaries as places of refuge, in: N. Marinatos/R. Hägg (Hrsg.), Greek Sanctuaries. New Approaches, London/New York 1993, S. 88–109. – *Zur*

Person und zum Werk des Euripides: Chr. Mueller-Goldingen, Euripides, in: K. Brodersen (Hrsg.), Große Gestalten der griechischen Geschichte. 58 historische Portraits von Homer bis Kleopatra, München 1999, S. 146–156 mit Lit. a. O. 484. – *Zur Person und zum Werk des Aristophanes:* B. Zimmermann, Aristophanes, ebenda S. 156–164 mit Lit. a. O. 482.

11. Die Statue des Komödiendichters Menander

Die Wiedergewinnung einer prominenten Statue – Die experimentelle Archäologie beendet eine fruchtlose Diskussion

Auf Deine pentelischen Hermen mit den Bronzeköpfen, von denen Du schreibst, freue ich mich schon jetzt; darum schick' sie mir, und Standbilder und was sonst für den Platz paßt und meiner Schwärmerei sowie Deinem Geschmack entspricht, möglichst viel und möglichst bald, vor allem solche Stücke, die sich für das Gymnasium und die Arkaden eignen. Auf diese Dinge bin ich nämlich so versessen, daß Du diese meine Leidenschaft fördern, andere sie fast tadelnswert finden müßten.

(Brief des Cicero an Attikus [1,4] vom Februar 67 v. Chr. Übersetzung: H. Kasten)

Mit seiner „Schwärmerei" für griechische Kunst stand Cicero nicht allein. So wie er haben viele Villenbesitzer im gesamten römischen Reich ihre Anwesen mit Bildwerken geschmückt, in denen Gestalten der griechischen Mythologie sowie Persönlichkeiten der griechischen Geschichte und des Geisteslebens vor Augen geführt wurden. Einen erheblichen Bedarf meldeten aber auch die öffentlichen Bauträger an, wenn es darum ging, die Bildungseinrichtungen, also Theater und Gymnasien, Bibliotheken und die weitläufigen Thermenanlagen mit sinnfälligem Bildschmuck auszustatten.

Die enorme Nachfrage konnte nur zu einem ganz geringen Teil mit Hilfe von originalen Kunstwerken gestillt werden. Ganz überwiegend begnügte man sich mit mehr oder weniger getreuen Kopien. Es entstanden aber auch Bildhauerarbeiten, die bestimmte Stilrichtungen der älteren griechischen Kunst bewußt vereinfachten, verfremdeten oder in spielerischer Weise vermischten.

Für die archäologische Arbeit ergeben sich aus dem System des Kopienwesens mehrere Forschungsansätze. So kann die Anzahl der nach einem älteren Vorbild geschaffenen Kopien als Indikator der Wertschätzung dieses Kunstwerks bzw. des Ansehens der im Bildnis festgehaltenen Person gewertet werden. Aus den Unterschieden in der Gestaltung der Kopien lassen sich Erkenntnisse über den Geschmackswandel ableiten. Schließlich stellt sich die ebenso reizvolle wie anspruchsvolle Aufgabe, aus der Vielfalt der Kopien eine konkrete Vorstellung vom Aussehen des allen diesen Nachbildungen zugrundeliegenden – in aller Regel verlorenen – griechischen Originals herauszufiltern (S. 56).

Von einem dieser in der römischen Kaiserzeit kopierten Bildnisse existieren nicht weniger als 70 Nachbildungen. Sie wurden überwiegend in Italien gefunden, darüber hinaus aber auch in Griechenland, Kleinasien und in Alexandria. Der Dargestellte stand also ganz offensichtlich nicht nur bei Römern in hohem Ansehen. Seine Wertschätzung war auch in der griechischsprachigen Welt enorm. Wer war dieser Mann, dessen Bildnis auf folgende Weise charakterisiert ist (Abb. 15): Die Kopfform ist oval, wobei sich die Unterkieferknochen deutlich abzeichnen. Die schmalen Augen liegen tief unter den bogig gewölbten Brauen. Die kräftige Nase ist leicht gebogen. Als unverwechselbares Kennzeichen erweist sich vor allem aber die Frisur. Über der Stirn breitet sich zwischen spitzen Geheimratsecken eine S-förmige Haarwelle aus. An den Seiten ist das Haar vom Hinterhaupt nach vorn gekämmt und biegt vor den Ohren nach unten um.

Größere Unterschiede bestehen in der Gestaltung der Gesichtszüge. Viele Wiederholungen zeigen ein mageres, von tiefen Falten durchzogenes Gesicht. Der Ausdruck ist müde, fast leidend. Daneben existieren aber Kopien, die dem gleichen Mann mit glatter Haut und selbstbewußt erhobenem Haupt ein geradezu jugendliches Aussehen verleihen. Für diese Diskrepanz gibt es freilich eine Erklärung: Die Kopien, die dem Dargestellten eine jugendliche Ausstrahlung geben, sind ganz überwiegend in der augusteischen Zeit entstanden. Sie spiegeln unverkennbar den zu einer Idealisierung neigenden Zeitstil jener Epoche wider (S. 143). Das griechische Original wird demnach durch den ersteren Typus getreuer eingefangen.

Uneinheitlich ist die Überlieferung in einem weiteren Punkt. Sofern von den Kopien über den Kopf hinaus auch Brust und Oberkörper im Ansatz erhalten blieben, sind Unterschiede in der Gewandung festzustellen. Neben der völlig nackten Brust sind als Kleidung sowohl ein einfacher Mantel wie aber auch die Verbindung von Untergewand *(Chiton)* und Mantel bezeugt. Die vollständige Entblößung der Brust hängt mit der verbreiteten Konvention zusammen, die Kopie eines griechischen Bildnisses auf den Kopf zu beschränken und diese Kopfkopie mit einem pfeilerartigen Schaft *(Herme)* zu verbinden. Wer den Geist griechischer Dichtkunst und Philosophie mit entsprechenden Bildnissen heraufbeschwören wollte, begnügte sich mit dem Antlitz der vorbildlichen Denker. Die schlichten Hermenschäfte unterstützten die Fokussierung auf die Ausdruckskraft der Gesichter und erleichterten zudem natürlich die Einrichtung möglichst umfassender Bildnisgalerien, wie sie gern in den Privatbibliotheken der Villenbesitzer angelegt wurden.

Bei dem Versuch, Aussehen und Benennung des Porträts zu entschlüsseln, ist das Augenmerk also auf die ausführlicheren Kopien mit Gewandresten zu richten. Das gilt um so mehr, als zwei dieser Zeugnisse aus Griechenland selbst stammen – aus der Region mithin, in der das Original seinen Standort hatte. Von außerordentlicher Qualität ist eine Kopie, die bereits vor 1760 in Athen gefunden wurde und von dort später nach Venedig gelangt ist. Von der rechten Schulter entfaltet sich der Stoff des Chitons in schräg verlaufenden Zügen vor der Brust, während der schwere Mantelstoff vom Nacken her über die linke Schulter gelegt ist und von hier aus in breiten Bahnen vertikal nach unten fällt.

Die gleiche Drapierung zeigt eine – freilich sehr stark stilisierte – Wiederholung des Bildnisses auf einem Mosaikfeld, das innerhalb eines kaiserzeitlichen Hauses in Mytilene auf der Insel Lesbos aufgedeckt wurde. Neben dem Kopf steht die Beischrift MENANDROS. Dadurch ist der Dargestellte als der athenische Komödiendichter Menander (342/1–293/2 v. Chr.) gekennzeichnet. Doch ist diese Beischrift neben dem recht unspezifischen Kopf des Mosaiks wirklich auf die marmornen Kopien übertragbar? In der Forschung haben sich zu dieser Frage neben vielen Befürwortern immer wieder auch zweifelnde und ablehnende Stimmen zu Wort gemeldet. Auch zwei weitere Kopien, die inschriftlich als Menander bezeichnet sind, haben die Skeptiker nicht umstimmen können, da genügend Fälle bezeugt sind, daß man Bildnisbüsten in der Neuzeit willkürlich respektive gutgläubig mit unzutreffenden Inschriften versehen hat. Ist ein solcher Verdacht einmal ausgesprochen, sehen sich die Verfechter der Echtheit oftmals in der schwierigen Situation, daß sie einen stringenten Beweis für die antike Anbringung des Namenszugs nicht zu erbringen vermögen. So hat sich für unseren Kopftypus neben der Identifizierung als Bildnis des Menander als Alternative lange auch die Deutung als Vergil behaupten können. Vergil (70–19 v. Chr.) der Dichter der *Aeneis*, des „römischen Nationalepos", genoß eine außerordentliche Popularität, die zweifellos die ungewöhnlich große Anzahl von Kopien begründet haben könnte.

Bis vor kurzem schien die Benennung des Bildnistypus eine subjektive Ermessensfrage zu sein. Beide Parteien vermochten für ihre eigene Position positive Argumente ins Feld zu führen und konnten an der jeweiligen Gegenposition Schwachstellen aufzeigen. Bei all

Abb. 15 Statue des Menander. Rekonstruktion in Gips unter Verwendung der Büste in Venedig, Seminario Patriarcale und des Torso in Neapel, Museo Nazionale. Göttingen, Archäologisches Institut.

dem war jedoch das Potential archäologischer Kriterien noch nicht erschöpft, denn der Versuch, den zum Kopftypus zugehörigen Körper aufzufinden, war nach der Unterbreitung einer ersten These noch nicht konsequent weiterverfolgt worden. So war erkannt worden, daß mehrere Statuen existieren, deren Gewandfalten gut mit jenen Faltenzügen korrespondieren, die am Ansatz einiger der Kopfkopien erhalten sind.

Erst als in der Abgußsammlung des Archäologischen Instituts der Universität Göttingen die Zusammenfügung mit Hilfe von Gipsabgüssen im Experiment verifiziert wurde (Abb. 15), war die Schlüssigkeit der Zusammengehörigkeit erwiesen. Damit war zugleich eine verbesserte Ausgangsbasis für die Identifizierung des Dargestellten gewonnen. Denn nun stand das Bild eines Mannes in griechischer Gewandung mit Chiton und Mantel vor Augen. Auch die bei einigen der Körperkopien erhaltenen Sandalen geben sich als griechisches Schuhwerk zu erkennen. Spricht schon das eine deutliche Sprache zugunsten Menanders, findet nun auch der Sachverhalt eine sinnfällige Erklärung, daß vergleichsweise viele Kopien aus Regionen der antiken Welt stammen, in denen griechisch gesprochen wurde.

Der Komödiendichter Menander, der seine Heimatstadt Athen nie verlassen hat, schrieb über einhundert Stücke, von denen einige wenige fast vollständig, andere zumindest in größeren Passagen erhalten sind. Auch wenn Menander zu seinen Lebzeiten kein überschwenglicher Erfolg beschieden war – nur für acht seiner Stücke ist er in Athen mit einem Siegespreis bedacht worden – geriet er nicht in Vergessenheit. Im Gegenteil, nach seinem Tod wuchs die Beliebtheit seiner Stücke beträchtlich. Sie wurden in Griechenland wiederaufgeführt und kamen in lateinischen Nachdichtungen auch außerhalb Griechenlands auf die Bühne. In der außergewöhnlich großen Anzahl der Kopien und in der weiten geographischen Verbreitung ihrer Fundorte spiegelt sich die Popularität dieses fraglos beliebtesten Dichters der Antike.

Aus der bildlichen und inschriftlichen Überlieferung läßt sich die Existenz mehrerer Statuen des Menander erschließen. Doch unter all diesen Ehrungen des Dichters hat keine ein so starkes Echo erfahren wie das Bildnis, dessen Rekonstruktion nunmehr gelungen ist. Was zeichnete diese Statue vor den anderen aus? Wann wurde sie geschaffen? Geschah dies noch zu Lebzeiten des Dichters, oder erfolgte die Ehrung erst postum, als die Popularität Menanders ihren Höhepunkt erreichte? Die Göttinger Rekonstruktion schuf auch für diese lange umstrittenen Fragen eine neue Grundlage.

Nachdem nun erwiesen ist, daß der Dichter sitzend dargestellt ist, rückt ein Basisblock wieder stärker in das Blickfeld, dessen Beschriftung zwei Informationen vermittelt: Zum einen wird durch den Namenszug ‚Menandros' vermeldet, daß die Basis eine Statue des Dichters trug, zum andern erfahren wir, daß die verschwisterten Bildhauer *Kephisodot der Jüngere* und *Timarchos* die Schöpfer dieser Statue gewesen sind. Von diesem Brüderpaar wissen wir, daß sie die Söhne des Bildhauers Praxiteles waren. In der kunsthistorischen Abhandlung seiner ‚Naturkunde' *(naturalis historia)* gibt *Plinius* in einem etwas eigenwillig starren Meßsystem als Höhepunkt ihrer Schaffens die 121. Olympiade, das heißt die Jahre zwischen 296–293 v. Chr. an. Daß die durch die Göttinger Rekonstruktion wiedergewonnene Statue tatsächlich mit dieser Basis zu verbinden ist, wurde gleichfalls durch ein Experiment verifiziert. Der erhaltene Basisblock wurde nach dem Vorbild einer vollständig erhaltenen Basis aus der Zeit um 300 v. Chr. ergänzt. Es zeigte sich, daß die Dimensionen von Statue und Basis bestens aufeinander abgestimmt sind. Nichts spricht dagegen, daß das so häufig kopierte Bildnis des Dichters Menander ein Werk der beiden berühmten Praxitelessöhne gewesen ist. Doch ebenso prominent wie die Schöpfer der Statue war auch der Aufstellungsort. Gefunden wurde die Basis nämlich im Areal des Athener Dionysostheaters.

Es war in Athen durchaus nicht selbstverständlich, daß die bedeutenden Geistesgrößen so früh wie irgend möglich mit Statuen geehrt wurden. Die drei großen Tragiker des 5. Jhs. v. Chr. z. B., *Aischylos*, *Sophokles* und *Euripides* haben erst lange nach ihrem Tod eine Bildnisehrung erfahren. Im Falle der Menanderstatue reichen die Kriterien der stilistischen Datierungsmethode nicht aus, um sicher beurteilen zu können, ob die Praxitelessöhne das Bildnis vor oder nach 293/2 v. Chr. geschaffen haben. Der abgeklärte Ausdruck und die von der still und handlungslos sitzenden Gestalt ausgehende Stimmung erinnern an vergleichbare Figuren auf den athenischen Grabreliefs des 4. Jhs. v. Chr. Dies könnte dafür sprechen, daß die Ehrung des Menander unter dem Eindruck seines Todes erfolgte, die Statue mithin um 290 v. Chr. geschaffen und am Ort seiner Erfolge, beim Dionysostheater, aufgestellt worden ist.

Literatur: Die Rekonstruktion, Aufstellung und kunsthistorische Einordnung der Statue ist referiert nach K. Fittschen, Zur Rekonstruktion griechischer Dichterstatuen. 1. Teil: Die Statue des Menander, in: AM 106, 1991, S. 243–279. *Zum griechischen Porträt:* K. Fittschen (Hrsg.), Griechische Porträts, Darmstadt 1988. – P. Zanker, Individuum und Typus. Zur Bedeutung des realistischen Individualporträts der späten Republik, in: AA 1995, S. 473–481; ders., Die Maske des Sokrates. Das Bild des Intellektuellen in der antiken Kunst, München 1995. – *Zur Ausstattung römischer Privathäuser und öffentlicher Anlagen mit Werken der griechischen Kunst:* R. Neudecker, Die Skulpturenausstattung römischer Villen in Italien, Mainz 1988. – M. Fuchs, Untersuchungen zur Ausstattung römischer Theater in Italien und den Westprovinzen des Imperium Romanum, Mainz 1987. – H. Manderscheid, Die Skulpturenausstattung der kaiserzeitlichen Thermenanlagen, Berlin 1981. – D. Pandermalis, Zum Programm der Statuenausstattung in der Villa dei Papiri, in: AM 86, 1971, S. 173–209. – Th. Lorenz, Galerien von griechischen Philosophen- und Dichterbildnissen bei den Römern, Mainz 1965. – *Zum Erwerb der statuarischen Ausstattung:* M. Pape, Griechische Kunstwerke aus Kriegsbeute und ihre öffentliche Aufstellung in Rom, Hamburg 1975. – G. Hellenkemper Salies (Hrsg.), Das Wrack. Der antike Schiffsfund von Mahdia. Ausstellung Bonn 1994, Köln 1994, darin die Beiträge von: F. Gelsdorf, Antike Wrackfunde mit Kunsttransporten im Mittelmeer (S. 759–766); H.-U. Cain/O. Dräger, Die sogenannten neuattischen Werkstätten (S. 809–829); H. Galsterer, Kunstraub und Kunsthandel im republikanischen Rom (S. 857–874); U. S. Kuntz, Griechische Reliefs aus Rom und Umgebung (S. 889–899). – *Zur Künsterfamilie des Praxiteles:* H. Lauter, Zur wirtschaftlichen Position der Praxitelesfamilie im spätklassischen Athen, in: AA 1980, S. 525–531. – *Zur Tracht:* M. Bieber, Griechische Kleidung, Berlin 1928. – H. R. Goette, Mulleus-Embas-Calceus. Ikonographische Studien zu römischem Schuhwerk, in: JdI 103, 1988, S. 401–464; ders., Studien zur römischen Togadarstellung, Mainz 1990. – *Zur Bedeutung der Abgußsammlungen für die archäologische Forschung:* N. Himmelmann, Ein Plädoyer für Gipsabgüsse, in: N. Himmelmann (Hrsg.), Herrscher und Athlet. Die Bronzen vom Quirinal, Mailand 1989, S. 185–198.

12. Ein gläsernes Prunkgefäß

Prunksucht als Stimulans für eine handwerkliche Meisterleistung –
Der Restaurator als Partner des Archäologen

Die Fertigkeit, aus den Grundmaterialien Quarzsand (ca. 60–70%), Soda oder Pottasche (ca. 15–25%) und Kalk (ca. 10–20%) bei Temperaturen von etwa 1 000° C eine Schmelze herzustellen, ist für den mittelmeerischen und vorderasiatischen Kulturraum bereits für das 4. Jtd. v. Chr. nachgewiesen. Zunächst für Schmuck (Perlen) und Glaspasten verwendet, formte man seit der Mitte des 2. Jtds. auch Gefäße aus Glas. Aus Sand und einem Bindemittel wurden Form und Volumen des angestrebten Hohlkörpers um einen Eisenstab herum gebildet. Dieser Kern wurde sodann in verschiedenartigen Verfahren von der Glasmasse umhüllt. Die frühesten Produktionsstätten lagen in Mesopotamien und Ägypten, breiteten sich dann zunächst im östlichen Mittelmeergebiet aus und griffen in der Folgezeit auch nach Etrurien (seit dem 7. Jh. v. Chr.) und auf das Schwarzmeergebiet (6.–4. Jh. v. Chr.) über. Auch die Herstellungstechniken erweiterten sich: Gefäße mit weiter Öffnung, z. B. Schalen, konnten auch in einer Form geschmolzen werden. Mit der Einführung der Glasmacherpfeife im 1. Jh. v. Chr. erfuhr die Herstellung von Glasgefäßen einen neuerlichen Aufschwung, sowohl was die Quantität der Produktion betraf, als auch bezüglich des Formenreichtums.

In der Berliner Antikensammlung wird ein Glasgefäß aufbewahrt (Abb. 16), das in die gerade skizzierte Entwicklung nicht ohne weiteres einzuordnen ist. Der eiförmige Gefäßkörper verjüngt sich in einen langgestreckten Hals, der sich trichterförmig weitet und von einem konischen Deckel verschlossen wird. Zwei leicht geschwungene zierliche Vertikalhenkel vermitteln zwischen Schulter und Hals. Das Gefäß ruht auf einem glockenförmigen Fuß. Die glatte Oberfläche des Gefäßkörpers trägt am Fuß, auf der Schulter, am Hals, an der Mündung und am Deckel Verzierungen in Gestalt feiner Einziehungen und Wülste. Stärker fallen jedoch die aus vergoldeter Bronze hinzugefügten Zierelemente ins Auge. So ist der metallene Deckelknauf als Knospe gestaltet, die Ansatzpunkte der beiden Henkel sind durch Hülsen verstärkt, die als Masken bzw. Blattmanschetten ausgebildet sind. Am Übergang des bauchigen Gefäßkörpers zur Schulter läuft ein etwa 3 cm breites Metallband um, dessen Mittelzone mit einer Efeuranke verziert ist. In der untersten Zone der Bauchwandung ist an der Vorder- und Rückseite des Gefäßes jeweils ein figürliches Gebilde angebracht: Ein nackter Satyr kauert neben einem Weinschlauch aus Tierbalg. Die Mündungen beider Weinschläuche kommunizieren jeweils mit einer Öffnung im Gefäßkörper, dienten also dem Ausschank der im Innern abgefüllten Flüssigkeit. Die Satyrn lassen keinen Zweifel daran, daß es sich bei dieser Flüssigkeit um Wein handelte.

Die Entstehungszeit des gläsernen Behältnisses läßt sich durch die Ornamentik, vor allem aber über die Gefäßtypologie ermitteln. Die Grundform – Ständerfuß, ovoider Körper, stark verjüngter Hals mit zwei Vertikalhenkeln – entspricht einer Vasengattung, die in Athen speziell für die ‚Panathenäischen Wettkämpfe' hergestellt wurde. In den amtlich geeichten Tongefäßen erhielten die Gewinner den eigentlichen Siegespreis überreicht, das kostbare Olivenöl aus den städtischen Plantagen. Die sogenannten ‚Panathenäischen Preisamphoren' sind vom 6. Jh. v. Chr. bis in die römische Kaiserzeit hinein hergestellt worden. Ihre Formentwicklung läßt sich gut nachvollziehen. Das Berliner Glasgefäß, das unverkennbar den Typus einer solchen Preisamphora aufgreift, findet in der Formgebung seine besten Parallelen bei Stücken, die in der zweiten Hälfte des 2. Jhs. oder im frühen 1. Jh. v. Chr. entstanden sind.

Eine Entstehung der Glasamphora an der Wende vom 2. zum 1. Jh. v. Chr. rückt das Gefäß zeitlich an die Erfindung der Glasmacherpfeife, mit deren Hilfe derart aufwendige Gefäße vergleichsweise leicht hergestellt werden konnten. Auch die Verwendung von Formschüsseln (Matrizen) war in jener Phase eine auf langer Praxis beruhende Technik. So hat die gläserne Amphora mit ihrer bemerkenswerten Höhe von 60 cm jahrzehntelang keine sonderliche Beachtung gefunden. Erst eine Untersuchung, die nicht bei der vordergründigen kunsthistorischen Betrachtung Halt machte, sondern auch die Frage der Herstellungstechnik in den Blick nahm, ließ die Sonderstellung dieser Glasamphora sichtbar werden und warf zugleich ein erhellendes Licht auf gesellschaftliche und wirtschaftliche Aspekte zur Entstehungszeit des Gefäßes.

Das Zusammenwirken von Restauratoren und Archäologie führte zu Erkenntnissen über den Herstellungsprozeß, der zwar nicht für alle Fragen auch eine Antwort erbrachte, aber deutlich machte, daß die Glasamphora aus einem äußerst komplizierten Fertigungsprozeß hervorgegangen ist. Natürlich sind der Fuß, die Henkel und der Deckel gesondert gearbeitet worden. Auch der Gefäßkörper besteht aus zwei Teilelementen, deren Naht von dem umlaufenden Bronzeband kaschiert, aber zugleich auch stabilisiert wird. Henkel und Fuß wurden in einer vertrauten Weise, durch leichtes Erhitzen der Nahtstellen, miteinander ‚verklebt'. Rätsel gab jedoch der obere Abschluß des Gefäßes auf. Er ist aus drei Teilelementen zusammengefügt: Gesondert gefertigt ist die tellerartige Mündung. Auch der Wulst im oberen Drittel des Halses bezeichnet eine Nahtstelle. Asymmetrien und leichte, bei Zusammendrücken der Teilelemente entstandene Verformungen sind untrügliche Zeichen für eine solche Vorgehensweise. Damit unvereinbar ist freilich der Befund im Innern des Halses. Hier sind nicht die geringsten Spuren von Unregelmäßigkeiten zu beobachten, wie sie bei der Verbindung mehrerer Teile zwangsläufig entstehen müssen. Die von der Mündung nach innen führende Röhre hat eine durchgehend glatte Wandung und unabhängig von der geschwungenen äußeren Konturlinie einen konstanten Durchmesser von 3,9 cm Mündungsrand. Das obere Halsstück und der untere Halsabschnitt mit der Schulterpartie sind offenkundig zunächst als massive Elemente zusammengefügt worden und in diesem Zustand dann als zusammenhängender Block vertikal durchbohrt worden. Entsprechende Schleifspuren an der Innenwandung liefern die Bestätigung für diese ganz außergewöhnliche, weil ungemein risikovolle Lösung.

Nachdem dieses aufwendige Verfahren erkannt worden war, stellte sich um so mehr die Frage nach dem Anlaß für die Verfertigung eines zumal in diesen Dimensionen dermaßen schwierig zu formenden Glasgefäßes. Offenkundig war dem Auftraggeber des Glasgefäßes dar-

Abb. 16 Glasamphora aus Olbia. H. 60 cm; um die Wende vom 2. zum 1. Jh. v. Chr. Staatliche Museen zu Berlin Preußischer Kulturbesitz, Antikensammlung, Inv. 30219,254.

an gelegen, ein Behältnis in Form einer *Panathenäischen Preisamphora* zu besitzen. Die formale Angleichung an die für die athenischen Wettkampfpreise produzierten Tongefäße bedeutet nicht, daß die gläserne Amphora gleichfalls als Preis für einen siegreichen Athleten bestimmt war. Die beiden Ausgüsse am unteren Gefäßkörper bezeugen ihre Verwendung als Weinbehältnis, das beim festlichen Gelage zum Einsatz kam. Der Reiz lag darin, daß sich der Besitzer und seine Gäste ihre Gläser mit Wein aus einem ‚Siegerpokal' füllten – ein sprechendes Zeichen für Erfolg und Lebensglück.

Literatur: Die Darstellung ist referiert nach G.Platz-Horster, Die Berliner Glasamphora aus Olbia, in: JGS 37, 1995, S.35–49.
Zur Geschichte und Entwicklung der Techniken der Glasherstellung: G. Platz-Horster, Antikenmuseum Berlin. Antike Gläser, Berlin 1976. – E. M. Stern/B. Schlick-Nolte, Frühes Glas der Alten Welt 1600 v. Chr.– 50 n. Chr., Sammlung Ernesto Wolf, Stuttgart 1994. – *Zur Gattung der ‚Panathenäischen Preisamphoren':* M. Bentz, Panathenäische Preisamphoren. Eine athenische Vasengattung und ihre Funktion vom 6.–4.Jahrhundert v.Chr. 18.Beih. AntK, Basel 1998. – Th.-M. Schmidt, Die Vasenkunst des Hellenismus. Untersuchungen zur landschaftsbedingten Typologie, entwicklungsgeschichtlichen Morphologie und kulturgeschichtlichen Bedeutung, Dissertation an der Humboldt-Universität Berlin 1985. – G. R. Edwards, Panathenaics of Hellenistic and Roman Times, in: Hesperia 26, 1957, S. 320–349.

13. Der ‚Thermenherrscher'

Griechischer Herrscher im Wartestand oder das Streben eines römischen Aristokraten nach angemessener Reputation?

Bei Bauarbeiten auf dem Quirinalshügel in Rom stieß man 1885 auf eine nahezu unbeschädigte Bronzestatue (Abb. 17). Sie zeigt einen nackten Mann, der in seiner hoch erhobenen linken Hand einen Stab, wohl eine Lanze, hielt, auf die er sich stützte. Der rechte Arm ist in leichter Beugung hinter den Körper geführt, die Hand ruht mit ihrer Außenfläche auf dem rechten Glutäus auf. Das Gewicht des massigen Körpers ruht auf dem rechten Standbein, während der linke Fuß entlastet zurückgenommen ist und den Boden nur mit den Zehenspitzen berührt. Der Kopf ist nach rechts gewandt. Der Blick ist angespannt und geht in die Ferne.

Der Name ‚Thermenherrscher' ist eine archäologische Hilfsbezeichnung, die sich aus der Unsicherheit ergibt, die Darstellung auf eine bestimmte Person zu beziehen. Ja, es besteht nicht einmal Einvernehmen darüber, ob der im Bilde festgehaltene Mann der griechischen oder der römischen Sphäre zuzuordnen ist. Der in der Bezeichnung anklingende Bezug zur Therme rührt schlicht und einfach daher, daß die Statue ihren Aufbewahrungsort im sogenannten Thermenmuseum gefunden hat, das heißt, im Römischen Nationalmuseum, das 1889 in den vormaligen Diokletiansthermen eingerichtet worden ist.

Problematischer verhält es sich mit dem zweiten Namensbestandteil ,Herrscher', weil er bereits eine Interpretation einschließt. Daß es sich bei dem Dargestellten um eine herausragende Persönlichkeit handeln muß, ergibt sich aus zwei signifikanten ikonographischen Formeln: Mit einer Körperhöhe von 2,04 m (gemessen von den Füßen bis zum Scheitel) ist die Figur deutlich überlebensgroß (S. 61). Diese Verehrungsformel wird unterstrichen durch die völlige Nacktheit, die gleichfalls aus der normalen menschlichen Sphäre hinausführt (S. 60). Dafür, daß man nicht an einen Gott oder eine andere Gestalt aus dem mythischen (heroischen) Bereich zu denken hat, sondern an einen bedeutsamen Sterblichen, eben einen Herrscher, gibt es triftige Gründe. So ist das Gesicht nicht, wie bei Gestalten des Mythos, durch idealisierendes Ebenmaß neutralisiert. Die stark fliehende Stirn mit der wulstigen Vorwölbung über der markanten Einziehung der Nasenwurzel, die leicht gekrümmte, kurze und spitz zulaufende Nase mit ihren kleinen hochgezogenen Nasenflügeln, die wulstigen Lippen und das runde Kinn schaffen ein unverwechselbares Profil. Auch die Vorderansicht enthält spezifische physiognomische Merkmale, wie etwa den schmalen Mund in dem massigen Untergesicht. Eine solche Gesichtsgestaltung mit ihren vielen deutlich herausgearbeiteten Abweichungen von einer beschönigenden Idealform, wird – seit der klassischen Epoche – eingesetzt, wenn man eine konkrete Person im Bilde festhalten wollte. Damit gehört die Statue nicht zur Gattung der Idealplastik, sondern porträtiert einen Sterblichen. Als weiteres Indiz für den Porträtcharakter ist der Haarwuchs zu nennen, der die Wangen und das Untergesicht nach Art eines ,Dreitagebarts' bedeckt.

Die Assoziation mit einem Herrscher geht von dem statuarischen Typus aus: Das Motiv des auf eine Lanze gestützten Herrschers hat in der griechischen Bildkunst eine bis in die frühe Klassik zurückreichende Tradition. So wurde der mythische König Oinomaos im Ostgiebel des Zeustempels von Olympia dargestellt. In der gleichen Weise ließ sich aber auch Alexander der Große von dem am makedonischen Königshof besonders hochgeschätzten Bildhauer Lysipp porträtieren. Diese in der Antike berühmte Statue des ,Alexander mit der Lanze', von der wir nur Reflexe in der Kleinkunst kennen, ist geradezu zum Synonym für überzeugendes herrscherliches Auftreten geworden. Der in diesem Motiv eingefangene hohe Anspruch wurde in der Antike um so mehr verstanden, als z. B. auch die als Schutzgötter verehrten Söhne des Zeus, die Dioskuren, so dargestellt wurden.

Welchem ‚Herrscher' zu Ehren ist die Bronzestatue errichtet worden? Vor der Suche nach einer Person hat die Klärung der Frage zu stehen, wann das Bildwerk geschaffen wurde. Die Antwort kann wegen des Fehlens anderer Anhaltspunkte, etwa einer Inschrift, nur auf stilistischem Wege erfolgen. Die am stärksten ins Auge fallenden Merkmale sind die schwellenden Formen in der Gestaltung des Körpers. Dabei sind die jeweils wie aufgebläht wirkenden einzelnen Muskelkompartimente sehr deutlich gegeneinander abgesetzt. Das gleiche Phänomen wiederholt sich bei den wulstartig herausgearbeiteten Partien des Thorax unterhalb der Brustmuskulatur. Damit sind charakteristische Gestaltungselemente der hochhellenistischen Bildkunst angesprochen, wie sie am prägnantesten an den Reliefs des Pergamonaltars nachzuweisen sind. Dieser Vergleich führt im weitesten Sinne in die erste Hälfte des 2. Jhs. v. Chr.

Nahezu alle in dieser Zeitspanne regierenden Herrscher des östlichen Mittelmeerraumes wurden mit der Bronzestatue in Verbindung gebracht. So neben anderen die makedonischen Könige Philipp V. (220–179 v. Chr.) und Perseus (179–168 v. Chr.), die syrischen Könige Demetrios I. Soter (162–150 v. Chr.) und Alexander I. Balas (150–146 v. Chr.). In jüngster Zeit sind zwei weitere Identifizierungen vorgenommen worden, die gleichermaßen Mitglieder des pergamenischen Königshauses in die Diskussion einführten: Eumenes II. Soter (197–160/159 v. Chr.) und Attalos II. Philadelphos (159–138 v. Chr.). In beiden Fällen wurde die Verbindung zum pergamenischen Königsgeschlecht durch überzeugende ikonographische Analysen untermauert. In der Tat finden sich die oben als charakteristische Elemente der Gesichtgestaltung beschriebenen Züge in nächstverwandter Form auf pergamenischen Münzen mit den Bildnissen der Könige wieder.

Ist damit einhundert Jahre nach der Auffindung der Statue endlich der Zeitpunkt gekommen, die Verlegenheitsbezeichnung ‚Thermenherrscher' zugunsten einer Namensnennung aufzugeben? So sehr die Gesichtszüge den pergamenischen Königen gleichen, es gibt ein Detail, das sich der Identifizierung mit einem pergamenischen Herrscher hemmend in den Weg stellt: Es ist das Fehlen eines Diadems, das Alexander der Große (356–323 v. Chr.) nach dem Vorbild des Perserkönigs Dareios III. (ermordet 330 v. Chr.) in Griechenland als Zeichen der Königswürde eingeführt hatte. Das seither für jeden

Abb. 17 Überlebensgroße Bronzestatue. H. bis zur Spitze der erhobenen linken Hand: 2,37 m; 180–150 v. Chr. Rom, Museo Nazionale Romano, Inv. 1049.

König obligatorische Diadem hat die Form eines breiten in das Haar eingelegten, am Hinterkopf verknoteten Bandes, dessen beide Enden bis weit auf den Rücken herabhängen. Der ‚Thermenherrscher' trägt kein Diadem. Ein hellenistischer Herrscher, zumindest ein regierender König, kann in der Bronzestatue mithin nicht ins Bild gesetzt sein.

Die Anhänger einer Identifizierung mit einem griechischen Potentaten haben das natürlich bedacht. Sei nun Eumenes II. dargestellt oder Attalos II. – in beiden Fällen wären sie vor Übernahme der Königswürde porträtiert. Eumenes II. wäre als Prinz dargestellt, dessen Befähigung zum Herrscher gezeigt werden sollte. Für jedermann sichtbar wurde in der Statue die Zukunftsfähigkeit der Dynastie vor Augen geführt.

Auch bei einer Identifizierung der Statue als Attalos II. gibt es eine sinnfällige Erklärung für das Fehlen des Diadems: Als jüngerer Bruder des Eumenes II. stand er beim Tod ihres gemeinsamen Vaters Attalos I. hinter den vorrangigen Thronansprüchen des Eumenes II. zurück. Er unterstützte seinen regierenden Bruder tatkräftig, eine Einstellung, die auch im Beinamen *Philadelphos*, der ‚Bruderliebende', zum Ausdruck kam. Über seinen loyalen Bruder soll Eumenes geäußert haben, daß er auch ohne das Anrecht auf das Signet des Diadems über königliche Machtvollkommenheit verfügt habe.

Daß sich dieser nach vielen Seiten sorgfältig abgesicherte Identifizierungsvorschlag nicht sogleich hat durchsetzen können, liegt an einer nicht minder überzeugenden Deutungsmöglichkeit, bei der das Fehlen des Diadems keinerlei Erklärung bedarf. Manch ein Vertreter der römischen Führungsschicht empfand die Art der Repräsentation, wie sie seit der beeindruckenden Regentschaft Alexanders des Großen im Osten gepflegt wurde, als beispielhaft. So ließen sich Feldherrn und Staatsmänner seit dem 2. Jh. v. Chr., vor allem wenn ihr Wirken sie unmittelbar mit dem Osten in Berührung gebracht hatte, mit Statuen nach griechischem Vorbild ehren. Archäologisch gut bezeugt ist solches Vorgehen z. B. durch das Porträt des Pompeius aus der Mitte des 1. Jhs. v. Chr. Da zwischen Rom und Pergamon im 2. Jh. v. Chr. ein besonders gutes Einvernehmen bestand (S. 30), muß es nicht verwundern, wenn sich ein Mitglied der politisch oder militärisch tonangebenden römischen Führungsschicht in seiner Ehrenstatue dem Vorbild der pergamenischen Könige angenähert hätte. Lange Zeit wurde von den Befürwortern der Zuschreibung der Statue an einen Römer der Fehler gemacht, den Dargestellten mit dem Namen einer *bestimmten* Person aus dem Kreis der römischen Feldherrn zu versehen. Dafür gibt es viele potentielle Kandidaten, jedoch keine ikonographischen Anhaltspunkte für eine eindeutige Zuschreibung.

Besteht eine Möglichkeit, mit Hilfe archäologischer Kriterien zwischen den beiden konträren Deutungen eine Entscheidung herbeizuführen? Auf der Grundlage der derzeit verfügbaren Bildquellen und Schriftzeugnisse sicher nicht. Dennoch ist die Diskussion nicht fruchtlos. Sie trägt dazu bei, tiefer in das durchaus nicht selbstverständliche Einvernehmen der pergamenischen königlichen Brüder einzudringen. Sie verhilft vor allem aber auch zum besseren Verständnis der ambivalenten Einstellung Roms zum einerseits bewunderten, andererseits als Gefährdung der eigenen Identität empfundenen hellenistischen Osten.

Literatur: Ältere Zusammenfassungen der Deutungen finden sich in den beiden ausführlichen Katalogen zum Bestand des Museo Nazionale Romano (‚Thermenmuseum'): Helbig[4] III Nr. 2273 (Text: H. von Heintze). – A. Giuliano (Hrsg.), Museo Nazionale Romano. Le Sculture I,1, Rom 1979, S. 198–201 Nr. 124 (Text: L. de Lachenal). – *Zur ikonographischen Nähe zu Porträts der Könige von Pergamon:* F. Hiller, Bemerkungen zum pergamenischen Herrscherbild, in: Beiträge zur Ikonographie und Hermeneutik. Festschrift für Nikolaus Himmelmann, Mainz 1989, S. 245–251: Eumenes II. als Prinz. – N. Himmelmann, Herrscher und Athlet. Die Bronzen vom Quirinal, Mailand 1989, S. 126–149: Attalos II. vor Übernahme der Königswürde. – *Zur Zuschreibung an die Repräsentation eines Römers:* P. Zanker, Augustus und die Macht der Bilder, München [3]1997, S. 15–21. – T. Hölscher, Römische Nobiles und hellenistische Herrscher, in: Akten des XII. Internationalen Kongresses für Klassische Archäologie Berlin 1988, Mainz 1990, S. 73–84 mit weiteren Beispielen; ders., Hellenistische Kunst und römische Aristokratie, in: G. Hellenkemper-Salies (Hrsg.), Das Wrack. Der antike Schiffsfund von Mahdia, Köln 1994, S. 875–888. – *Zur Königsbinde:* A. Krug, Binden in der griechischen Kunst. Untersuchungen zur Typologie (6.–1. Jh. v. Chr.), Hösel 1968. – *Zum griechisch-römischen Verhältnis im 2. und 1. Jh. v. Chr.:* R. K. Sherk, Rome and the Greek East to the death of Augustus. Translated documents of Greece & Rome 4, Cambridge 1984. – Ferner: oben S. 58 f.

14. Die Statue einer Victoria in Brescia

Propaganda auf hohem kunsthistorischen Niveau – ‚Nachhilfe' bei sinkender Bildung

Unweit des von Kaiser Vespasian (69–79 n. Chr.) gestalteten Kapitols von *Brixia* (Brescia) fanden sich 1826 dicht beieinander eine Vielzahl antiker Bronzewerke. Neben weniger bedeutsamen Fragmenten, Zierobjekten und sechs Porträtköpfen bildete eine nahezu vollständig erhaltene, 1,95 m hohe Bronzestatue (Abb. 18) den Hauptfund. Bei der Bergung ließ sich beobachten, daß all diese toreutischen Arbeiten, die aus der weiten Zeitspanne zwischen dem 1. und 3. Jh. n. Chr. stammen, noch während der Antike in dem Erddepot sorgsam vergraben worden waren. Derartige Vorkehrungen traf man in Augenblicken der Gefahr, wenn man einem Gegner den Zugriff auf Bronzearbeiten verwehren wollte. Dabei ging es in der Regel weniger um Rettung der Kunst als um Sicherung des Metallwerts. Der Fundplatz im Areal des antiken Forums der Stadt läßt auf eine ursprüngliche Aufstellung an diesem Zentrum denken.

Die Bronzestatue gehört zu den besterhaltenen römischen Bronzearbeiten. Abgesehen von geringfügigen Beschädigungen, die im Zuge der Deponierung entstanden, ist die Figur intakt. Verlorengegangen sind jedoch zwei Elemente: Zum einen der Gegenstand, auf den der leicht angehobene linke Fuß gesetzt war, zum anderen das Objekt, das einstmals von den beiden vorgestreckten Händen gehalten wurde. Schließlich sind auch die ursprünglich mit Steinen, Silber und Glasfluß eingesetzten Augen verlorengegangen. Dargestellt ist eine weibliche Gestalt. Direkt am Körper trägt sie einen gürtellosen *Chiton*. Die Schulterknüpfung ist auf der rechten Seite weit auf den Oberarm hinabgeglitten, so daß die rechte Brust entblößt ist. Der erotische Zug wird noch dadurch verstärkt, daß der kreppartig gekräuselte dünne Stoff im übrigen so an der Haut anliegt, als ob er feucht sei, und dadurch die Körperformen unterstreicht. Über den bis zu den Füßen hinabreichenden Chiton ist um den Unterkörper ein Manteltuch aus dickerem Stoff geschlungen.

Der Kopf ist so gewendet, daß er auf den Gegenstand blickte, den die Figur einst vor ihrem Oberkörper hielt. Das locker gewellte Haar ist in der Mitte gescheitelt. Von der Stirn aus ist das Haar über den Schläfen und Ohren in einem breiter werdenden Wulst an den Hinterkopf geführt, wo es zu einem kleinen Knoten hochgesteckt ist. In das Haar ist ein bandförmiges Diadem gelegt, das aber nur über der Stirn freiliegt. Durch Einlegearbeit in Silber ist das Diadem ornamental mit einer zentralen Rosette und seitlich aufgereihten Blattmotiven verziert.

Am Rücken sind zwei mächtige Flügel angebracht. Angesichts der hohen Qualität der Bronzearbeit sticht die rohe Art der Befestigung ins Auge. Dies und der Umstand, daß sich der Flügelansatz über das makellos ausgearbeitete Gewand erstreckt, weisen mit aller Deutlichkeit auf eine nachträgliche Anbringung der beiden Flügel hin. Dies wird durch die nachgewiesenen Unterschiede in der Legierung am Körper und an den Flügeln eindeutig bestätigt. Die Flügel sind also eine spätere Hinzufügung.

Die Interpretation der Figur setzt mit der Frage ein, welches Attribut sie einst in den Händen hielt. Zunächst hat man sich an den Metallobjekten orientiert, die gemeinsam mit der Figur in dem besagten Erddepot geborgen worden sind. Darunter waren bronzene Schmuckelemente *(Pectorale)* von Pferdezaumzeug sowie Appliken, die sich als Verzierung von Wagenkästen deuten ließen. Man hat in der Figur deshalb eine mythische Wagenlenkerin sehen und ihr dementsprechend Zügel in die vorgestreckten Hände legen wollen. Das Motiv geflügelter Wagenlenkerinnen ist durchaus gut bezeugt, doch diese Rekonstruktion ließ außer acht, daß die Deponierung der Bronzeobjekte ja aus einer Ansammlung von Objekten aus ganz unterschiedlichen Zeiten bestand. Von der Zugehörigkeit aller Elemente zu einem einzigen Kunstwerk kann deshalb nicht ausgegangen werden. Doch auch ein konkreter formaler Grund spricht gegen die Ergänzung als Wagenlenkerin: Das vor dem Oberkörper gehaltene Attribut hat auch auf dem Oberschenkel des leicht angehobenen linken Beines Spuren hinterlassen. Für das zu ergänzende Attribut ergibt sich daraus eine Ausdehnung, die von dem linken Oberschenkel bis zu der weit vorgestreckten linken Hand reicht. Die Stellung der Finger und die Krümmung der Innenhandfläche weisen zudem auf ein gerundetes Objekt. Die rechte Hand war am Tragen des Attributs nicht beteiligt. Die Finger hielten vielmehr einen zusätzlichen Gegenstand. Ein mit dieser Gestik vergleichbares Motiv ist aus der Münzprägung bekannt: Dargestellt ist die Siegesgöttin *Victoria*, die auf einem Schild, der an einem *Tropaion* angebracht ist, einen Sieg inschriftlich dokumentiert (Abb. 19). Mit einer solchen Deutung der Figur gehen natürlich auch die für eine Siegesgöttin charakteristischen Flügel konform. Die Interpretation der Statue bereitet mithin nicht die geringsten Schwierigkeiten.

Dennoch ist gerade auch dieses Bildwerk ein Musterbeispiel dafür, wie tief die archäologische Forschung in zeitgeschichtliche Entwicklungen einzudringen vermag, wenn über die vordergründige Betrachtung hinaus alle einer solchen Schöpfung anhaftenden Indizien wahrgenommen und in die Auswertung einbezogen werden. Im vorliegenden Fall gerät die auf den ersten Blick so schlüssige Interpretation ins Wanken, wenn man sich vergegenwärtigt, daß die Flügel als charakterisierendes Attribut der Victoria ursprünglich ja fehlten. Warum hat der Bildhauer seiner siegverkündenden Victoria in der Erstfassung die Flügel vorenthalten? Haben wir in der ursprünglichen Fassung wirklich eine Victoria vor uns?

Eine wesentliche Voraussetzung für ikonographische Studien ist ein ausgeprägtes optisches Gedächtnis, um mit diesem gespeicherten Vorrat an statuarischen Typen auch das methodische Arbeitsinstrument der Assoziation einsetzen zu können. So ist das Motiv der flügellosen weiblichen Gestalt mit dem Rundschild vor dem Oberkörper mit einer nur geringen Abweichung auch für eine andere Göttin bezeugt: Für Aphrodite bzw. Venus. Auch sie trägt in manchen Darstellungen einen Rundschild. Sie bedient sich dieses Rüstungselements jedoch fernab jeglicher martialischen Absicht. Die glatt polierte Fläche bietet

Abb. 18 Bronzestatute der siegverkündenden Victoria im Erscheinungsbild der kaiserlichen Schutzgöttin Venus. H. 1,95 m; 1. Hälfte des 1. Jhs. n. Chr. Brescia, Archäologisches Museum.

ihr einmal mehr die willkommene Gelegenheit, darin ihre eigene Schönheit zu bewundern.

Beruht diese täuschend ähnliche Bildgestaltung auf einem Zufall, oder ertappen wir den Schöpfer der Victoriastatue gar bei einem Notbehelf mangels eigener Gestaltungsideen? Eine Beantwortung

Abb. 19 Zeichnerische Rekonstruktion der Statue in ihrer ursprünglichen Fassung.

dieser Frage setzt die Auseinandersetzung mit der Entstehungszeit dieser ungewöhnlichen Victoriastatue voraus. Da äußere Anhaltspunkte fehlen, kann sich die Datierung einzig auf die stilistische Analyse stützen, was angesichts der hohen Qualität freilich keine Schwierigkeiten bereitet. Die gleichmäßig und ornamental über die ganze Fläche verteilten Faltenzüge vermeiden tiefe, kontrastreiche Unterschneidungen oder Aufwallungen. Ähnliches gilt für die Haare. Die weichen Wellen vermeiden jeden Anflug einer starren, konsequent frisierten Strähnung. Auch hier dominiert die weiche ornamentale Stilisierung. Das alles sind Kennzeichen, wie sie sich an datierten Bildnissen der ersten Hälfte des 1. Jhs. n. Chr. nachweisen lassen. Die Statue ist also ein Werk der noch ganz von Augustus geprägten frühen Kaiserzeit.

Dieser Epoche war die Verwischung der Grenze zwischen Aphrodite/Venus und Victoria alles andere als fremd. Sie gehörte zum Programm der Selbstdarstellung der Kaiser. Konsequent angewendet wurde diese Ambivalenz von Caesar, auf den sich die ersten römischen Kaiser von Augustus über Tiberius, Caligula und Claudius bis Nero genealogisch zurückführten. Die sogenannte ‚iulisch-claudische Dynastie' (S. 31) nahm für sich eine Abstammung von der Göttin Venus in Anspruch. Nach dem Vorbild Caesars verehrten sie Venus als ihre Stammutter *(Genetrix)*. Ihren Erfolg, auch den militärischen, stellten die römischen Kaiser immer auch als Beweis ihrer durch Venus gewährten Unterstützung dar. So haben sie in ihren Denkmälern des öfteren statt der eigentlich an dieser Stelle auftretenden Victoria Venus als ‚Siegbringerin' *(Victrix)* ins Bild gesetzt.

Die siegverkündende Göttin in Brescia ist ein eindrucksvolles Dokument dieser doppeldeutigen und voraussetzungsreichen Bildersprache. Natürlich betrachtet die Göttin hier nicht voller Eitelkeit ihr Spiegelbild. Ihr auf den Rundschild gerichteter Blick gilt der rechten Hand, die im Begriff ist, die Siegerinschrift in die Schildwölbung einzugravieren.

Niemand hat die „Macht der Bilder" so konsequent, geistreich und anspruchsvoll für seine politischen Ziele einzusetzen verstanden wie Augustus. Die Bürger wurden mit dieser programmatischen Bilderflut, aber auch durch eine gleichlautende Literatur und Dichtung allerorten konfrontiert, so daß die künstlerische Vermittlung der neuen ‚Staatsidee' die Adressaten auch erreichte. Vor diesem Hintergrund ist es bezeichnend, daß die ursprüngliche Ambivalenz der Statue in Brescia im 2. Jh. n. Chr. der Hinzufügung der Flügel bedurfte, damit ihre Deutung als siegverkündende Göttin noch verstanden wurde.

Literatur: Die Interpretation ist referiert nach T. Hölscher, Die Victoria von Brescia, in: AntPl 10, 1970, S. 67–80; ders., Staatsdenkmal und Publikum vom Untergang der Republik bis zur Festigung des Kaisertums in Rom, Konstanz 1984.
Zu der als Vorbild gewählten Aphroditestatue: A. Delivorrias, Der Aphroditetypus Capua, in: LIMC II, Zürich und München 1984, S. 71–73 Nr. 627–642. – *Zu Venus:* E. Simon, Die Götter der Römer, München 1990, S. 213–228. – *Zum Einsatz der Künste bei der Verkündung und Erläuterung politischer Wertvorstellungen in der frühen römischen Kaiserzeit:* P. Zanker, Augustus und die Macht der Bilder, München ^{3}1997. – *Zum Kapitol von Brescia:* H. Gabelmann, Das Kapitol von Brescia, in: JbRGZM 18, 1971, S. 124–145. – EAA Secondo Supplemento 1971–1994, Rom 1994, S. 733–735 s. v. Brescia (F. Rossi).

15. Die Statue eines jugendlichen Ziegenreiters

Von einer unscheinbaren Genrefigur in das Zentrum der römischen Wohnkultur

Der Torso einer marmornen Tierfigur läßt sich zu einer lebensgroßen, etwa 1,20 m langen und ebenso hohen Statue einer Ziege ergänzen, auf deren Rücken ein Knabe reitet (Abb. 20). Die Rekonstruktion bereitet wenig Schwierigkeiten, da das Motiv in der römischen Kunst in jeweils abweichenden Varianten häufig wiederholt wird. Neben vollplastischen Ausführungen erscheint das Motiv auch auf Münzen,

Medaillons und Gemmen. Beliebt ist es auch auf silbernen Trinkgefäßen. Schließlich ist es in Marmorreliefs nachzuweisen, die sowohl für den Sepulkralbereich (Sarkophage, Aschenurnen) wie auch für dekorative Zwecke (Puteale) geschaffen wurden. Ein weiterer Bereich, in den das Motiv Eingang fand, war die Wandmalerei und die Stuckdekoration in Privathäusern und öffentlichen Einrichtungen (Thermen).

In der antiken Ikonographie gab es eine bis in das 6. Jh. v. Chr. zurückreichende Tradition, Tiere, die im realen Alltagsleben absolut nicht als Reit- oder Zugtiere Verwendung fanden, in ebensolche Szenen einzubinden. Neben Ziegen erscheinen insbesondere Löwen und Panther in der Funktion von Nutztieren. Durch unterschiedliche Attribute und Kennzeichnungen ist das Thema auf den Gott Dionysos bezogen. In seiner Begleitung finden sich oftmals *Satyrn* und *Mänaden.* Dionysos besänftigt die Wildheit der Raubtiere und läßt sie an dem durch ihn bewirkten Naturfrieden teilhaben.

Während der hellenistischen Epoche (S. 26ff.) erfährt die allegorische Verbindung des Gottes Dionysos mit der Ziege eine spezifische Ausprägung. Die Ziege leistet Ammendienste für das in der freien Natur ausgesetzte kleine Dionysoskind und wird damit zu einem Sinnbild für die segenspendende Kraft der Natur. Wer sich der reinen Natur anvertraut, findet Geborgenheit. Der Hirt (griechisch: *boukolos*) verkörpert mit seiner Alltagswelt diesen erstrebenswerten Zustand und wird so zum Leitbild der Sehnsucht nach einem sorgenfreien Dasein. In der hellenistischen Zeit reifen die Hirtenlieder zu einer viel beachteten literarischen Gattung *(Bukolik).* Die in diesen Gedichten eingefangenen Stimmungen können von einer sentimentalen Sicht des Großstadtmenschen geprägt sein, haben oft eine erotische Komponente oder zeichnen ein mythisch-religiös verklärtes Bild einer vom Alltagsleben unberührten Natur.

Enden laßt das bukolische Lied nun, enden, ihr Musen!
Und du gib mir die Ziege und gib das Gefäß, daß ich melke,
Daß ich spende den Musen. Ich grüße euch, Musen, o vielmal
Grüße ich euch. Und will euch künftig noch lieblicher singen!
Honig möge den reizenden Mund dir füllen, o Thyrsis.
Waben mögen ihn füllen. Von Aigilos sollst du die süße
Feige kosten. Du singst ja trefflicher als die Zikade.
Hier das Gefäß, mein Freund! Sieh nur wie lieblich es duftet!
In der Quelle der Horen gewaschen ist's, sollte man meinen.
He Kissaitha, heran! Melk du sie selber! Ihr Ziegen,
Laßt die Späße, daß nicht der Geißbock über euch komme.

(Aus Theokrit, Liederwettstreit zwischen Thyrsis und dem Geißhirten, Vers 142–152. Übersetzung: E. Staiger)

Der Wunsch nach Entrückung in die Abgeschiedenheit der Natur war ein Thema auch der römischen Dichtung. Doch blieb es nicht allein bei der verbalen Beschwörung. Seit dem 2. Jh. v. Chr. trugen vermögende Römer dieses Lebensgefühl in die Architektur und Ausstattung ihrer ‚ländlichen Feudalsitze' *(villa urbana)* hinein. Bevorzugte Plätze dieser außerstädtischen Anwesen waren die landschaftlich reizvollen Lagen an der italischen Westküste zwischen Etrurien (Alsium, Terracina, Formiae) und Kampanien mit den besonders begehrten Standorten am Golf von Neapel (Baiae, Herculaneum, Pompeji).

Allen diesen Villen liegt als prägende Planungsidee der Wunsch zugrunde, den Bewohnern den Reiz der umgebenden Landschaft von möglichst vielen Stellen des Anwesens aus sichtbar vor Augen zu führen. Dazu bot sich die Hanglage an, freilich mit der Konsequenz, durch aufwendige Terrassierungen einen künstlichen Baugrund zu schaffen. Mit der Größenbemessung und gezielten Ausrichtung dieses Postaments *(basis villae)* vermochte sich der Bauherr – unabhängig von den Vorgaben der Natur – seinen individuellen Landschaftsbezug herzustellen. Bei den Besitzungen am Golf von Neapel wurde als Blickpunkt z. B. die Insel Capri anvisiert. Dieser Bauidee wohnt fraglos der Widerspruch inne, daß man sich, um die umgebende Landschaft genießen zu können, am Bauplatz selbst über die Natur hinwegsetzte. Die oft kühnen und weitausgreifenden Substruktionen bezeugten den Willen und die Fähigkeit des Bauherrn, seine Absichten gegen alle Widrigkeiten in die Tat umzusetzen. Nicht das harmonische Zusammenspiel von Natur und Architektur war das Anliegen, sondern die Ausnutzung der Landschaft zur Herbeiführung eines bestimmten Wohngefühls.

Den Bewohnern bzw. ihren Besuchern tat sich der Blick in die umgebende Landschaft nicht etwa erst auf, wenn man an die Brüstung der Terrasse trat. Entscheidend war, daß man die als optische Zielpunkte gewählten Reize der Natur von möglichst vielen Stellen im Innern des Hauses wahrnehmen konnte. Das galt natürlich in erster Linie für die repräsentativen Räume, also den Empfangsraum *(Tablinum)* und den Speiseraum *(Triclinium)*. Um dies zu bewirken, war die Lage der Räume konsequent unter dem Aspekt der angestrebten Blickachsen geplant. Es liegt in der Konsequenz dieser Wohnidee, daß man aus einer Villenanlage heraus den Blick auf unterschiedliche Zielpunkte zu lenken bemüht war. Daraus erklären sich die oftmals scheinbar unsystematisch aneinandergefügten Teilkomplexe großer Villen.

Bei allem repräsentativen Wetteifer, der den Bauaktivitäten der römischen Oberschicht natürlich auch zugrunde lag, darf doch der Ausgangsgedanke nicht gering geachtet werden. Die Villa galt den Männern, die sich für Rom in ihren öffentlichen Ämtern aufrieben, als Rückzugsort, um sich vorübergehend von den Tagespflichten zu

Abb. 20 Statue eines jugendlicher Ziegenreiters in ergänzter Umzeichnung. Erg. H. ca. 1,20 m; 1. Jh. n. Chr. (claudisch). Rom, Konservatorenpalast, Inv. Nr. 914.

befreien. Mit vielen Entlehnungen aus der hellenistischen Palastarchitektur schuf man sich in dem außerstädtischen Anwesen ein Refugium. Doch der Aufenthalt hier diente nicht etwa der Entspannung im Nichtstun. Als die ergiebigste Quelle der Wiedergewinnung neuer Kräfte betrachtete man die Konzentration auf geistige und kulturelle Aktivitäten. Unverzichtbarer Bestandteil einer Villa war deshalb eine Bibliothek mit lateinischer und griechischer Literatur. Der Aufenthalt in der Villa war stets verbunden mit der Einladung an Partner für das philosophische Gespräch.

Um den Übergang vom Alltagsgetriebe in der lärmerfüllten und hektischen Hauptstadt Rom in die Regenerierungsphase auf dem Landsitz zu erleichtern, war die Ausstattung der Villa ganz darauf eingestellt, eine wirkliche Gegenwelt zu inszenieren. So intensiv wie irgend möglich schuf man eine Atmosphäre, die dem Hausherrn das Gefühl vermittelte, er sei in eine Welt entrückt, wie sie in der hellenistischen Dichtung heraufbeschworen wird. Der gelenkte Blick in die umgebende reizvolle Natur war ein bestimmendes Element. Doch erst die Einbeziehung von Gärten und Parkanlagen in den unmittelbaren Wohnbereich schufen die Voraussetzung dafür, daß der Aufenthalt im ländlichen Besitz zu dem angestrebten Zustand der inneren Ruhe und friedvollen Entspannung *(otium)* führte.

Die Gärten und Parks der römischen Villen imitierten in ihrer Ausstattung die charakteristischen ‚Grünanlagen' des griechischen

Kulturraums: die ‚Heiligen Haine' der Heiligtümer und die Parkanlagen der Philosophenschulen. So wurden in den weitläufigen Anlagen bestimmte Areale als ‚Gymnasion' ausgewiesen und mit Statuen griechischer Geistesgrößen und Athleten geschmückt. Kleine Theater, aber auch die für griechische Heiligtümer seit dem 4. Jh. v. Chr. charakteristischen Säulenhallen fanden ihren Platz im Park. Besonders großen Raum nahmen aber Bildwerke ein, die in die Sphäre der griechischen Mythologie und Götterwelt führten. Die Annäherung an die sakrale Aura ging so weit, daß zur schmückenden Ausstattung der Gärten selbst Altäre und kleine Heiligtümer gehören konnten. An solchen ‚Kunstaltären' konnten Rauch- und Flüssigkeitsopfer dargebracht werden, mit denen man Naturgöttern huldigte.

Ein geringer Teil der zur Ausstattung verwendeten Kunstwerke konnte im Original aus Griechenland herbeigeschafft werden. Ganz überwiegend griff man auf Kopien und gezielt umgestaltete Nachbildungen griechischer Statuen zurück (S. 56). Daneben entstanden aber auch Bildwerke, deren Motive eigens nach dem Geschmack und den Bedürfnissen der römischen Villenbesitzer geschaffen wurden. Zu ihnen zählen die Statuen der ziegenreitenden Knaben. Die Bedeutung dieser auf den ersten Blick eher unscheinbaren Schöpfungen liegt darin, daß sie das in der archäologischen Forschung lange fest verwurzelte Vorurteil entkräften, die römische Idealplastik sei eine Auseinandersetzung allein mit vorgegebenen Typen und Motiven der griechischen Kunst, die römischen Bildhauer aber zu eigenständigen Schöpfungen nicht willens oder fähig gewesen.

Die Einbeziehung der Natur in den häuslichen Bereich wurde in der römischen Welt so sehr zu einem Element der Wohnkultur, daß man selbst in den engbemessenen innerstädtischen Wohnhäusern *(domus)* Wege fand, das Naturerlebnis optisch zu stimulieren. Kleine Gärten und vor allem die Imagination durch die Wandmalerei erfüllten die Bedürfnisse der Stadtbewohner. Mit vergleichsweise bescheidenen Mitteln hielt auf diese Weise das Naturerlebnis Einzug auch in die Stadthäuser.

Angesichts der weiten Verbreitung dieses Lebensstils verwundert es nicht, daß sich auch die Politik des Motivs der Naturidylle bediente. Seine Vision des anbrechenden – und durch seine Person und Politik gesicherten – ‚Goldenen Zeitalters' *(aurea aetas)* ließ Kaiser Augustus durch Bilder einer befriedeten und dadurch segenspendenden Natur verkünden. Auch die dem Kaiser verbundene Dichtkunst des *Vergil* und des *Horaz* griff das Thema auf:

Dir aber, Knabe, spendet von selbst als Erstlingsgeschenklein
Efeuranke, von Baldrian rings durchwuchert, die Erde,
Wasserrosen mischt sie dem lächelnden Reiz des Akanthus.

Freiwillig tragen die Ziegen nach Haus milchstrotzende Euter,
und Rinder fürchten sich nicht vor mächtigen Löwen,
üppig umblüht deine Wiege dich rings mit lieblichen Blumen.
Dann stirbt aus die Schlange, und trügerisch-giftiges Krautwerk
stirbt dann aus und überall wächst assyrischer Balsam.
(Vergil, Bucolica IV, 18–25. Übersetzung; J. und M. Götte)

Literatur: Die Interpretation der Statue ist referiert nach H. v. Hesberg, Einige Statuen mit bukolischer Bedeutung in Rom, in: RM 86, 1979, S. 297–317; ders., Eine Marmorbasis mit dionysischen und bukolischen Szenen, in: RM 87, 1980, S. 255–282.
Zum Natur- und Landschaftsbezug der römischen Villen: H. Drerup, Die römische Villa. MarbWPr 1959, S. 1–24. – P. Zanker, Pompeji. Stadtbild und Wohngeschmack, Mainz 1995. – J.-A. Dickmann, domus frequentata. Anspruchsvolles Wohnen im pompejanischen Stadthaus, München 1999. – *Zur römischen Villa allgemein:* H. Mielsch, Die römische Villa, München [2]1997. – S. P. Ellis, Roman Housing, Towbridge 2000. – *Zur Ausgestaltung und Nutzung römischer Gärten:* G. Hellenkemper Salies (Hrsg.), Das Wrack. Der antike Schiffsfund von Mahdia, Köln 1994, darin die Beiträge von: M. Carroll-Spillecke, Römische Gärten (S. 901–909); Chr. Häuber, ... endlich lebe ich wie ein Mensch (S. 911–926). – Chr. Häuber, Horti Romani. Die Horti Maecenatis und die Horti Lamiani auf dem Esquilin, Köln 1991. – R. Förtsch, Archäologischer Kommentar zu den Villenbriefen des Jüngeren Plinius, Mainz 1993. – M. Cima/E. La Rocca (Hrsg.), Horti Romani. Atti del Convegno Internazionale. Roma 4–6 maggio 1995, Rom 1998. – B. Andreae, „Am Birnbaum“. Gärten und Parks im antiken Rom, in den Vesuvstädten und Ostia, Mainz 1966. – Chr. Vorster, Die Satyriskoi im Konservatorenpalast und das Nymphäum an der Porta San Lorenzo, in: Gedenkschrift für Andreas Linfert, Mainz 1999, S. 267–294. – *Zur bukolischen Dichtung:* N. Himmelmann, Über Hirten-Genre in der Antike, Opladen 1980. – D. Korzeniewski (Hrsg.), Hirtengedichte aus neronischer Zeit, Darmstadt [2]1987.

16. Der Koloß des Nero

Im Strom der Zeit und doch verdammt – Bildinterpretation als Objektivierung tendenziöser Schriftquellen

Nirgends aber war Nero verschwenderischer als beim Bauen. Er errichtete einen Palast vom Palatin bis zum Esquilin, den er zunächst ‚Durchgangshaus‘ (domus transitoria) und später, als er durch einen Brand zerstört und dann wieder aufgebaut worden war, ‚Goldenes Haus‘ (domus aurea) nannte. Es wird genügen über seine Ausdehnung und Ausstattung folgendes zu berichten: das Vestibül war so groß, daß darin eine Kolossalstatue Neros von 120 Fuß [35,40 m] *Höhe stehen konnte. Der ganze Bau war so ausgedehnt, daß ihn eine Halle mit drei tausend Fuß*

[1,5 km] *langen Säulenreihen schmückte. ... Als diese Anlage fertiggestellt war, sagte Nero bei der Einweihung voller Zufriedenheit, nun fange er endlich an, wie ein Mensch zu wohnen.*

Diese Passage in der Lebensbeschreibung Neros durch *Sueton* hat mit dazu beigetragen, das Bild Neros als eines maßlosen, egozentrischen Tyrannen zu verfestigen. In der archäologischen Forschung hat man denn auch aus den auf Nero zu beziehenden Zeugnissen, insbesondere aus seinen Porträts, häufig Nachweise seines sich im Laufe der Zeit verstärkenden „Cäsarenwahns", seiner „verbrecherischen Verschlagenheit" und seiner „krankhaften Wollust" herauslesen wollen.

Archäologische Forschung kann sich aber nicht darauf beschränken, den Tenor antiker Schriftquellen auf die Monumente zu übertragen. Ganz im Gegenteil vermag die archäologische Analyse als Korrektiv zur oftmals ideologisch verstellten antiken Berichterstattung eine Objektivierung zu bewirken. Am Beispiel des Kolosses des Nero (Abb. 21) läßt sich sinnfällig aufzeigen, welche Aussagekraft archäologischen Denkmälern bei einer gegenüber subjektiven zeitgenössischen Darstellungen vorurteilsfreien Betrachtung innewohnen kann.

Von der nach unterschiedlichen antiken Maßangaben entweder 30 oder knapp 36 m hohen Bronzefigur hat sich nicht der geringste Überrest erhalten, dennoch stehen der archäologischen Forschung ausreichende Dokumente zur Verfügung, um mit den fachimmanenten Kriterien zu Aussagen zu gelangen. Das Schicksal der Statue ist über mehrere Jahrhunderte hinweg durch Reflexe auf den amtlichen Münzen und Medaillons sowie in so anspruchsvollen Schmuckgattungen wie Gemmen und Kameen zu verfolgen. Der Tod des Nero (68 n. Chr.) hat also keinesfalls dazu geführt, den bronzenen Koloß, der möglicherweise noch nicht einmal fertiggestellt war, aus dem Verkehr zu ziehen und jede Erinnerung an ihn zu tilgen. Die unmittelbaren und späteren Nachfolger Neros haben die von ihm erstmals ins Bild gesetzte Aussage des Kolosses für ihre jeweiligen Belange durch entsprechende Modifizierungen zu nutzen gewußt. Folgende Stationen im nachneronischen ‚Werdegang' der Statue sind bezeugt:

1. Kaiser Vespasian (69–79 n. Chr.) läßt die Statue in ein Bild des Sonnengottes *Sol* umarbeiten. Das Attribut des Gottes ist neben dem Strahlenkranz im Haar ein Steuerruder in seiner Rechten. Gleichzeitig mit der Einweihung im Jahr 75 n. Chr. wird auch ein Kult des Sonnengottes gestiftet. Die Einrichtung des Götterkultes sollte Zeugnis von der Frömmigkeit *(pietas)* des Kaisers ablegen. Der Sonnengott galt als Künder des durch Vespasian verheißenen Goldenen Zeitalters. Das Aussehen der Statue in der von Vespasian

vorgenommenen Umwidmung wird sehr wahrscheinlich durch eine Gemme des 2. Jhs. n. Chr. bezeugt.

2. Kaiser Hadrian (117–138 n. Chr.) läßt am Ostrand des *Forum Romanum* einen gewaltigen Tempel der Venus und der Roma errichten, der 135 n. Chr. eingeweiht wird. Um den Bauplatz für den Tempel (Grundmaße 145 x 100 m) zu gewinnen, mußte der bronzene Koloß von seinem Standort entfernt werden. Auch jetzt wurde die Statue nicht etwa aufgegeben; vielmehr wurde ihr mit ungeheurem technischen Aufwand – unter anderem mit dem Einsatz von 24 Elefanten – weiter östlich, in der Nähe des inzwischen erbauten flavischen Amphitheaters *(Colosseum)*, ein neuer Standort zugewiesen. Die dafür errichtete massive Basis hatte die Abmessungen von 17,60 x 14,75 m und eine Höhe von 2,25 m. Die Basis wurde 1828 bei Ausgrabungen freigelegt, fiel 1936 aber der faschistischen Vereinnahmung des antiken Zentrums durch Mussolini zum Opfer. Es gibt Quellen, die die bereits unter Vespasian erfolgte Umarbeitung in ein Bildnis des Sonnengottes Kaiser Hadrian zuschreiben. Sicher auf Hadrian geht die Idee zurück, den bronzenen Koloß des Sonnengottes Sol durch das Pendant einer gleichfalls kolossalen Statue der Mondgöttin Luna zu ergänzen. Gemeinsam sollte das Statuenpaar das zeitlich unbegrenzte Wohlergehen *(aeternitas)* Roms symbolisieren.
3. Kaiser Commodus (180–192 n. Chr.) nimmt grundlegende Veränderungen an dem bronzenen Koloß vor. Er wechselt den idealisierten Kopf des Sonnengottes durch sein eigenes Porträt aus. Statt des glückverheißenden Steuerruders erhielt die zu einem Kaiserbildnis mutierte Statue nun die charakteristische Kennzeichnung des Gottes Hercules: Eine Keule in der Rechten und einen bezwungenen Löwen zu seinen Füßen. Commodus bediente sich der prominenten Statue, um die von ihm proklamierte Eigenbenennung als *Hercules Romanus* suggestiv ins Bild zu setzen. Er spielte damit auf die Rolle des Hercules bei der Stadtgründung Roms an und stilisierte sich selbst zum Neugründer Roms. Zahlreiche Münzen und Medaillons bezeugen diese Idee durch ihre Beischriften und die Wiedergabe der entsprechend umgearbeiteten Kolossalstatue.
4. Unmittelbar nach der Ermordung des Commodus (31. Dezember 192 n. Chr.) wurden die von ihm vorgenommenen Veränderungen an der Statue rückgängig gemacht. In der Version als Sonnengott wurde der Koloß bis in das 4. Jh. n. Chr. hinein in Ehren gehalten.

Dieser Überblick legt den Schluß nahe, daß Neros Idee, sein Kaisertum in einer kolossalen Bronzestatue ins Bild zu setzen, vom Grundsatz her offensichtlich genau dem Bedürfnis der kaiserlichen Selbstdarstellung entsprach. Doch bedeutete die von Vespasian und Hadrian jeweils modifizierte Übernahme des Kolosses tatsächlich auch eine inhaltliche Fortführung des neronischen Urbilds? Läßt sich das Aussehen und damit die Intention der von Nero in Auftrag gegebenen Statue in irgendeiner Weise erschließen?

In dem kunsthistorischen Abschnitt seiner ‚Naturkunde' *(naturalis historia)* äußert sich *Plinius* auch zu dem neronischen Koloß. Zwar teilt er nichts über das ursprüngliche Aussehen der Statue mit, äußert sich aber über die handwerklich-technischen Schwierigkeiten, die selbst der berühmte Verfertiger der Statue *Zenodoros* hatte, weil, wie Plinius formuliert, „die Kenntnis des Bronzegusses verlorengegangen war". Da Vespasian bei der von ihm veranlaßten Umarbeitung nicht auf den Spezialisten *Zenodoros* zurückgreifen konnte, ist kaum davon auszugehen, daß bei der Überarbeitung grundlegende Veränderungen vorgenommen worden sind. Das gilt insbesondere für das Attribut des Steuerruders, auf dem die rechte Hand ruhte. Eine Änderung hätte die ohnedies sensible Statik erheblich gefährdet. Zur Zeit Neros war das Steuerruder jedenfalls bereits ein häufig verwendetes Symbol, um allgemein den von Fortuna verkörperten Glücks- und Segensaspekt zum Ausdruck zu bringen oder auch den Gedanken der Weltregierung in ein sinnfälliges Bild zu kleiden. Unmittelbar nach Nero zeichnet das Steuerruder die Herrscher als Lenker von Geschicken und als Glücksgaranten aus.

Mit großer Wahrscheinlichkeit kann davon ausgegangen werden, daß bereits Nero dem Koloß das auf den Sonnengott hinweisende Attribut des Strahlenkranzes beigegeben hatte. In Rom war erstmals Kaiser Augustus (27 v. Chr.–14 n. Chr.) mit dem Herrscherattribut der Strahlen ausgezeichnet worden. Seine Gleichsetzung mit dem Sonnengott war Bestandteil der nach seinem Tod vom Senat beschlossenen Aufnahme unter die Staatsgötter. Wenn seine Kultbilder und dementsprechend auch die Münzbilder ihn fortan mit dem Blitzbündel des Jupiter und der ‚Strahlenkrone' des Sol zeigten, dann wurde er dadurch als göttergleicher Wächter über die Weltherrschaft Roms und des Goldenen Zeitalters charakterisiert. Die ‚Strahlenkrone' war einerseits ein Götterattribut, wurde aber in der Praxis wie ein Ehrenkranz behandelt.

So wurde auch Nero die Auszeichnung zuteil, daß der Senat beschloß, Bildnisstatuen des Kaisers mit dem Ehrenzeichen der ‚Strahlenkrone' zu errichten, als er im Jahr 63 n. Chr. einen diplomatischen Erfolg in den Auseinandersetzungen mit den Parthern errungen hatte. Diese Statuen evozierten bewußt den Vergleich mit dem vorbildhaften Kaiser Augustus. Eine größere Auszeichnung als die rangmäßige Annäherung an Augustus war im kaiserzeitlichen Rom kaum denkbar. Deshalb gab es für die nachfolgenden Kaiser auch keine Veranlassung, die neronische Statue niederzulegen. Die von Vespasian veranlaßte

Abb. 21 Rekonstruktionsskizze der Kolossalstatue des Nero.

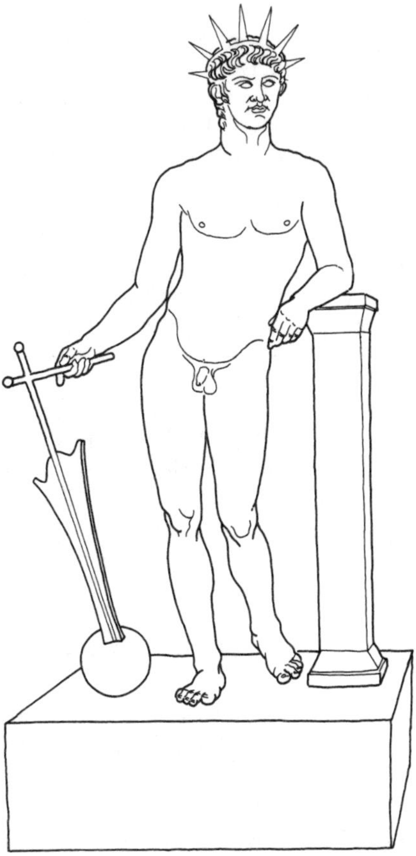

Umarbeitung dürfte sich auf eine Kaschierung der Porträtzüge des Nero beschränkt haben. Es bedurfte nur weniger Änderungen im Gesicht und in der spezifischen Frisur des im Jahr 64 n. Chr. entworfenen letzten offiziellen Bildnistypus des Nero, um den Kopf der Kolossalstatue in ein neutrales Götterbild des Sol zu verwandeln.

Von Anbeginn stand das römische Kaisertum *(Principat)* vor der kaum lösbaren Aufgabe, die herausragende Position des Kaisers *(Princeps)* mit den Machtansprüchen des Senats zu vereinbaren (S. 30f.). Augustus hat diesen Balanceakt meisterhaft bewältigt. Nero hat dieses Gleichgewicht zugunsten einer monarchischen Staatsidee verschoben. Das hat ihm den erbitterten Widerstand des Senats und in letzter Konsequenz seinen Sturz eingetragen. Der Koloß ist ein beredtes Zeugnis für das von Nero vertretene Kaisertum. Das weitere Schicksal der Kolossalstatue bezeugt, wie sehr Nero – zumindest in diesem Punkt – im Sinne auch seiner Nachfolger gedacht und gehandelt hat.

Literatur: Die Rekonstruktion des Kolosses und dessen Stellung in der kulturgeschichtlichen Situation seiner Entstehungszeit sind referiert nach M. Bergmann, Der Koloß Neros, die Domus Aurea und der Mentalitätswandel im Rom der frühen Kaiserzeit. 13. TrWPr 1993, Mainz 1994; dies., Die Strahlen der Herrscher. Theomorphes Herrscherbild und politische Symbolik im Hellenismus und in der römischen Kaiserzeit, Mainz 1998, S. 133–230.
Zur Domus Aurea: M. Bergmann, 13. TrWPr 1993, Mainz 1994, 18–37. – *Zum Kolosseum:* L. Richardson, Jr., A New Topographical Dictionary of Ancient Rome, Baltimore/London 1992, S. 7–10 s. v. ‚Amphitheatrum Flavium'. – R. Rea, ‚Amphitheatrum', in: E. Margareta Steinby (Hrsg.), Lexicon Topographicum Urbis Romae I, Rom 1993, S. 30–35. – R. Luciani, Il Colosseo, Mailand 1993. – *Zum Hercules Romanus:* E. Simon, Die Götter der Römer, München 1990, S. 72–87. – *Zur Person und Politik des Nero:* M. Fuhrmann, Seneca und Kaiser Nero. Eine Biographie, Berlin 1997. – H. Schneider, Nero, in: M. Clauss (Hrsg.), Die römischen Kaiser. 55 historische Porträts von Caesar bis Iustinian, München 1997, S. 77–86. – J. Malitz, Nero, München 1999.

17. Reliefs vom Grab der Haterier

Selbstdarstellung des stadtrömischen Mittelstandes – Organisation des römischen Bauwesens

1848 stieß man bei Pflasterarbeiten an einer nach Südosten führenden Ausfallstraße Roms in Höhe des Vororts Centocelle auf die Reste einer antiken Mauer sowie auf mehrere Marmorfragmente, darunter eine bemerkenswerte Frauenbüste. Diese Entdeckung war interessant genug, die Antikenverwaltung davon in Kenntnis zu setzen. Tatsächlich kam es in den folgenden Wochen zu Nachuntersuchungen und im Zusammenhang damit zu weiteren Skulpturenfunden, darunter nun auch das sogleich viel bewunderte ‚Kranrelief' (Abb. 22) und das ‚Bautenrelief' (Abb. 23). Intensiver als das Bemühen, den Fundplatz dieser augenscheinlich bedeutenden Ruine genauestens zu untersuchen und zu dokumentieren, war der Streit um die Besitzverhältnisse. Die Stücke gelangten schließlich in päpstlichen Besitz und wurden in das Museo Gregoriano Profano im Lateranpalast verbracht. Nach der Schließung des Lateranmuseums wurde der Bestand 1963 in die Vatikanischen Museen überführt. 1970 wurden nochmals Grabungen aufgenommen, doch endeten sie wegen administrativer Unklarheiten, kaum daß sie begonnen hatten. Diese Nachuntersuchung hat zumindest zwei Inschriftenbruchstücke zutage gefördert, die in Ergänzung zu Inschriftenfunden aus dem 19. Jahrhundert bekräftigten, daß der gesamte Fundkomplex von der Grabanlage eines gewissen Quintus Haterius und seiner Familie herrührte.

Die Reliefs des ‚Hateriergrabs' fehlen in keiner Darstellung der römischen Kunstgeschichte und finden wegen der Bildwiedergabe eirömischer Architektur, der detailreich wiedergegebenen Nutzung eines Baukrans sowie anschaulichen Angaben zum Totenkult regelmäßig Berücksichtigung bei der Illustration von Lehrbüchern zum Geschichts- und Lateinunterricht.

Auf dem 43 cm hohen und 163 cm breiten ‚Bautenrelief' sind fünf Bauwerke nebeneinander aufgereiht. Unmittelbar zu identifizieren ist der zweite Bau von links: Man erkennt in der perspektivischen Wiedergabe eine runde dreigeschossige Anlage mit inneren Treppen und einem von einer Quadriga bekrönten Portal. Das sind die charakteristischen Merkmale des *Amphitheatrum Flavium*, besser bekannt als das unter Vespasian (69–79 n. Chr.) begonnene und unter Titus (79–81 n. Chr.) oder Domitian (81–96 n. Chr.) vollendete *Colosseum*. Auch wenn es keine getreue Wiedergabe des Bauwerks ist, kann die Identifizierung mit diesem bekannten Bau aus der mittleren Kaiserzeit wegen der Wiedergabe des kennzeichnenden Eingangsbogens als gesichert gelten. Davon ausgehend hat man in dem Relief eine Stadtansicht Roms im ausgehenden 1. Jh. n. Chr. sehen wollen. Doch einer solchen topographischen Anordnung lassen sich die übrigen Bauten nicht einfügen. Die getroffene Auswahl an Bauwerken muß anderen Kriterien folgen als ihrer Plazierung im römischen Stadtplan.

In der Tat gibt es zwischen den fünf Bauwerken ein anderes verbindendes Element. Der dreitorige Bogen links des Colosseum trägt in der Attikazone über dem Mitteldurchgang die Inschrift ARCUS AD ISIS. Im Mitteldurchgang erscheint auf einem Sockel stehend die Statue einer gewappneten Minerva. Diese Verbindung von Bogen und Statue weist auf einen Baukomplex auf dem Marsfeld, bei dem direkt im Anschluß an das *Iseum* das Heiligtum der *Minerva Chalcidica* seinen Platz hatte. Der kleine Bogen rechts des Colosseum ist so unspezifisch gestaltet, daß sich eine auch nur annähernd überzeugende Benennung nicht finden läßt. Bei dem rechts anschließenden Bogen hilft wieder die Inschrift in der Attikazone weiter: ARCUS IN SACRA VIA SUMMA bezeichnet den Titusbogen, der seinen Standort am höchsten Punkt der *Via Sacra* am Rand des *Forum Romanum* hatte. Erneut zeigt sich, daß die Wiedergabe der Bauten nicht unmittelbar am originalen architektonischen Befund orientiert ist. Der Tempel, dessen Front am rechten Bildrand erscheint, ist durch das im breiten Mittelinterkolumnium erkennbare Standbild des Jupiter (identifiziert durch das Blitzbündel in der angewinkelten Rechten und das Szepter in der Linken) als Jupitertempel ausgewiesen. Unter den zahlreichen Jupitertempeln in Rom kommt in Analogie zu Münzbildern der

Identifizierung als Tempel des *Jupiter Conservator* auf dem *Kapitol* die größte Wahrscheinlichkeit zu.

Bei der Zuschreibung des Tempels an den Jupiter Conservator spielt freilich bereits ein weiterer Gesichtspunkt eine Rolle, der für die Gesamtinterpretation von Bedeutung ist. Nachdem drei der dargestellten Bauwerke in die Regierungszeit der Kaiser Vespasian (69–79 n. Chr.) und Domitian (81–96 n. Chr.) fallen, nämlich der Titusbogen, das Colosseum und das Iseum, wäre mit dem Tempel des Jupiter Conservator eine weitere Baumaßnahme der Zeit Domitians im Bilde erfaßt – und genau das scheint das verbindende Element zwischen allen im Relief vereinten Bauten zu sein. Ein solches ‚Wechselspiel' in der Argumentation ist verfänglich: Wenn man einserseits sagt, alle Bauten verbindet, daß sie im ausgehenden 1. Jh. n. Chr. errichtet wurden, andererseits aber die Bennung eines Bauwerks daran orientiert, daß es mit einer Baumaßnahme des ausgehenden 1. Jhs. zusammenfallen müsse, damit der übergeordnete Aspekt der etwa zeitgleichen Entstehung gewahrt bleibe, dann ist das ein klassischer Zirkelschluß – eine Kardinalverfehlung gegen jede seriöse Argumentation. Im vorliegenden Fall wird man diesen Vorwurf freilich nicht erheben können, da von den fünf Bauten drei als gut identifizierbare, topographisch über ganz Rom verteilte Baumaßnahmen sicher in den fraglichen Zeitraum fallen. Allein auf dieser Grundlage läßt sich die Schlußfolgerung ziehen, daß der Grabinhaber in einem Zusammenhang mit den Bauaktivitäten der Kaiser Vespasian und Domitian zu sehen ist.

Diese These basierte lange Zeit vor allem auf einer Inschrift, in der von einem Quintus Haterius die Rede ist, der sich als *redemptor* (Bauunternehmer) bezeichnet. Diese Inschrift, die heute verschollen ist, wurde bereits im 16. Jahrhundert in Rom gefunden und kann nicht mit Sicherheit dem Fundort der übrigen Reste des Hateriergrabes zugewiesen werden. Und noch etwas bereitet Schwierigkeiten bei der sich eigentlich geradezu aufdrängenden Gleichsetzung dieses Namensträgers mit dem Quintus Haterius, dessen Inschriften zusammen mit den Reliefs gefunden wurden: Der als Bauunternehmer ausgewiesene Quintus Haterius auf der verschollenen Inschrift trägt den Namenszusatz *(cognomen) Tychicus*, der auf den übrigen Inschriften nicht vorkommt. Sind die beiden Haterii wirklich identisch?

Wenn sich die archäologische Betrachtung freimacht von der Fixierung auf die ansprechenden Bildwerke und sich – im Wortsinne – mit allen Seiten der Objekte befaßt, gelangt sie oftmals zu den entscheidenden Anhaltspunkten. Für die Ergiebigkeit einer solchen sachlichen Betrachtungsweise liefert die Forschungsgeschichte des Hateriergrabes einen schönen Beleg.

Im Rahmen einer Neupublikation der Bestände des vormaligen

Museo Gregoriano Profano gerieten auch die unter so unglücklichen Begleitumständen geborgenen Überreste des Hateriergrabes erneut in das Blickfeld. Abgesehen von den beiden bekannten Reliefs umfaßt der Gesamtbestand nicht weniger als 44 Objekte. Bei der systematischen Sichtung aller Stücke fiel auf, daß das Baumaterial der so anspruchsvoll mit Reliefs ausgestatteten Grabanlage nicht eigens für dieses Monument zugeschnitten worden ist. Der Inhaber der Grabanlage hat sich fast ausschließlich solcher Marmorblöcke bedient, die ursprünglich für ganz andere Bauten vorgesehen waren. Einige Stücke sind in einem Zustand, der keinen Zweifel daran läßt, daß sie bei dem eigentlich vorgesehenen Bauvorhaben deshalb nicht zum Einsatz gekommen sind, weil bei der Ausarbeitung Beschädigungen aufgetreten sind oder weil sich die Steinmetze schlicht und einfach verhauen hatten.

Der Grabbau des Quintus Haterius besteht überwiegend also aus Materialausschuß. Die Blöcke ganz unterschiedlichen Formats und aus verschiedenartigen Marmorsorten wurden einfach gewendet und vormalige Rückseiten wurden nun zu verzierten Ansichtsseiten. So erklärt es sich, daß z. B. die Rückseite des ‚Bautenreliefs' (Abb. 23) ein weit ausladendes Profil zeigt, wie es für den unteren Abschluß einer Sockelzone charakteristisch ist. Am ‚Kranrelief' (Abb. 22) weist die konvex gewölbte Rückseite auf eine ursprünglich andere Konzeption des Zuschnitt hin. Der bekannte Rosenpfeiler wiederum war als ‚Anwölber' eines Bogens zugeschnitten. Die stilistische Analyse aller Verzierungsformen, die der jeweils ursprünglichen Ausarbeitung zuzuweisen sind, ergab, daß sie etwa aus derselben Zeit stammen wie die im ‚Bautenrelief' (Abb. 23) vereinten Bauwerke, das heißt aus dem späten 1. Jh. n. Chr. Einige der Stücke sind unwesentlich jünger. Wie ist dieser auffallende Befund zu erklären?

In Rom ging man mit dem reichlich benötigten Marmor verständlicherweise sorgsam und ökonomisch um. So kam es immer wieder vor, daß das Baumaterial von zerstörten oder aufgelassenen Bauten einer Zweitverwendung zugeführt wurde. Auch der Diebstahl von marmornen Bauteilen ist bezeugt. Doch diese Vorgänge erklären nicht den vorliegenden Befund am Hateriergrab, für dessen Errichtung man fast ausnahmslos auf verworfene Blöcke einer Bauhütte zurückgegriffen hat. Damit ist natürlich das entscheidende Stichwort gefallen. Was liegt näher als die Annahme, daß es der Bauunternehmer *(redemptor)* Quintus Haterius Tychicus selbst war, der für seine aufwendige Grabanlage Ausschuß seiner eigenen Werkstatt verwendete!

Dieser aus der archäologischen Beobachtung gewonnene Argumentationsgang erlaubt es, die ohne ihren Kontext überlieferte Inschrift mit der Namensnennung des Redemptors auf das Hateriergrab

Abb. 22 Reliefplatte vom Grab der Haterier in Rom. Das sogenannte Kranrelief.

zu beziehen. Nun leuchtet auch die Ikonographie der Reliefplatten unmittelbar ein: Im ‚Bautenrelief' (Abb. 23) führt Quintus Haterius Tychicus dem Betrachter seiner Grabanlage stolz jene in Rom natürlich jedermann bekannten Bauten vor Augen, an deren Errichtung er beteiligt war. Im ‚Kranrelief' (Abb. 22) weist er mit der ostentativen Zurschaustellung des mächtigen Baukrans auf die aufwendigste Investition eines Bauunternehmer hin. Aus alldem leitet er seinen Anspruch auf die repräsentative Grabanlage ab.

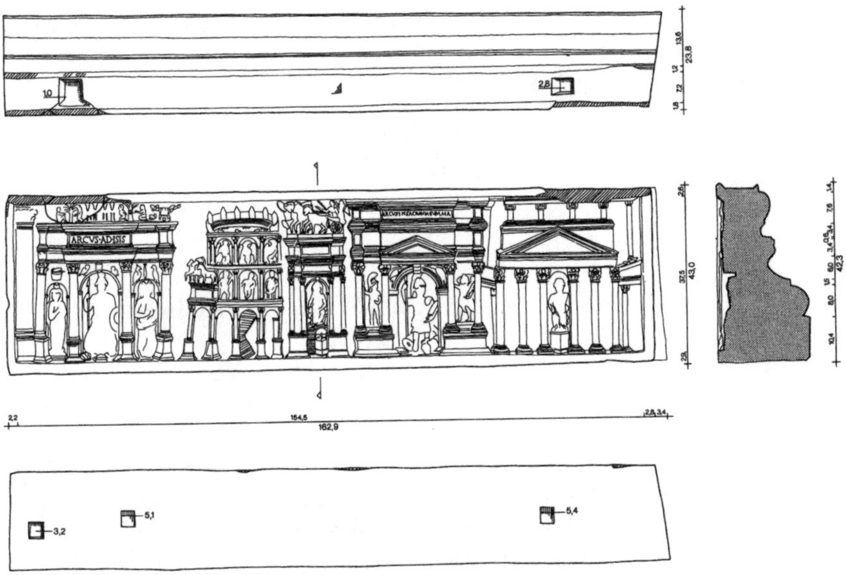

Abb. 23 Reliefplatte vom Grab der Haterier in Rom.
Das sogenannte Bautenrelief.

Aus dem Befund läßt sich mit einiger Gewißheit ableiten, daß der Grabbau, dessen Überreste an der Ausfallstraße bei Centocelle gefunden wurden, in seiner architektonischen Gestalt tatsächlich der Form des Grabtempels entsprach, wie er im ‚Kranrelief' eindrucksvoll im Bild erscheint. Die stilistische Analyse der Reliefs und der Architekturornamentik spricht für eine Errichtung des Hateriergrabes in der Zeit um 120 n. Chr., als Quintus Haterius Tychicus bereits auf ein einträgliches Lebenswerk zurückblicken konnte. Doch war der aktuelle Anlaß für den Bau des Grabtempels der frühe Tod seiner Frau und der Kinder, deren Porträtbüsten göttergleich im Giebelfeld bzw. an den Langseiten des Grabtempels erscheinen.

Literatur: Die Interpretation des Gesamtbefundes ist referiert nach F. Sinn/K. S. Freyberger, Die Ausstattung des Hateriergrabes. Vatikanische Museen. Museo Gregoriano Profano ex Lateranense. Katalog der Skulpturen I,2, Die Grabdenkmäler 2, Mainz 1996.
Zur Organisation des Bauwesens im kaiserzeitlichen Rom: W. Müller, Architekten in der Antike, Zürich 1989. – A. Kolb, Die kaiserliche Bauverwaltung der Stadt Rom, Stuttgart 1993. – *Zum Diebstahl von marmornem Baumaterial:* Sueton, Domitian 8. – *Zur Vergöttlichung von Privatpersonen:* H. Wrede, Das Mausoleum der Claudia Semne und die bürgerliche Plastik der Kaiserzeit, in: RM 78, 1971, S. 125–166; ders., Consecratio in formam deorum. Vergöttlichte Privatpersonen in der römischen Kaiserzeit, Mainz

1981. – *Zum repräsentativen Anspruch des stadtrömischen Mittelstandes in der Kaiserzeit:* P. Zanker, Grabreliefs römischer Freigelassener, in: JdI 90, 1975, S. 267–315. – F. Sinn, Stadtrömische Marmorurnen, Mainz 1987, S. 84–87. – H. von Hesberg, Römische Grabbauten, Darmstadt 1992, S. 239–240. – V. Kockel, Porträtreliefs stadtrömischer Grabbauten. Ein Beitrag zur Geschichte und zum Verständnis des spätrepublikanisch-frühkaiserzeitlichen Privatporträts, Mainz 1993.

18. Bronzekanne mit einer Schlachtdarstellung

Kriegsruhm ins rechte Licht gerückt – Der römische Kaiser Trajan und das gestärkte Selbstbewußtsein seiner Elitesoldaten

Eine 35 cm hohe Bronzekanne ist auf ihrer Außenseite vollständig mit Reliefszenen bedeckt. Der Hauptfries am bauchigen Körper (Abb. 24) ist in relativ hohem Relief gearbeitet, während die Darstellung an der Halszone (Abb. 25) weniger stark hervortritt. An der Schulter des Gefäßes bildet ein schmaler Zierstreifen mit eingravierten Waffendarstellungen die Trennlinie zwischen den reliefierten Friesen. Der Henkel und der gesondert gearbeitete Ausguß der Kanne fehlen.

In dem hohen Fries auf dem Bauch des Gefäßes wird der Blick in ein Kampfgewühl gelenkt, an dem insgesamt 22 Personen beteiligt sind. Die meisten von ihnen sind Fußsoldaten, vier Krieger kämpfen vom Pferde aus. Die Kombattanten sind in ihrer Tracht und Ausrüstung deutlich unterschieden. Die Angehörigen der einen Partei sind über der Tunika mit Brustpanzern, Schuppenpanzern oder Kettenhemden gewappnet und tragen Helme des attischen Typus mit Stirnschutz, Wangenklappen und Helmbusch. Als weiteren Schutz führen sie Rundschilde mit sich. Ihre Waffe ist das Kurzschwert. Sie bilden das römische Kontingent. Ihre Gegner tragen lange Hosen, um die Hüften einen Schurz und Mäntel. Ihre Schilde sind längsrechteckig und dabei an den Langseiten nach außen verbreitert. In ihrer Bärtigkeit und mit dem langen, wirren Haupthaar sind sie deutlich als Barbaren gekennzeichnet. Einige von ihnen liegen bereits getötet am Boden, andere sehen sich unmittelbar dem todbringenden Schwerthieb ausgesetzt.

Dieses Gewirr von gestaffelten Körpern lichtet sich in der rechten Bildhälfte. Dort agieren zwei Reiter fast ohne eine Überschneidung nebeneinander. Der in der Umzeichnung (Abb. 24) mit der Nr. 14 gekennzeichnete Soldat ist unschwer als die Hauptperson des Kampfgeschehens zu identifizieren. Seinem energischen Eingreifen sind bereits zwei Gegner zum Opfer gefallen (Nr. 15 und 16). Der dritte (Nr. 17) wird gleich den Todesstoß erhalten. Dieser tatkräftige Kämpfer trägt ein kurzes Feldherrnmäntelchen, das an seiner Linken hervorschauende Schwert ist mit einem Vogelkopfknauf versehen. Auffallend ist, daß der so hervorgehobene Reiter keinen Helm trägt. Doch dieses Detail ist ein weiterer Beleg für den außerordentlichen Rang dieses Mannes. Der Verzicht auf den Helm ist Voraussetzung dafür, daß der Reiter aus der Reihe der gleichartig und dadurch anonym dargestellten Krieger ausgenommen bleibt und stattdessen als Individuum mit spezifischer Kopfform und Frisur im Bild erscheint. Geschickt hat der Künstler diese aus ikonographischen Gründen notwendige Barhäuptigkeit des Protagonisten genutzt, um den unmittelbar hinter ihm Reitenden gleichfalls hervorzuheben, denn in der vorgestreckten Rechten dieses Mannes erkennt man den Helm des Vorkämpfers. Im übrigen ist auch dieser Reiter helmlos und durch die in seiner Linken zugleich mit dem Rundschild gehaltene Standarte als eine Person besonderen Ranges ausgewiesen. Daß in dieser rechten Bildzone die kampfentscheidenden Aktionen stattfinden, wird schließlich auch durch die vier im Hintergrund erkennbaren Tubabläser zum Ausdruck gebracht.

Die in einer römischen Toreutenwerkstatt entstandene Bronzekanne zeigt in ihrem Fries einen Kampf, der zugunsten der Römer endet. Das obligatorische Geschehen nach der siegreich beendeten Schlacht ist in dem zweiten Fries am Hals der Kanne ins Bild gesetzt (Abb. 25): Der Feldherr hat seinen Amtsstuhl, die *sella curulis*, auf einem Podest plaziert. Die mit Nagellöchern versehenen vertikalen Unterteilungen weisen auf eine hölzerne Konstruktion hin. Hinter ihm sind die Spuren einer stehenden geflügelten Figur auszumachen. Der Palmzweig in ihrer Linken und die Geste der Bekränzung des Feldherrn weisen sie als *Victoria* aus. Einer der Unterlegenen wird gefesselt vor den Feldherrn geführt.

Am linken Bildrand ist ein *Tropaeum*, ein aus Rüstungen und erbeuteten Waffen errichtetes Siegesmal, zu erkennen. An einen Holzpfahl ist ein Muskelpanzer gehängt, seitlich sind Oval- und Langschilde angebracht. Links am Boden liegt ein Gegenstand, der möglicherweise ein Krummschwert darstellen soll. Und schließlich ist auch hier wieder ein Helm zu erkennen, wie ihn im Hauptfries die Römer tragen. In bezug auf die Rüstungen der Kampfparteien ist in der Darstellung bei Lichte besehen eine doppelte Unlogik auszumachen. So sind die römischen Soldaten entgegen der historischen Wirklichkeit mit einem griechischen Kopfschutz, dem sogenannten attischen Helm, gewappnet, und die gleiche Helmform findet sich dann sogar an dem Tropaeum, das ja die von den Gegnern erbeuteten Waffen triumphal zur Schau stellt. Auch in dieser unrealistischen Darstellungsweise können wir wieder eine bewußt eingesetzte ikonographische Formel erkennen. In ihrer Bewunderung für das ‚heroische Griechentum' (Fallbeispiele Nr. 13 S. 134ff. und Nr. 14 S. 139ff.)

Abb. 24 Bronzekanne mit einem historischen Relief. H. 35 cm, Umzeichnung des Bauchfrieses; Anfang 2. Jh. n. Chr. (trajanisch). Ehemals Schweizer Privatbesitz.

hielten es die Römer für angemessen, ihren Kriegsruhm mit Angleichungen an die Rüstung der Griechen zu verherrlichen.

Ist es möglich, die für die Römer erfolgreich verlaufene Schlacht mit einem historischen Ereignis in der römischen Geschichte zu verbinden, oder handelt es sich um eine Szenerie, die nur ganz allgemein römische Überlegenheit zum Ausdruck bringen soll? Mehrere Beobachtungen zur formalen Gestaltung des Frieses, zu antiquarischen Details und zur Ikonographie erlauben eine schlüssige Antwort.

Zunächst fällt auf, daß die Szene mit dem kämpfenden Feldherrn auf dem Bauchfries und die Wiedergabe des triumphierenden Feldherrn am Halsfries unmittelbar übereinanderstehen. Der Betrachter sieht beide Situationen ‚auf einen Blick'. Ihm wird die gleiche Person in unterschiedlichen Stationen ihres erfolgreichen Handelns vor Augen geführt. In beiden Fällen wird der Feldherr von einem Standartenträger begleitet, wobei der übersichtlichere Halsfries die Details der Standarte deutlicher erkennen läßt. Sie liefert entscheidende Informationen: Unterhalb des an der Spitze angebrachten Fähnleins *(vexillum)* schließen sich horizontal angebrachte kranzähnlich Gebilde *(coronae)* und größere Scheiben *(clipei)* mit einer kreisförmigen Markierung im Zentrum an. Auch wenn durch die kleinformatige, skizzenhafte Ausführung die Elemente der Standarte nicht zweifelsfrei zu identifizieren sind, spricht doch die größere Wahrscheinlichkeit dafür, daß wir hier keine einfache Legionsstandarte, sondern die mit Kränzen und mit Medaillons des Kaisers versehene Standarte der *Praetorianer* vor uns haben. Diese Elitetruppen waren dem Kaiser zum persönlichen Schutz an die Seite gestellt. In dem von Praetorianern

Abb. 25 Wie Abb. 24, Umzeichnung des Schulterfrieses.

begleiteten Feldherrn erkennen wir demnach keinen geringeren als den Kaiser selbst. Eine solche Identifizierung wird durch die Einbeziehung der bekränzenden Siegesgöttin bekräftigt. Das Privileg, sich als von *Victoria* selbst bekränzt darstellen zu lassen, stand vorrangig dem Kaiser zu.

Die namentliche Identifizierung des Kaisers nach den Regeln der Porträtforschung (Fallbeispiel Nr. 19 S. 165 ff.) ist angesichts des miniaturhaften Formats natürlich nur bedingt möglich. Die Bartlosigkeit läßt den Schluß zu, daß nur ein Kaiser aus der Abfolge von Augustus bis Trajan gemeint sein kann, weil sich die nachfolgenden Kaiser in ihren Porträts bärtig darstellen ließen. Im Ausschlußverfahren, und hier insbesondere unter Berücksichtigung der Schädelform, läßt sich das Porträt am ehesten mit Bildnissen des Kaisers Trajan verbinden.

Die barbarischen Gegner des Kaisers sind durch ihre Bekleidung – Untergewand, Mantel, Hosen, Schuhe – sowie durch das lange struppige Haupt- und Barthaar als *Daker* identifiziert. Trajan (98–117 n. Chr.) hat gegen die im Gebiet des heutigen Siebenbürgen ansässigen Daker zwei erfolgreiche Feldzüge (101–102 und 105–106 n. Chr.) geführt. Der Sieg bedeutete die Ausschaltung eines gefährlichen Gegners. Das an Bodenschätzen reiche Territorium wurde dem Römischen Reich als Provinz *Dacia* einverleibt. Dieser Erfolg Trajans hat in der nachfolgenden Bildkunst an prominenter Stelle seinen Niederschlag gefunden: Ein großer Fries an der Umfassungsmauer des Trajansforums in Rom und die hochaufragende Säule über dem Grab des Kaisers hatten die Niederwerfung der Daker durch Trajan zum Thema. Auf unterschiedliche Weise führten diese beiden großformatigen Werke den Tatenruhm der Kaisers der Bevölkerung vor Augen.

Neben diesen offiziellen ‚Staatsdenkmälern' hat die Bronzekanne einen rein privaten Charakter. Wer konnte ein Interesse daran haben, einen militärischen Erfolg des Kaisers als Bildschmuck eines Gefäßes zu verwenden? Der Vergleich unter den drei Darstellungen des Dakerfeldzugs liefert den entscheidenden Hinweis. In mehreren Szenen des Frieses auf der Trajanssäule wird der Kaiser von bis zu sieben individuell gestalteten Offizieren begleitet. Im Hauptfries der Bronzekanne ist dem Kaiser hingegen in Gestalt des zweiten Reiters nur eine Person an die Seite gestellt (Abb. 24 Nr. 13). Durch die Standarte ist sie, wie zuvor dargelegt, den Praetorianern zuzuordnen. Die Tatsache, daß sie, wie sonst nur die Figur des Kaisers selbst, ohne Überschneidungen gezeigt wird, bezeugt ihren hohen Rang. Daß sie zudem den kaiserlichen Helm in der Hand trägt, deutet auf ein besonderes Vertrauensverhältnis zwischen ihr und dem Kaiser. Diese Details zusammengenommen erlauben den Schluß, in dem Reiter den zur Zeit des Dakerfeldzugs amtieren Praetorianerpraefekten namens Tiberius Claudius Livianus zu erkennen. Trajan hat ihn wie auch alle anderen Befehlshaber für seine Verdienste am militärischen Erfolg geehrt und beschenkt. Die Bronzekanne, die ursprünglich sicherlich vergoldet oder versilbert war, könnte ein kaiserliches Dankgeschenk gewesen sein. Wahrscheinlicher aber ist, daß der Praetorianerpraefekt selbst Auftraggeber dieses Erinnerungsstücks an eine bedeutende Station seiner Laufbahn war. Denn die Hervorhebung seiner Person neben dem Kaiser fällt in jene Phase, in der die Praetorianer ihren Einfluß neben dem Kaiser entschieden stärken konnten. Über den privaten Stolz des Tiberius Claudius Livianus hinaus bezeugt die Bronzekanne also auch eine zeitgeschichtliche Zäsur in den innerrömischen Machtstrukturen.

Literatur: Die Interpretation ist referiert nach Th. Schäfer, Die Dakerkriege Trajans auf einer Bronzekanne. Eine Auftragsarbeit für den Praetorianerpraefekt Ti. Claudius Livianus, in: JdI 104, 1989, S. 283–317.
Zum Porträt des Trajan: W. H. Gross, Die Bildnisse Trajans. Das römische Herrscherbild II 2, Berlin 1940. – K. Fittschen/P. Zanker, Katalog der römischen Porträts in den Capitolinischen Museen und den anderen kommunalen Sammlungen der Stadt Rom I, Mainz 1985, S. 39–44 Nr. 39–45 (Zanker). – *Zur Trajanssäule:* W. Gauer, Untersuchungen zur Trajanssäule I, MAR XIII, Berlin 1977. – L. E. Baumer/T. Hölscher/L. Winkler, Narrative Systematik und politisches Konzept in den Reliefs der Trajanssäule. Drei Fallstudien, in: JdI 106, 1991, S. 135–198. – S. Settis, La Colonne Trajane: L'empereur et son public, in: RA 1991, S. 186–198. – R. Bode, Der Bildfries der Trajanssäule. Ein Interpretationsversuch, in: BJb 192, 1992, S. 123–174. – *Zum Trajansforum und seinem Skulpturenschmuck:* P. Zanker, Das Trajansforum in Rom, in: AA 1970, S. 499–544. – A.-M. Leander Touati, The Great Trajanic Frieze. The study of a monument and of the mechanisms of message transmission in Roman art, Stockholm 1987. – H. Philipp, Der große Trajanische Fries, Überlegungen zur Darstellungsweise am Großen Trajanischen Fries

und am Alexandermosaik, München 1991. – *Zur griechischen Bewaffnung:* A. M. Snodgrass, Wehr und Waffen im antiken Griechenland. Kulturgeschichte der antiken Welt 20, Mainz 1984. – P. Connolly, Greece and Rome at War, London 1998. – *Zur römischen Bewaffnung:* M. Feugère, Les Armes des Romains de la République à l'Antiquité tardive, Paris 1993. – *Zu der ikonographischen Formel historisierender Rüstungen:* G. Waurick, Untersuchungen zur historisierenden Rüstung in der römischen Kaiserzeit, in: JbRGZM 30, 1985, S. 265–301. – *Zu den Dakerkriegen:* K. Strobel, Untersuchungen zu den Dakerkriegen Trajans, Bonn 1984.

19. Ein Bildnis des Kaisers Marc Aurel

Eine Person mit vier Gesichtern – Kaiserporträts für alle Provinzen: Die Technik der Vervielfältigung

Als der Städelsche Museumsverein vor etwa 25 Jahren für das Frankfurter Liebieghaus den leicht überlebensgroßen Marmorkopf eines bärtigen Mannes mit lebhaftem Blick unter gesträubtem Stirnhaar (Abb. 26) erwarb, spielte sicher auch die Qualität des Bildwerks eine Rolle. Begrüßt wurde diese Bereicherung der Sammlung vor allem deshalb, weil die Gruppe der vergleichsweise zahlreich vertretenen Privatporträts der römischen Kaiserzeit nun um ein Kaiserbildnis erweitert wurde. Die Zuschreibung von Porträts an römische Kaiser und Mitglieder ihrer Familien gehört heute zu den leichtesten Aufgaben der Klassischen Archäologie. Worauf basiert diese Sicherheit?

Eine entscheidende Hilfe bieten die Münzen. Es war ein Privileg der Kaiser, die während ihrer Regierungszeit herausgegebenen Münzen mit ihrem Bildnis zu versehen. Daraus ergibt sich in der Regel eine dichte Folge von Profilansichten. Beischriften oder die Bildmotive der Rückseite geben nicht selten Hinweise auf den Zeitpunkt und den Anlaß der Prägungen. Man hat die Bilderwelt auf den kaiserzeitlichen Münzen zutreffend als „reichhaltig illustrierte Staatszeitung" charakterisiert. Für die Identifizierung der rundplastischen Bildnisse ist dieser optische Leitfaden wertvoll, aber keinesfalls ausreichend. Das liegt in erster Linie an dem winzigen Format der meisten Münzbildnisse. In den Standardprägungen schwankt die Größe der Porträts zwischen 1,5 und 2,5 cm. Der Vergleich muß sich demzufolge auf Übereinstimmungen in den Grundzügen beschränken.

Gravierender ist jedoch ein anderer Sachverhalt. Der römische Kaiser war kein Monarch im eigentlichen Sinne (S. 30f.). In einem sorgsam mit dem Senat austarierten Machtsystem war dem Kaiser eine zwar tonangebende, aber nicht unumschränkte Führungsrolle zugewiesen *(princeps)*. Es ist deshalb davon auszugehen, daß sich die Bildnisse der Kaiser nicht grundsätzlich von den Porträts anderer Männer ihrer Zeit unterscheiden. Kaiser und Privatpersonen trugen – etwa bei der Haar- und Barttracht – den gleichen modischen Zeitströmungen Rechnung. Die Schwierigkeit einer zweifelsfreien Differenzierung zwischen Kaiser- und Privatporträts wird noch dadurch erhöht, daß mancher Privatmann – aus Überzeugung oder politischem Opportunismus – sein Aussehen dem des Kaisers anglich, um dadurch seiner Verbundenheit Ausdruck zu verleihen. Wenn ein großformatiges Marmorbildnis einem Münzbild an die Seite gestellt werden kann, erlaubt die Ähnlichkeit also beileibe noch keine zweifelsfreie namentliche Identifizierung. Es muß ein weiteres Kriterium hinzukommen.

Wenn ein römischer Privatmann in einer Statue verewigt wird, ist das entweder Ausdruck einer Ehrung, die man ihm zuteil werden ließ, oder ein von ihm selbst initiierter Akt der Repräsentation, in aller Regel jedenfalls ein singulärer Vorgang. Ganz anders verhält es sich mit den Bildnissen des Kaisers. So wie bei uns heute in den Amtsstuben und staatlichen Institutionen Photos des jeweiligen Bundespräsidenten hängen, war in der Antike das Porträt des regierenden Kaisers bis in die letzten Winkel des Imperium Romanum allgegenwärtig. Das vom Kaiser jeweils als verbindlich bezeichnete Bildnis mußte folglich in großen Stückzahlen kopiert werden. Auch bei noch so zufälliger und ausschnitthafter Überlieferung des ursprünglichen Bestandes kann es nicht ausbleiben, daß uns von dieser ungeheuren Masse heute von jedem Kaiserbildnis noch mehrere Exemplare vorliegen. So wird die Statistik zu einem aussagekräftigen Anhaltspunkt, der auch auf das Frankfurter Porträt anwendbar ist und den Dargestellten – in Verbindung mit den Münzbildnissen – als Kaiser Marc Aurel identifiziert.

Im vorliegenden Fall kommt eine weitere Orientierungshilfe hinzu. In die Regierungszeit Marc Aurels (161–180 n. Chr.) fällt eine Phase unmittelbarer Bedrohung für das Römische Reich. Von Norden und Osten kommend, drangen zu Beginn der 70er Jahre des 2. Jhs. n. Chr. barbarische Volksstämme (Markomannen, Quaden, Kostoboken, Jazygen) bis nach Oberitalien und Griechenland vor. Militärische Erfolge und einzelne Friedensschlüsse vermochten die Gefahr zwar nicht endgültig zu beseitigen, doch durch sein persönliches Eingreifen gelang es Marc Aurel, die akute Bedrohung zunächst einmal abzuwenden. Ohne Rücksicht auf seine angegriffene Gesundheit widmete der Kaiser seine ganze Kraft der nachhaltigen Sicherung der gefährdeten Donauprovinzen. Dies und seine erfolgreiche Abwehr einer von syrischem Boden ausgegangenen Rebellion im Jahr 175 n. Chr. brachten Marc Aurel Ehrungen ein, deren archäologische Spuren dazu beitragen, das Bildnis Marc Aurels zweifelsfrei identifizieren zu können: 176 n. Chr. feierte Marc Aurel in Rom einen Triumph. Ein in

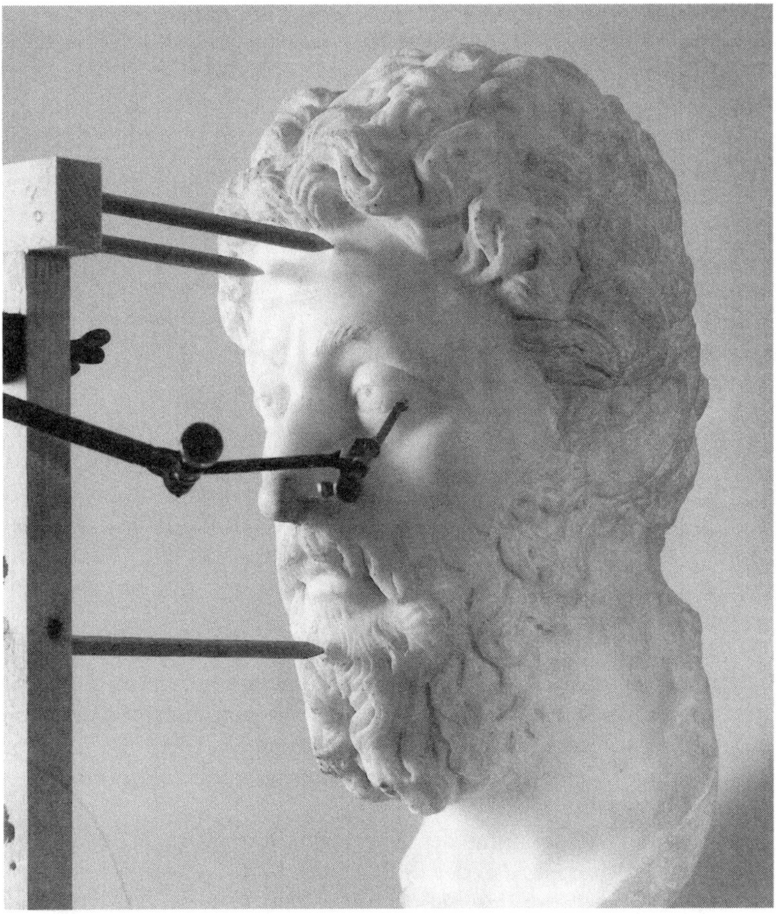

Abb. 26 Porträt des Kaisers Marc Aurel in Verbindung mit einem modernen Gerät zum Übertragen von Maßen. Frankfurt, Liebieghaus. Museum alter Plastik (Leihgabe des Städelschen Museumsvereins).

diesem Zusammenhang vermutlich in der Nähe des Kapitols errichteter Ehrenbogen war mit Reliefs geschmückt, auf denen der Kaiser mehrfach dargestellt ist. Ein weiteres, postum geschaffenes Ehrenmonument ist die sogenannte 30 m hohe Marcussäule, auf deren spiralförmig umlaufendem Relieffries der Tatenruhm Marc Aurels und dabei natürlich auch der Kaiser selbst vielfach ins Bild gesetzt ist.

Bereitet im vorliegenden Fall die Identifizierung des Dargestellten also keine Schwierigkeiten, fordert der Gesamtbestand der Bildnisse eines Kaisers stets zu einer weiteren Beschäftigung heraus: Entsprechend der Dauer seines politischen Wirkens erfassen die Porträts den

Dargestellten in verschiedenen Altersstufen. Bei dem 121 n. Chr. geborenen Marc Aurel lassen sich bei den insgesamt etwa 110 ihm zuzuschreibenden rundplastischen Porträts auf der Grundlage der Münzprägungen vier klar voneinander abgesetzte Ausgestaltungen unterscheiden. Die erste Fassung (Bildnistypus I) entsteht anläßlich der Adoption durch Kaiser Antoninus Pius. Der erst Siebzehnjährige wird offiziell als Thronfolger nominiert. Das ausgesprochen knabenhafte Bildnis wird sechs Jahre später durch ein reiferes Erscheinungsbild ersetzt (Bildnistypus II). Es trägt zugleich dem Umstand Rechnung, daß sich Marc Aurel nun – der zeitgenössischen Mode folgend – einen Bart wachsen läßt. Die Erhebung zum Kaiser im Jahr 161 n. Chr. gibt selbstverständlich Anlaß für eine neue Fassung des Porträts (Bildnistypus III). Gegenüber dem Jugendbildnis mit dem lebhaften Blick und üppigem Haar ist das kaiserliche Porträt strenger, beruhigter und dadurch würdevoller. In der unübersehbaren Annäherung an das Bildnis des voraufgegangenen Kaisers Antoninus Pius kommt programmatisch der Wille zum Ausdruck, die Politik des Vorgängers fortzusetzen. In gleichem Sinne bekundet die Nähe zum Porträt seines Mitregenten Lucius Verus (160–169 n. Chr.) das Einvernehmen beider Herrscher.

Das Frankfurter Porträt zeigt Marc Aurel in einer nochmals modifizierten Fassung (Bildnistypus IV). Das Gesicht ist magerer, der Blick aus weit geöffneten und von hohen Brauenbögen überspannten Augen wirkt pathetischer, der Bart sprießt üppiger. Anlaß für die Gestaltung eines neuen ‚Amtsbildnisses' war vermutlich die Feier des Triumphs im Jahr 176 n. Chr.

Bei strikter Anwendung der Kriterien *Typologie* und *Ikonographie* bleibt nicht verborgen, daß der Bildnistypus IV in sich nicht homogen ist. Eine Gruppe zeigt den Kaiser mit festem Gesichtskarnat fast alterslos, eine andere Gruppe – zu ihr gehört der Frankfurter Kopf – hebt mit der faltendurchzogenen Stirn und der schlaffen Gesichtshaut deutlich Alterszüge hervor. Da die Frisur aber identisch ist und beide Versionen an den historischen Reliefs der nach 176 entstandenen Ehrenmonumente vorkommen, sind beide Varianten als gleichwertige Aussagen über das späte Kaisertum Marc Aurels zu werten. In der Tat haben beide Bildformeln in der römischen Bildniskunst eine lange Tradition: Die idealisierende, alterslose Fassung hebt das Charisma des Herrschers hervor, die Alterszüge spielen auf die Mühsal *(onus, labor)* an, die der Herrscher um des Wohlergehens des Reiches willen auf sich nimmt. Wenn die Fundstatistik für die ‚charismatische' Version eine stärkere Verbreitung in den griechisch geprägten Ostprovinzen des Römischen Reiches ausweist, während die von der Sorge *(cura)* gezeichnete Bildnisform mehr in Rom selbst nachzuweisen ist, drückt sich darin eine Rücksichtnahme auf die jeweilige lokale ikonographische Konvention aus. Es kam ja darauf an, daß die in den Porträts enthaltene politische ‚Botschaft' im weitläufigen Territorium des Imperium Romanum mit seinen disparaten kulturellen Traditionen auch wahrgenommen und verstanden wurde.

Einem für die archäologische Forschung glücklichen Zufall ist es zu verdanken, daß das Frankfurter Porträt des Marc Aurel vor seiner antiken Aufstellung nicht ‚den letzten Schliff' erhielt. Ungeachtet der im übrigen vollendeten Bildhauerarbeit sind an der Vorderseite des Kopfes drei warzenartige Erhebungen *(Puntelli)* stehengeblieben, zwei an der Stirn, eine innerhalb des Kinnbarts. Diese Markierungen sind Relikte des Kopierverfahrens, bei dem am Modell entsprechende Fixpunkte festgelegt wurden, an denen man sich bei der Anfertigung der Kopien orientierte (Abb. 26). Warum der Kopist die Werkspuren am hier besprochenen Kopf nicht entfernte, bleibt rätselhaft. Daß die Rückseite des Kopfes weniger sorgfältig ausgearbeitet ist als die Vorderseite, erklärt sich hingegen leicht aus der einstigen Aufstellung: Der Frankfurter Kopf war ursprünglich in eine Statue eingelassen, die ihrerseits vor einer Wand oder – wahrscheinlicher – in einer Statuennische aufgestellt war.

Literatur: Die Darstellung ist referiert nach M. Bergmann, Marc Aurel. Liebieghaus Monographie 2, Frankfurt am Main 1978.
Zu den Bildnissen Marc Aurels ferner: M. Wegner, Die Herrscherbildnisse in antoninischer Zeit. Das römische Herrscherbild II 3, Berlin 1939, S. 33–47. – K. Fittschen/P. Zanker, Katalog der römischen Porträts in den Capitolinischen Museen und den anderen kommunalen Sammlungen der Stadt Rom, Band I Kaiser- und Prinzenbildnisse, Mainz 1985, S. 67–78 Nr. 61–71 (Fittschen). – *Zur Person und zum Wirken Marc Aurels:* K. Stemmer (Hrsg.), Kaiser Marc Aurel und seine Zeit. Das Römische Reich im Umbruch, Berlin 1988. – K. Rosen, Marc Aurel und Lucius Verus, in: M. Clauss, Die römischen Kaiser. 55 historische Porträts von Caesar bis Iustinian, München 1997, S. 145–158. – *Zur Bärtigkeit in der römischen Kaiserzeit:* P. Zanker, Die Maske des Sokrates. Das Bild des Intellektuellen in der antiken Kunst, München 1995, S. 206–221. – *Zum Verhältnis von Herrscher- und Privatbildnis:* P. Zanker, Herrscherbild und Zeitgesicht, in: WissZBerl 31, 1982, S. 307–312. – P. Cain, Männerbildnisse neronisch-flavischer Zeit, München 1993. – *Zum antiken Kopierverfahren:* Chr. von Hees-Landwehr, Griechische Meisterwerke in römischen Abgüssen. Der Fund von Baia. Zur Technik antiker Kopisten, Frankfurt am Main/Freiburg 1982.

20. Sarkophag eines Knaben

Trost durch Idealisierung – Bildung als Statussymbol

In den frühen Hochkulturen des Mittelmeerraumes, in Ägypten und Mesopotamien, auf Kreta und in der mykenischen Welt, bestattete man hochrangige Verstorbene in verzierten Särgen *(Sarkophagen)* aus Ton, Metall oder Stein. Griechen und Römer entwickelten im 1. Jtd. v. Chr. mit ihren aufwendigen Grabbezirken andere Formen der repräsentativen Bestattung: Grabgebäude und Grabreliefs prägten das Bild der Nekropolen. In Rom, wo bis in die frühe Kaiserzeit hinein die Verbrennung der Verstorbenen als vorherrschendes Totenritual gepflegt wurde, blieben Körperbestattungen und damit die Verwendung von Sarkophagen bis in das beginnende 2. Jh. n. Chr. eine Randerscheinung. In der Folgezeit jedoch setzte im Römischen Reich eine umfangreiche Produktion reliefgeschmückter Steinsarkophage ein. Heute sind der Forschung über 12 000 Exemplare bekannt. Da die römische Religion, anders als das nachfolgende Christentum, keine verbindliche Glaubenslehre kannte, entwickelten die Menschen individuelle Vorstellungen vom Geschehen nach dem Tod. Dabei schälten sich natürlich bestimmte Gedankenkreise heraus. Doch die Interpretation der Bilder auf den Sarkophagen hat für jedes Motiv gesondert zu erfolgen, jeder Sarkophag ist auf die ihm möglicherweise innewohnenden individuellen Aussagen zu überprüfen.

Die Vorderseite des hier besprochenen 1,10 m langen und 33 cm hohen Sarkophags aus Florenz (Abb. 27) ist in seiner ganzen Ausdehnung mit einem Relief verziert, das sich bei näherem Hinsehen in drei Szenen gliedert. Aus der Vielzahl der ganz unterschiedlich agierenden Figuren sticht die aus fünf Gestalten bestehende Mittelgruppe wegen ihrer nahezu symmetrischen Anordnung und parataktischen Aufreihung hervor. Die in ihrer Mitte thronende Figur ist zudem als einzige in reiner Vorderansicht dargestellt und zieht dadurch den Blick des Betrachters besonders auf sich. Von dem Sitzmöbel ist wegen des darüber ausgebreiteten Tuchs nichts zu erkennen. Um so markanter ist der Fußschemel ins Bild gesetzt. Allein dieses Element der Ausstattung ist vielsagend, denn der Fußschemel ist in der römischen Welt obligatorischer Bestandteil des hockerähnlichen Ehrensitzes *(sella)* für herausgehobene Amtspersonen und Würdenträger (Fallbeispiel Nr. 18 S. 160ff.). Der Thronende trägt ein langärmeliges Untergewand und darüber nach griechischer Art einen Mantel. Die Buchrolle in seiner Linken und der Redegestus der rechten Hand entsprechen dem Auftreten eines Gelehrten, der sein Wissen an die Umstehenden vermit-

Abb. 27 Musensarkophag eines Knaben. L. 1,10 m; ca. 270–280 n. Chr. Paris, Louvre, Inv. MA 1520.

telt. Während die an einen Pfeiler gelehnte Person zu seiner Linken ihm gebannt zuhört, ist die auf der anderen Seite des Sitzes Plazierte mit einer Schreibfeder ausgerüstet, die sie in ein erhöht stehendes Tintenfaß taucht.

Würde und Weisheitsvermittlung werden in der Mittelszene thematisiert. Alter und Geschlecht der handelnden Personen stehen dazu in einem auffallenden Kontrast. Das ganze Geschehen ist unverkennbar in eine kindliche Sphäre versetzt. Damit wird Bezug genommen auf das Alter des Bestatteten, bei dem es sich, wie man aus den Abmessungen des Sarkophags folgern darf, um ein Kind gehandelt hat. Die im Bild vorgetragene Auflösung der Grenzen zwischen Kindheit und gereiftem Alter verfolgt zweifellos das Ziel, dem Betrachter vor Augen zu führen, welch glanzvolle Zukunft dem Frühverstorbenen verheißen war und welches Ansehen er errungen hätte, wenn ihm die entsprechende Lebenszeit vergönnt gewesen wäre.

Doch die Verfremdung der Szene beschränkt sich nicht allein auf die Übertragung der Erwachsenenwelt in die Kindheit. Auch das Verhältnis von Lehrer und Lernenden ist in sein Gegenteil verkehrt. Die dem Knaben lauschenden Schülerinnen tragen eine Feder im Stirnhaar und sind damit in der römischen Ikonographie als Musen gekennzeichnet. Sie, die normalerweise ihr von den Göttern verliehenes Wissen an die Menschen weitergeben, werden in der Szene des Sarkophagreliefs von einem Sterblichen, noch dazu von einem Kind, belehrt. Eindringlicher könnte nicht vor Augen geführt werden, wie groß der Verlust durch den frühen Tod des in dem Sarkophag bestatteten Knaben ist. Der Entwurf zu diesem Bildmotiv ist offenkundig von Trostgedichten geprägt, die sich genau dieser Form der übersteigerten Würdigung des Verstorbenen bedienen:

Schon als du als warmer Jüngling zur Welt kamst,
Nahmen dich die neun Schwestern [die neun Musen] *in ihren Schoß auf,*
Nahmen dich, ein wimmerndes Neugeborenes, von deiner Mutter
Und tauchten dich in die gläserne Quelle der Hippokrene.
In diesem Moment, als sie dich ins Wasser eintauchten,
Trankst du wunderbarerweise statt Wasser Wissen.
Schon als Knabe befähigter als deine Lehrer,
Verschlangst du alles, was es an Einrichtungen der Rhetorik,
Grammatik oder der Palästra gibt,
Als hättest du es schon in zartem Alter aufgenommen.
Und schon zieht dich der fromme Kaiser an seinen Hof,
Setzt dich unter die vornehmen Räte in seinem Konsistorium ...

(Sidonius Apollinaris, carmen XXIII 204–216. Übersetzung: R. Amedick)

So wie in dem Trostgedicht von der Befähigung des Knaben für höchste Staatsämter die Rede ist, wird auch in der Mittelszene des Sarkophagreliefs auf den Status einer Amtsperson angespielt, denn in dem erhöhten Sitz und in der mit dem Tintenfaß ausgerüsteten Muse erkannte der antike Betrachter unschwer die *sella* und den *scriba* (Amtsschreiber) als Charakteristika einer Magistratsszene.

Die Darstellungen zu beiden Seiten der Mittelszene weisen in die gleiche Richtung. Wir sehen den Knaben in Bildern, wie sie eigentlich der repräsentativen Selbstdarstellung verdienter Bürger vorbehalten sind. Der von mehreren eilfertigen Dienern zur Ausfahrt vorbereitete Wagen auf der linken Seite spielt auf ein Privileg hoher Beamter und Magistratspersonen an, denen allein die Benutzung von Wagen innerhalb der Stadt erlaubt war. Die aufwendige Architektur im Hintergrund wird durch die als Zugtiere eingesetzten Widder und den unter den Tieren liegenden Blumenkorb in einen ländlichen Zusammenhang gestellt. Gemeint ist somit ein außerhalb der Stadt gelegenes Anwesen *(villa)*, auf das sich die Verantwortungsträger für ihre geistige Rekreation in regelmäßigen Abständen zurückzuziehen pflegten, um aus diesen Phasen des *otium* neue Kräfte für ihre aufreibende Pflichterfüllung *(negotium)* zugunsten des Gemeinwohls zu schöpfen (Fallbeispiele Nr. 11 S. 124ff. und Nr. 15 S. 144ff.).

In der Szene am rechten Bildrand ist der Verstorbene dargestellt – natürlich nicht als lebloses Kind, sondern in der Pose eines Bürgers, der sich durch sein Lebenswerk ein so hohes Ansehen erworben hat, daß ihm – wie einem Heros – ein ehrendes Mahl gereicht wird (Fallbeispiel Nr. 9 S. 114ff.). Der mit nacktem Oberkörper auf einer Kline Gelagerte wird von einem vielköpfigen Gefolge umsorgt. Wieder ist dieses kindliche Rollenspiel als ein Blick in die durch den frühen Tod verwehrte, verheißungsvolle Zukunft des Verstorbenen zu verstehen. Die Szenenfolge ist ein Sinnbild der nicht zur Entfaltung gekommenen Anlagen und Befähigungen des Knaben. Mit dieser programmatischen Ikonographie entspricht der Kindersarkophag der Mehrzahl der römischen Sarkophagreliefs und der Sepulkralkunst überhaupt, in der mehr die Tugend und das – überhöht dargestellte – Lebenswerk der Verstorbenen betont wird als die Trauer der Hinterbliebenen oder Gedanken um das Schicksal nach dem Tode.

Literatur: Die Interpretation ist referiert nach R. Amedick, Vita Privata auf Sarkophagen, Berlin 1991, S. 69–72.
Zu den Bestattungssitten und ihrem Wandel in der römischen Kaiserzeit: H. Brandenburg, Der Beginn der stadtrömischen Sarkophagproduktion der Kaiserzeit, in: JdI 93, 1978, S. 277–327. – F. Sinn, Stadtrömische Marmorurnen, Mainz 1987, S. 4–6. – *Zu den Typen und Bildthemen römischer Sarkophage:* G. Koch/H. Sichtermann mit einem Beitrag von F. Sinn-Henninger, Römische Sarkophage. HdArch, München 1982. – G. Koch, Sarkophage der römischen Kaiserzeit Darmstadt 1993. – *Zur schulischen Unterweisung im antiken Rom:* J. Carcopino, Rom. Leben und Kultur in der Kaiserzeit (Hrsg. E. Pack), Stuttgart 1977, S. 154–158. – H. Blanck, Einführung in das Privatleben der Griechen und Römer, Darmstadt ²1996. – *Antike Zeugnisse zum römischen Sepulkralwesen:* H. Geist/G. Pohl, Römische Grabinschriften. Tusculum-Ausgabe, München 1969.

21. Ein Mumienporträt aus dem römischen Ägypten

Griechische Maltechnik überdauert im ägyptischen Wüstensand – Kunstvolle Symbiose von lokaler Religion und elitärer Weltläufigkeit

In den gemalten Bildnissen aus Gräbern des römischen Ägypten (Abb. 28) sind uns die eindrucksvollsten Zeugnisse der ansonsten weitgehend verlorenen antiken Tafelmalerei erhalten. Die Konservierung verdanken sie ihrer Lagerung im trockenen ägyptischen Wüstensand. Erste Exemplare dieser Gattung kamen bereits zu Beginn des 17. Jahrhunderts während einer Reise des römischen Edelmannes Pietro Della Valle ans Tageslicht. Natürlich brachte die 1798 gestartete, mit vielen Experten besetzte Ägypten-Expedition Napoleons einen erheblichen Zugewinn an Funden dieser Gattung. Doch erst die Forschungsunternehmungen im ausgehenden 19. Jahrhundert vermehrten den Bestand in einem solchen Umfang, daß der Forschung heute eine breite Materialbasis zur Verfügung steht.

Ein eigener Forschungszweig widmet sich den Fragen der Maltechnik. Dabei zeigt sich, daß unterschiedliche Verfahren angewandt wurden. Vorherrschend ist die sogenannte enkaustische Malerei. Nacheinander wurden mit Bienenwachs vermischte Farbschichten aufgetragen und durch vorsichtiges, gezieltes Erhitzen miteinander verschmolzen. Dadurch wurden leuchtende, changierende Farbeffekte erzielt. Dem Wachs konnte zur Verstärkung der Leuchtkraft noch ein öliges oder fetthaltiges Bindemittel (Ei oder Leim) beigemischt werden. Manche Bilder stellen einen Kontrast zwischen dem leuchtenden Inkarnat und einem stumpfen Farbton – etwa bei den Haaren – her, was durch den Verzicht auf ein öliges Bindemittel möglich wurde. In solch ausgefeilten Techniken gibt sich die lange Tradition der Tafelmalerei zu erkennen, die in Griechenland im 5. Jh. v. Chr. bereits vollendete Kunstwerke hervorgebracht hat.

Trotz der auf den ersten Blick guten Voraussetzungen stellt die Gattung der Mumienporträts die archäologische Forschung bei der Frage nach der Zeitstellung und vor allem hinsichtlich des in diesen Bildern dargestellten Personenkreises vor erhebliche Schwierigkeiten. Die Informationen über die Fundkontexte sind so spärlich, daß nahezu alle Antworten aus den Bildern innewohnenden Eigenarten abgeleitet werden müssen. Erneut erleben wir, wie die Tauglichkeit der archäologischen Methodik auf den Prüfstand gestellt und – konsequent angewendet – in ihrer Zuverlässigkeit bestätigt wird.

Anfänglich hat man die den meisten Bildnissen eigene lebendige Ausdruckskraft als Beleg für die Nähe zum wirklichen Aussehen der Dargestellten gewertet. Ja, man war sich sogar sicher, den jeweiligen Charakter aus dem Bildnis herauslesen zu können. Darin schien sich diese Gattung von den aus ikonographischen Formeln ‚komponierten' Porträts der griechischen und römischen Kunst (Fallbeispiele Nr. 5 S. 92ff. und Nr. 19 S. 170ff.) in markanter Weise zu unterscheiden. In den Mumienporträts schien der singuläre Fall vorzuliegen, getreu wiedergegebene antike Physiognomien studieren zu können. Doch die Gesamtschau der derzeit bekannten Mumienporträts führt bei unvoreingenommener Analyse zu der Erkenntnis, daß auch die Bildnisse dieser Gattung auf einem bestimmten Formelapparat beruhen. Anhand der Ausführung der Mundpartie oder der Brauen- und Stirnzone lassen sich im erhaltenen Bestand mehrfach Gruppen bilden, die jeweils einem Künstler bzw. einem Atelier zuweisbar sind. Gleichförmigkeit suchte man in solchen Fällen durch Differenzierungen bei den Gesichtsproportionen entgegenzuwirken. Unter diesem Aspekt stehen die aus ägyptischen Gräbern stammenden Porträts also vollkommen in der griechisch-römischen Bildnistradition.

Vor diesem Hintergrund bereitet die chronologische Einordnung der Gattung kaum noch Schwierigkeiten. Auch bei den Frisuren, der Kleidung und dem Schmuck ist die Einbindung in die griechisch-römische Welt unübersehbar. Nahezu alle Frisuren finden ihre Analogie in der zumeist von Rom ausgehenden, dann aber stets rasch im ganzen Kulturraum des Mittelmeers übernommenen Haarmode. Ein gewisses Lokalkolorit zeigt sich freilich in der auffallenden Vorliebe für kleine Löckchen, die aber in die jeweiligen Modefrisuren lediglich als Bereicherung eingefügt wurden. In konsequenter Anwendung dieser Beobachtung lassen sich Anfang und Ende der Konvention gemalter Mumienporträts bestimmen. Die frühesten Modefrisuren entsprechen jenen, die in Rom durch Kaiser Tiberius (14–37 n. Chr.) und seine Familie eingeführt wurden. Die spätesten finden ihre Entsprechungen in den Frisuren der Mitte des 3. Jhs. n. Chr. Doch schon an der Wende vom 2. zum 3. Jh. n. Chr. ist ein merklicher Rückgang der Bestattungen unter Verwendung von Porträtmumien zu verzeichnen. Dieser chronologische Rahmen wird durch eine Analyse des von den Frauen getragenen Schmucks (Ohrringe und Kolliers) bestätigt. Der Verlust der Grabkontexte mit allen seinen Indizien zur Bestimmung von Zeitstellung und Entwicklung der Gattung konnte durch die Anwendung der bewährten archäologischen Beurteilungskriterien ‚Stil' und ‚Ikonographie' ausgeglichen werden.

Schwerer wiegt die weitreichende Unkenntnis der Bestattungssituationen, wenn es um die Frage geht, welcher Personenkreis uns in diesen Bildnissen entgegentritt. Angesichts des Aufkommens der Gattung in der frühen römischen Kaiserzeit liegt ein Zusammenhang mit der Eingliederung Ägyptens als Provinz des *Imperium Romanum* im Jahr 30 v. Chr. nahe. Dieser sich geradezu aufdrängenden Vermutung stehen jedoch klare Indizien entgegen, die sich wiederum aus der Tracht ableiten lassen: Auf keinem der Männerbildnisse läßt sich eindeutig eine Toga, das kennzeichnende Gewand des römischen Bürgers, erkennen. Man kann daher nicht davon ausgehen, daß die Konvention gemalter Mumienporträts auf die Römer zurückgeht, die sich in der frühen Kaiserzeit zur Wahrnehmung politischer, wirtschaftlicher und militärischer Aufgaben in der neuen Provinz ansiedelten.

Bei unvoreingenommener Betrachtung der Darstellungen stellt man fest, daß bildliche Präsentation der Verstorbenen dem Anspruch gleicht, wie er uns aus der Sepulkralkunst der Oberschicht in den übrigen Regionen des mittelmeerischen Kulturraums während der römischen Kaiserzeit bekannt ist. In den Mumienporträts tritt uns keine ethnische Gruppierung aus der ‚multikulturellen' Bevölkerung des kaiserzeitlichen Ägypten entgegen. Der Kreis der solchermaßen Porträtierten definiert sich vielmehr über den gesellschaftlichen Status. Wer sich im römischen Ägypten zur ‚weltläufigen Elite' zählte, machte sich diese allerorts eingeführte Form der Selbstdarstellung im Erinnerungsbild zunutze.

Wenn sich die auf ägyptischem Boden ansässige Oberschicht in der Sepulkralkunst den im übrigen *Imperium Romanum* verbreiteten Intentionen anglich, stellt sich die Frage, warum man in der äußeren Form mit den gemalten Bildnissen einen so unkonventionellen Weg beschritt. Der Mangel an geeignetem Steinmaterial kann dafür kaum geltend gemacht werden, da ja auch sonst gewaltige Marmorstatuen oder -blöcke über weite Strecken durch den gesamten Mittelmeerraum transportiert wurden (Fallbeispiel Nr. 11 S. 124ff.). Die heute auf zahllose Museen verstreuten Mumienporträts werden in aller Regel als isolierte Gemälde präsentiert. Ihre Beurteilung ist jedoch nur im Kontext des Bestattungsrituals möglich. Ungeachtet der beschriebenen Einflüsse aus der griechisch-römischen Welt, steht die Gattung der Mumienporträts zunächst einmal für das Festhalten an der jahrtausendealten Tradition der Mumifizierung. Statt der stark stilisierten altägyptischen Mumienmaske ist der Mumienhülle nun ein Bildnis im zeitgenössischen Stil der römischen Kaiserzeit eingefügt.

Sind die während der römischen Kaiserzeit in Ägypten entstandenen Mumienporträts mithin Zeugnisse eines unverändert beibehaltenen Totenglaubens? In der altägyptischen Religion wünschte der Verstorbene den Tod zu überwinden, wie es einst dem Gott Osiris widerfahren war. Deshalb waren die mumifizierten, d. h. für die Wiederauferstehung präparierten Körper mit einer Gesichtsmaske versehen, die den idealen, göttlichen Zügen des Osiris angeglichen war. In deutlichem Gegensatz dazu tragen die auf Holz gemalten Bildnisse der Mumienporträts die Gesichtszüge von Sterblichen. Eine ungebrochene Tradition altägyptischer Jenseitsvorstellungen bezeugen die gemalten Mumienbildnisse demnach nicht. Doch auch von dieser Bildform läßt sich eine Brücke zu älteren religiösen Vorstellungen in Ägypten schlagen.

Die vorliegenden Nachrichten über die Fundumstände sprechen durchweg davon, daß man die Mumien mehr verscharrt als bestattet angetroffen habe. Eine weitere Merkwürdigkeit kommt hinzu: Auffallend häufig hat man an den Mumien Beschädigungen festgestellt. Wären die mumifizierten Verstorbenen unverzüglich bestattet worden, hätte es kaum zu solchen Abnutzungsspuren kommen können. Offenkundig wurden die Mumien über längere Zeit hinweg frei und ungeschützt aufbewahrt. In Verbindung mit einigen literarischen Quellen führt dies zu der Annahme, daß die Mumien in Fortführung eines älteren ägyptischen Rituals in einen häuslichen Totenkult einbezogen wurden. Nicht nur beim Totenmahl, sondern auch bei späteren Familienfeiern wurde die Mumie im Kreis der festlich Versammelten aufgestellt und auf diese Weise weiterhin in die vormalige Gemeinschaft einbezogen. Der Verstorbene blieb in Gestalt der Mumie tatsächlich anwesend. Sein lebensnahes Porträt trug wesentlich zu dieser Imagination bei.

Das Erlöschen der Gattung im 3. Jh. n. Chr. ist Folge eines gesellschaftlichen Wandels, an dem unter anderem auch das Aufkommen neuer religiöser Strömungen beteiligt war. Das Klima, in dem auf

Abb. 28 Bildnis einer jungen Frau von einer Porträtmumie aus Ägypten. H. 38 cm; 120–130 n. Chr. (hadrianisch). Würzburg, Martin von Wagner Museum der Universität, Inv. H 2197.

ägyptischem Boden altangestammte Traditionen eine Symbiose mit den Lebensformen und Vorstellungen der Griechen und Römer eingehen konnten, war nun nicht mehr gegeben.

Literatur: Die Interpretation der Gattung der ägyptischen Porträtmumien ist referiert nach B. Borg, Der zierlichste Anblick der Welt. Ägyptische Porträtmumien, Mainz 1998.
Zur Gattung der Mumienporträts allgemein: B. Borg, Mumienporträts. Chronologie und kultureller Kontext, Mainz 1996. – K. Parlasca/H. Seemann (Hrsg.), Augenblicke. Mumienporträts und römische Grabkunst aus römischer Zeit. Ausstellung in der Schirn Kunsthalle Frankfurt 30. Januar–11. April 1999, München 1999. – K. Parlasca, Repertorio d'Arte del'Egitto greco-romano I–III, Palermo 1961/1977/1980 (Band IV in Vorbereitung). – R. Drenkhahn/R. Germer, Mumie und Computer. Ausstellungskatalog Kestner-Museum Hannover, Hannover 1991. – *Zur antiken Polychromie und Tafelmalerei:* P. Moreno, Pittura Greca. Da Polignoto ad Apelle, Mailand 1987. –

I. Scheibler, Malerei der Antike, München 1994. – I. Wehgartner, Keramik und Malerei, in: A. H. Borbein (Hrsg.), Das Alte Griechenland, München 1995, S. 291–335. – U. Koch-Brinkmann, Polychrome Bilder auf weißgrundigen Lekythen, München 1999. – *Zum mittelmeerischen Marmorhandel:* M. Maischberger, Marmor in Rom. Anlieferung, Lager- und Werkplätze in der Kaiserzeit. Palilia 1, Wiesbaden 1997, S. 17–31.

22. Das Poseidonheiligtum auf der Insel Kalaureia

Die soziale Funktion griechischer Heiligtümer – Sakralgeschehen abseits von Tempel und Altar

Die Insel Kalaureia (heute Poros) liegt im Südwesten des Saronischen Golfs. Vom peloponnesischen Festland und der gegenüber gelegenen antiken Stadt Troizen ist sie nur durch einen schmalen Sund getrennt. Während der längsten Zeit ihrer Geschichte stand die antike Siedlung auf der Insel in politischer Abhängigkeit von Troizen. Unter ihrem eigenen Namen erwarb sich die Insel einen in ganz Griechenland verbreiteten Ruf durch das dort gelegene Heiligtum des Poseidon. Wie jede Kultstätte im griechischen Siedlungsgebiet, bot auch die dem Poseidon geweihte Sakralzone auf Kalaureia allen in Not geratenen Menschen den durch das Asylrecht gewährten Schutz. In antiken Quellen wird Kalaureia jedoch als eine besonders zuverlässig Schutz bietende Zufluchtsstätte charakterisiert. Bei Strabo heißt es z. B.: „*Der Gott stand bei allen Griechen in so hohem Ansehen, daß selbst die Makedonen, als sie* [durch ihren Sieg über das vereinte griechische Heer bei Chaironeia im Jahr 338 v. Chr.] *die Herrschaft über diese Region ausübten* [und in der Folgezeit unerbittlich gegen politische Gegner vorgingen] *die Unverletzlichkeit der Schutzzone von Kalaureia achteten.*" (VIII 6, 14 p. 374).

Mit dem Ausbruch des ‚Peloponnesischen Krieges' (431 v. Chr.) begann für Griechenland eine gut einhundert Jahre dauernde Phase, während der es in dichter Folge zu innergriechischen Kämpfen, aber auch bürgerkriegsähnlichen Situationen *(staseis)* in vielen Städten kam. Das Heer der Vertriebenen und Flüchtlinge stieg ins Unermeßliche. Zu den Heiligtümern, deren Schutzfunktion in besonderem Maße in Anspruch genommen wurde, gehörte Poseidons Kultplatz auf Kalaureia.

In diesen historischen Zusammenhang fällt ein Ereignis, das für die moderne Forschung fast zu ein Synonym für den Namen Kalaureia geworden ist: Als wohl profiliertester und vehementester Gegner der Makedonen sah sich der politisch engagierte athenische Redner Demosthenes (384–322 v. Chr.) nicht nur der Verfolgung durch die

Makedonen ausgesetzt, auch vielen seiner eigenen Landsleute war das unermüdliche Opponieren des Demosthenes gegen das ihrer Überzeugung nach unabänderliche Schicksal der makedonischen Bevormundung ein Dorn im Auge. So war man froh, daß Demosthenes sich schließlich in die Schutzzone auf Kalaureia zurückgezogen hatte. Hier war er sicher, zugleich aber auch mundtot gemacht. Um so tiefer wirkte der Schock, als sich die Nachricht vom Freitod des Demosthenes im Poseidonheiligtum von Kalaureia verbreitete. In der Einsicht, einen großen Bürger der Stadt unziemlich behandelt zu haben, hat man Demosthenes etwa 40 Jahre nach seinem tragischen Ende in Athen eine ehrende Statue errichtet, von der wir viele Kopien besitzen.

Die Sonderrolle der kleinen Insel Kalaureia mit ihrer allgemein geachteten Neutralität reicht in die griechische Frühzeit zurück. Wohl schon im 8. Jh. v. Chr. hatten mehrere Anrainerstädte *(Amphiktyonen)* entlang der Küsten des Saronischen Golfs einen Bund *(Amphiktyonie)* geschlossen, als dessen sakrales Zentrum sie das Poseidonheiligtum auf Kalaureia bestimmten. Bündner waren Athen, Aigina, Epidauros, Orchomenos in Böotien, Hermione sowie von lakedaimonischer Seite der Ort Prasiai und für die Argolis der Ort Nauplia. Bei den regelmäßigen Versammlungen der *Amphiktyonie von Kalaureia* trafen mithin Festgesandtschaften aus Städten und Regionen zusammen, die politisch und ökonomisch mehr trennte als verband. Vermutlich war es die Absicht dieses Zusammenschlusses, an neutraler Stelle ein Forum des vorsorglichen Ausgleichs widerstreitender Interessen unter den Amphiktyonen zu unterhalten. Welcher Platz wäre dafür besser geeignet gewesen als die kleine, politisch ambitionslose Insel Kalaureia.

Dieser geschichtsträchtige Ort geriet im ausgehenden 19. Jahrhundert in das Blickfeld der Archäologie, als die schwedischen Forscher Wide und Kjellberg Grabungen aufnahmen. Auf einer von Hügeln umgebenen Hochebene im Zentrum der Insel stießen sie auf die Fundamente mehrerer Bauten, darunter auch die Überreste eines Tempels aus dem späten 6. Jh. v. Chr. Zusammen mit weiteren kleinen Gebäuden und dem Altar war der etwa 27 m lange und 14 m breite Tempel von einer Umfriedungsmauer eingefaßt, deren Abmessung sich auf 53 m x 26 m beläuft. Später wurde eine Rekonstruktionszeichnung (Abb. 29) dieses räumlich recht beengten Areals angefertigt, die seither gern als Darstellung des Poseidonheiligtums von Kalaureia verwendet wird.

Westlich dieses Tempelbezirks haben die Ausgräber die Fundamente weiterer Gebäude freigelegt, von denen sich fünf, nämlich vier Hallen *(Stoai)* und ein Torgebäude *(Propylon)*, um einen etwa 70 m langen und 25–30 m breiten Platz gruppieren. Außerhalb dieses Platzes schließen sich im Westen nochmals zwei Bauten an (Abb. 30). Die nicht sehr ergiebigen Grabungsbefunde und einige datierbare Bauglieder (Kapitelle und Säulenbasen) verweisen die sukzessive verwirklichten Bauten am Rande des großen Platzes in die Jahrzehnte zwischen dem Ende des 5. Jhs. und der Mitte des 4. Jhs. v. Chr.

Um die Funktion der Hallen und die Nutzung des Platzes hat sich schon bald nach der Vorlage des ersten Plans eine erstaunliche Diskussion entsponnen. Während die einen die Bebauung des an den Tempelbezirk angrenzenden Platzes als Erweiterung des Heiligtums bezeichneten, wiesen andere den gesamten Komplex der für Kalaureia bezeugten Wohnsiedlung zu und sahen in der Anlage die Agora, den Hauptplatz der Stadt. Eine solche Diskussion ist deshalb erstaunlich, weil sie den vorgelegten Grundrißplan rein formalistisch analysiert. Natürlich kann sich die Interpretation des Gebäudeensembles als Agora auf Vergleiche stützen, bei denen das politisch-merkantile Zentrum einer Stadt in ähnlicher Weise von Hallenbauten und Toranlagen gesäumt wird, so z. B. die Agora von Athen. Aber auch Heiligtümer erleben im fraglichen Zeitraum einen Ausbau, bei dem Hallen eine maßgebliche Rolle spielen.

Wieder einmal scheint die Situation gegeben, daß die archäologische Forschung keine eindeutige Klärung zwischen zwei alternativen Interpretationsmöglichkeiten herbeiführen kann. Doch topographische Zusammenhänge lassen sich nicht allein über die Analyse von Grundrißplänen verstehen. Im Falle der Heiligtümer ist vorrangig die Frage nach den rituellen Handlungsabläufen zu stellen. Was geschah beim praktischen Vollzug der Kulthandlungen, und welche räumlichen Voraussetzungen waren dafür erforderlich? Bei Berücksichtigung dieses Aspektes fällt die Antwort auf die Frage nach dem Status der Zone westlich des eingefriedeten Tempelbezirks nicht schwer: Das Areal war Bestandteil des Sakralgeländes, und dies von Anfang an!

Die Grundausstattung eines jeden griechischen Heiligtums mußte so beschaffen sein, daß sie – neben allen anderen Formen der Inanspruchnahme – die Voraussetzungen für die Durchführung des jährlichen Kultfestes erfüllte. Die Griechen nannten ein Kultfest *Panegyris*, das heißt ‚festliche Zusammenkunft der gesamten Bevölkerung' [einer einzelnen Stadt, einer ganzen Region, oder – wie bei den ‚panhellenischen' Festen z. B. in Delphi oder Olympia – des gesamten griechischen Siedlungsgebietes]. Die Kernelemente des Kultfestes sind:

1. der feierliche Aufzug der Festteilnehmer in der Prozession *(pompe)*. Für die Bürger einer Stadt bestand die enorme Bedeutung der Prozession nicht zuletzt darin, daß ihnen das ehrenvolle Recht zuteil werden konnte, an der Prozession aktiv teilnehmen zu dürfen. Für die Außenbeziehungen einer jeden Stadt steigerte es das Ansehen, wenn die Einladungen zur Teilnahme am Kultfest von möglichst vie-

len und zudem möglichst renommierten Städten angenommen und durch die entsprechenden Festgesandtschaften auch öffentlich sichtbar wurden.

2. der Vollzug des Opfers am Altar.

3. der Verzehr des Fleisches der Opfertiere in festlich-geselliger Gemeinschaft mit Tanz und Gesang (Fallbeispiel Nr. 5 S. 92ff.). Zum konventionellen Rahmenprogramm gehörten aber auch athletische oder musische Wettkämpfe und vor allem auch Warenaustausch und Handel.

Die Kultfeste der Griechen waren, das macht dieser knappe Überblick deutlich, ungemein raumgreifend. Dimensionen, wie sie das Schaubild Abb. 29 zeigt, sind für den Vollzug des Kultes völlig unzureichend. Allein der Ritus der Opferhandlung am Altar kann hier stattfinden, aber bereits das Zusammensein beim Mahl erfordert zusätzlichen Platz. Tatsächlich besitzen wir in der schriftlichen Überlieferung genügend Hinweise auf die obligatorische Existenz solcher Festareale abseits der Tempel und Altäre. Besonders anschaulich wird uns diese topographische Grundstruktur griechischer Heiligtümer in einem für Olympia geschriebenen Siegeslied des Pindar vermittelt. Darin schildert der Dichter übertragen in die mythische Sphäre – mit Herakles als Akteur – die Einrichtung des Kultplatzes:

Er steckte den heiligen Hain ab dem höchsten Vater
Und durch Umhegung sonderte er die Altis aus auf reinem Platz
Aber die Ebene ringsum
Bestimmte er für die Erquickung beim Mahl.
(Olympische Ode X 45–48. Übersetzung: F. Dornseiff)

In dem Drama *Hiketiden* (‚Die Schutzflehenden') des Aischylos ist gleichfalls von der in griechischen Heiligtümern selbstverständlichen Zweiteilung des Sakralgeländes die Rede. Aischylos verwendet dabei die Ausdrücke *hieron alsos* (‚Heiliger Hain') und *bebälon alsos* (‚weltlicher Hain'), wobei ausdrücklich betont wird, daß auch diese zweite Zone Bestandteil des durch Sakralrecht geschützten Heiligtums sei. Der ‚weltliche Hain' meint also im Sinne Pindars jenes Areal, auf dem man sich zum geselligen Teil des Kultfestes einfindet. Übertragen auf unseren heutigen Sprachgebrauch trifft die Bezeichnung ‚Festwiese' den Charakter dieser Zonen griechischer Heiligtümer am besten. In der Bezeichnung ‚Festwiese' klingt zugleich an, daß diese Areale zunächst einmal unbebaut waren. Zur Festzeit errichtete man dann Zelte und Laubhütten. Besonderer Aufwand wurde natürlich bei dem offiziellen Festzelt getrieben. Wer sein Ansehen in der Stadt mehren und sich einen Ehrenplatz in der Prozession sichern wollte, tat sich als Stifter des Festzeltes hervor.

Abb. 29 Poseidonheiligtum auf Kalaureia. Der gesonderte Bezirk um Tempel und Altar.

Wenden wir uns nach diesem kursorischen Überblick über die Festgepflogenheiten in griechischen Heiligtümern wieder dem Kultplatz des Poseidon auf Kalaureia zu, so steht außer Zweifel, daß das Areal westlich des eingefriedeten Tempelbezirks, des *hieron alsos*, als Festwiese Bestandteil des Sakralgeländes gewesen sein muß. Wo anders hätten die Bewohner von Kalaureia und die Gesandtschaften aus den Mitgliedsstädten der Amphiktyonie im 8. und 7. Jh. v. Chr. ihre festliche Zusammenkunft *(panegyris)* abhalten sollen? Wo anders hätten die Flüchtlingsströme im 5. und 4. Jh. v. Chr. die Schutzgarantie des Heiligtums in Anspruch nehmen können? Daß die frühere ephemere Bebauung seit dem späteren 5. Jh. v. Chr. durch Errichtung fester Bauten abgelöst wird, ist ein Phänomen, das man allerorten in griechischen Heiligtümern feststellen kann. In Kalaureia mag dieser Vorgang dadurch beschleunigt worden sein, daß man hier einen sich ständig wandelnden Zustrom an schutzsuchenden Flüchtlingen zu bewältigen hatte. Tiefe Hallen, wie sie in Kalaureia errichtet wurden, entsprechen den in Griechenland üblichen Bauformen, um größere Pilgermengen in Heiligtümern vorübergehend einzuquartieren.

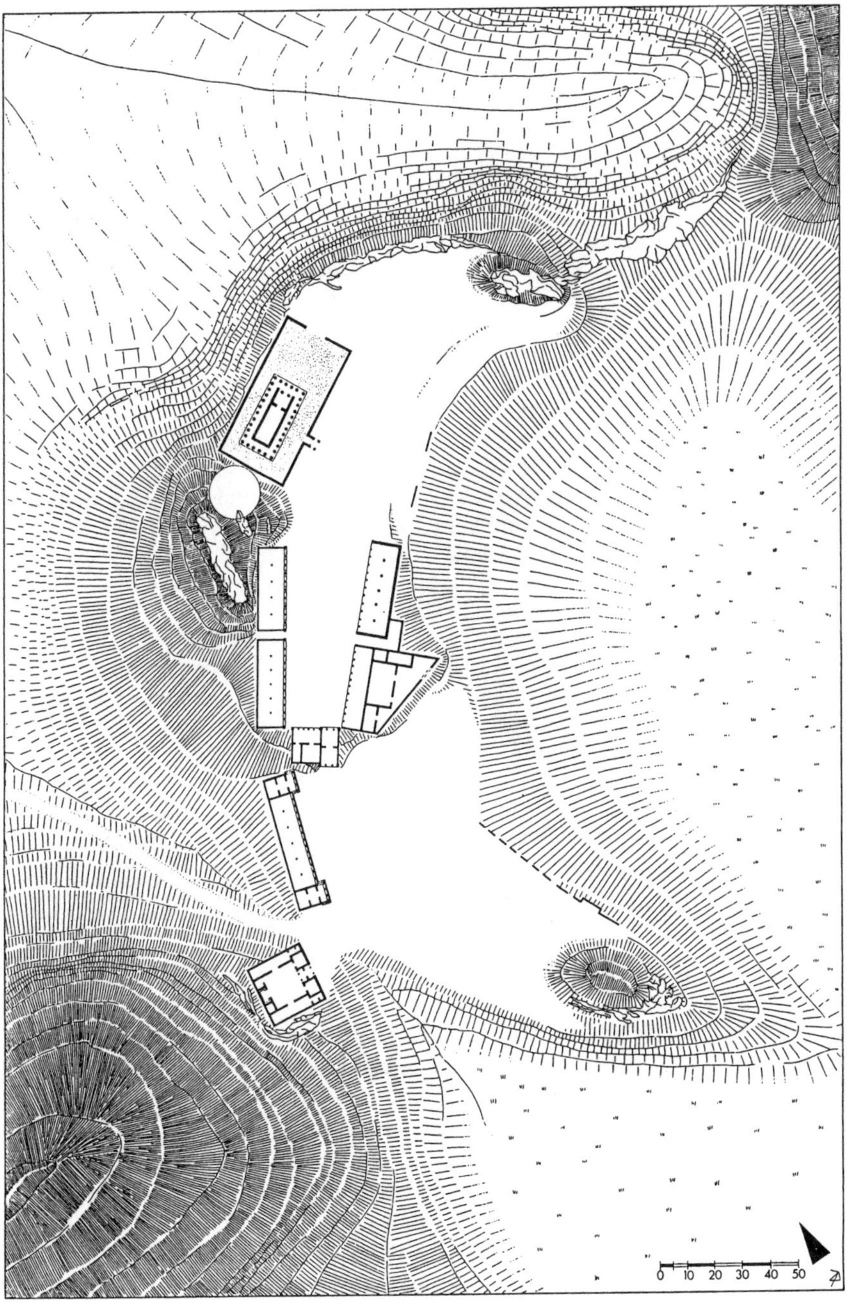

Abb. 30 Poseidonheiligtum auf Kalaureia. Gesamtplan des Heiligtums.

Literatur: Die Darlegungen zur Topographie des Heiligtums sind ein Originalbeitrag des Autors für diesen Band.
Grabungsberichte: S. Wide/L. Kjellberg, Ausgrabungen auf Kalaureia, in: AM 20, 1895, S. 267–326, dazu: F. Frazer, Pausanias's Description of Greece V, London 1898, S. 596–601. – G. Welter, Troizen und Kalaureia, Berlin 1941, S. 43–45. – *Zu Standorten und Funktionen griechischer Hallenbauten:* J. J. Coulton, The Architectural Development of the Greek Stoa, Mailand 1977. – G. Kuhn, Untersuchungen zur Funktion der Säulenhalle in archaischer und klassischer Zeit, in: JdI 100, 1985, S. 169–317. – H. von Hesberg, Platzanlagen und Hallenbauten in der Zeit des frühen Hellenismus, in: Akten des XIII. Internationalen Kongresses für Klassische Archäologie Berlin 1988, Mainz 1990, S. 231–241. – *Zur Schutzfunktion Kalaureias:* R. W. M. Schumacher, Three related sanctuaries of Poseidon: Geraistos, Kalaureia and Tainaron, in: N. Marinatos/R. Hägg, Greek Sanctuaries. New Approaches, London 1993, S. 62–87. – *Zur Schutzfunktion griechischer Heiligtümer generell:* U. Sinn, Das Heraion von Perachora. Eine sakrale Schutzzone in der korinthischen Peraia, in: AM 105, 1990, S. 53–116. – *Zur Funktion und Topographie griechischer Heiligtümer:* B. Bergquist, The Archaic Greek temenos. A Study of Structure and Function, Lund 1987. – U. Sinn, Sunion. Das befestigte Heiligtum der Athena und des Poseidon an der ‚Heiligen Landspitze Attikas', in: AW 23, 1992, S. 175–190. – S. E. Alcock/R. Osborne (Hrsg.), Placing the Gods. Sanctuaries and Sacred Space in Ancient Greece, Oxford 1994. – F. de Polignac, Cults, Territory, and the Origins of the Greek City-State, Chicago/London 1995. – J. N. Bremmer, Götter, Mythen und Heiligtümer im Antiken Griechenland, Darmstadt 1996. – *Zur Funktion und zum Ablauf griechischer Kultfeste:* Chr. Ulf, Überlegungen zur Funktion überregionaler Feste im archaischen Griechenland, in: W. Eder/K.-J. Hölkeskamp, Volk und Verfassung im vorhellenistischen Griechenland. Symposion zu Ehren von Karl-Wilhelm Welwei Bochum 1.–2. März 1996, Stuttgart 1997, S. 37–61. – I. Weiler, Olympia jenseits der Agonistik: Kultur und Spektakel, in: Nikephoros 10, 1997, S. 191–213.

23. Das sogenannte Katagogeion in Kassope

Stadtmarkt oder Herberge? – Rätselhafte Fundamente im Zentrum einer aufblühenden ‚Provinzstadt'

Der Nordwesten Griechenlands hat erst vergleichsweise spät die Aufmerksamkeit der Archäologen auf sich gezogen. Das hat seine Ursache darin, daß diese Region in den uns erhaltenen antiken Schriftquellen vergleichsweise wenig Berücksichtigung gefunden hat. Da für diese Region die anregenden Hinweise auf interessante Bauten oder Denkmäler fehlen, die andernorts vor allem der Text des Pausanias bietet, kam es hier bisher selten zu Ausgrabungen. So entfalteten sich in dem Ort Kassope im Norden des Golfs von Ambrakia archäologische Aktivitäten erst dann, als ein Projekt zur Erforschung griechischer Stadtanlagen die potientielle Ergiebigkeit dieser Stätte erkennen ließ. Heute gilt Kassope als Musterfall einer griechischen Stadt mittleren Ausmaßes, der wichtige Aufschlüsse über Befestigung, Wasserversorgung, Straßennetz, Privathäuser und administrative Infrastruktur eines solchen Gemeinwesens liefert.

Die Stadtgründer nutzten ein auf etwa 580 m Seehöhe gelegenes Plateau, das im Norden und Westen von felsigen Anhöhen überragt wird und sich nach Süden in einer steilen Abbruchkante zur Küstenebene öffnet. Von der Stadt aus ging der Blick somit auf jene Schifffahrtsroute, die entlang der Inseln Leukas und Kerkyra nach Unteriltalien und Sizilien führte. Unmittelbar an der Abbruchkante lag das Zentrum der Stadt, die *Agora*, ein Platz von etwa 160 m Länge und 60 m Breite. Das dominierende Gebäude war das *Bouleuterion*, die Tagungsstätte des Rates. Der nach Art eines Theaters konstruierte Bau nahm die östliche Hälfte des Platzes ein. Ihm gegenüber lag das *Prytaneion*, das Amtslokal der Magistrate. Die Nordseite des Platzes (Abb. 31) wurde von einer etwa 62 m langen und 11 m tiefen Halle eingenommen, die neben anderen Zwecken auch für Gerichtsverhandlungen genutzt wurde.

Hinter der Rückwand dieser Halle und von ihr durch eine etwa 3,5 m breite Straße getrennt, lag ein Gebäude, dessen massiver Unterbau sich besonders gut erhalten hat, das der Forschung aber hinsichtlich seiner Nutzung große Probleme bereitet. An seiner Funktion als Herberge *(Katagogeion)* gab es lange Zeit keine Zweifel. Im Anschluß an die neueren Grabungen in dem Gebäude und seiner Umgebung ist nun eine völlig andersartige Deutung der Zweckbestimmung dieses Baues vorgeschlagen worden. Nach dieser These hatte der Kaufmarkt hier seinen Platz. Wie erklärt sich diese Diskrepanz, und welche Möglichkeiten einer Klärung gibt es?

Das nahezu quadratische Gebäude mißt 30 m in der Breite und 32,60 m in der Tiefe. Der Eingang liegt auf der Südseite, also an der schmalen Straße hinter der Rückwand der Halle, die den Norden der Agora begrenzt. Entlang der Innenwände sind insgesamt 17 Räume aufgereiht. Die jeweils in der Mittelzone einer Wand gelegenen Kammern messen auf einer etwa quadratischen Grundfläche zwischen 18 und 20 m^2. Abweichend davon sind die an den Ecken gelegenen Räume untereinander durch diagonale Zwischenmauern getrennt. Jeder Raum hat seine eigene Zugangstür. Untereinander sind die Räume nicht verbunden. Im Zentrum eines jeden Raumes hat sich das Fundament für eine – wohl hölzerne – Innenstütze erhalten. Vor den Zimmern verläuft auf allen vier Seiten eine 2,30 m breite Vorhalle, die zum offenen Innenhof hin durch oblonge Stützen begrenzt wird. Die vier Eckpunkte werden von wuchtigen achteckigen Pfeilern eingenommen. Die tiefen Fundamente und die massiven Steinsockel lassen auf eine doppelstöckige Anlage schließen.

Von der Innenausstattung der Räume blieb neben jeder Tür jeweils nur eine kleine aus Ziegeln errichtete Feuerstelle erhalten. Ihre Funktion kann nur gewesen sein, den Raum bei Bedarf zu beheizen. Da weitere aussagekräftige Funde fehlen, kann die einstige Nutzung des Gebäudes allein aus architektonischen Parallelen abgeleitet werden. In der Tat können selbst fundleere Raumgruppen, die nur in ihren Fundamenten oder, wie im vorliegenden Fall, im steinernen Sockel der Grundmauern erhalten sind, über die Zuschreibung an einen Bautypus ‚zum Sprechen' gebracht werden. Auch bei der Interpretation von Architektur ist die *Typologie* also ein maßgebliches Kriterium.

Im weitesten Sinne ist der Bau von Kassope dem Typus der Säulenhof-*(Peristyl-)*Anlagen zuzuordnen. Ein frühes Beispiel aus dem späten 6. Jh. v. Chr. ist das Banketthaus *(Hestiatorion)* im Heraheiligtum von Argos. Die nächste Parallele für den Bau in Kassope findet sich im Heiligtum von Epidauros. Auf einer Grundfläche von etwa 76 x 76 m sind dort vier Säulenhöfe mit umgebenden Kammern zu einem in sich geschlossenen Gebäudekomplex mit glatten Außenwänden zusammengefügt. Die Eckräume sind in Epidauros rechtwinklig geschnitten, dabei aber so in die Länge gedehnt, daß in die zum Säulenhof weisende Längswand eine Tür eingepaßt werden konnte. Die bei einer Nutzung als Wohnraum hinderliche diagonale Raumtrennung wurde hier also vermieden. Verteilt auf zwei Stockwerke standen in Epidauros 160 Zimmer zur Verfügung. Sowohl auf die Anlage in Kassope als auch auf die Variante in Epidauros trifft die Beschreibung eines Gebäudes zu, die sich im Geschichtswerk des Historikers *Thukydides* findet. Nach der Zerstörung der Stadt Plataiai durch die Spartaner und Thebaner im Jahr 427/26 v. Chr. errichteten die Sieger für Kriegsflüchtlinge ein Quartier. Thukydides formuliert: *„Später rissen sie die Häuser bis auf den Erdboden nieder und bauten auf den Fundamenten eine Herberge von zweihundert Fuß im Geviert, mit Zimmern ringsum unten und oben."* (III 68)

Das sogenannte Katagogeion in Kassope gehört zur Bebauung des zentralen Stadtplatzes, an dessen Seiten sich die Einrichtungen des öffentlichen Lebens konzentrieren. Zu den Bauten, die man hier erwarten kann, gehört durchaus auch eine Herberge. Gerade eine Handwerker- und Handelsstadt wie Kassope war auf den Besuch auswärtiger Geschäftspartner angewiesen. Nicht gering zu achten war auch der durch die rege antike Diplomatie bedingte Reiseverkehr. Auch wenn manche dieser Aufgaben von der Infrastruktur der Heiligtümer wahrgenommen wurden (Fallbeispiel Nr. 22 S. 178ff), leuchtet es ein, im ‚Geschäfts- und Regierungsviertel' einer Stadt, bei der *Agora*, eine Herberge zu vermuten. Dennoch stehen einer solchen

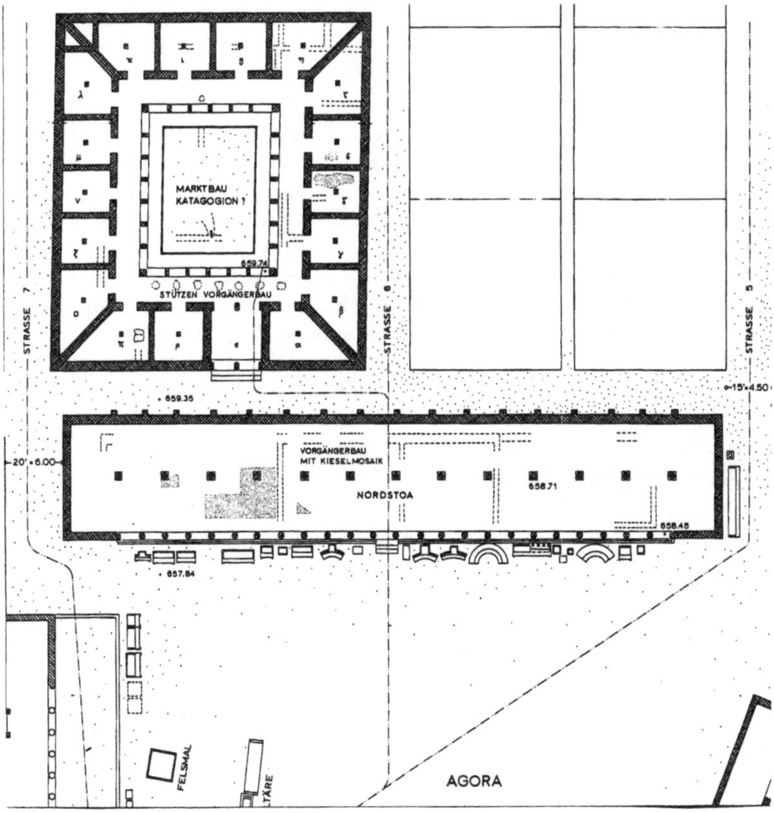

Abb. 31 Das Zentrum der Stadt Kassope in Epirus.

Interpretation der Ruine zwei Beobachtungen am Baubefund entgegen: Zum einen fehlt die für eine Herberge charakteristische Küche; zum andern kann der Zugang zum Obergeschoß nur über hölzerne Leitern erfolgt sein. Ein für eine Herberge unverzichtbarer bequemer Zugang über ein Treppenhaus existierte nicht.

Der alternative Vorschlag, in der Anlage einen öffentlichen Marktbau zu erkennen, stützt sich auf zwei Indizien: Grundrißtypologisch bestehen Ähnlichkeiten mit den Kaufhallen *(macella)* der römischen Kaiserzeit, deren Läden sich gleichfalls um Peristylhöfe gruppieren. Das im späten 3. Jh. v. Chr. in Kassope errichtete Gebäude wäre demnach ein frühes Beispiel eines auf griechischem Boden etablierten und in der Folgezeit von den Römern weitergeführten Bautypus – eine Beobachtung, die man auch für andere Architekturformen nachweisen kann. Im übrigen sprechen zwei Einzelfunde im Innern der Anlage zugunsten einer Nutzung durch Kaufleute: Gefunden wurde ein marmorner Meßtisch mit Hohlmaßen sowie ein großes Waaggewicht.

Literatur: Die Darstellung orientiert sich eng an W. Hoepfner/E. L. Schwandner, Haus und Stadt im Klassischen Griechenland, München ^{2}1994, S. 114–179. *Zu Kassope auch:* S. Dakaris, Cassiopaia and the Elean Colonies. Ancient Greek Cities 4, Athen 1967. – R. Scheer, Kassope, in: S. Lauffer (Hrsg.), Griechenland. Lexikon der historischen Stätten. Von den Anfängen bis zur Gegenwart, München 1989, S. 307–308. – *Zum Katagogeion in Epidauros:* R. A. Tomlinson, Epidauros, London 1983, S. 84–85. – *Zu Herbergen allgemein:* L. H. Kraynak, Hostelries of Ancient Greece, Berkeley 1984. – *Zur antiken Diplomatie:* E. Olshausen/H. Biller, Antike Diplomatie, Darmstadt 1979. – *Zu den römischen Marktbauten:* C. de Ruyf, Macellum. Marché alimentaire des Romains, Louvain/La-Neuve 1983. – *Zum Einfluß griechischer Bauformen auf die römische Architektur:* P. Zanker (Hrsg.), Hellenismus in Mittelitalien. Kolloquium Göttingen 5.–9. Juni 1974, Göttingen 1976. – F. Felten, Arkadien. Sondernummer AW 18, 1987, S. 43–73.

24. Ein attisches Gutshaus

Die Ergiebigkeit eines Survey: Athens lebenswichtiges Hinterland – Zur Struktur der griechischen ‚Stadtstaaten'

Fällt der Name Athen, gehen die Gedanken – auch in der archäologischen Forschung – zuallererst zu den mit dieser Stadt untrennbar verbundenen Leistungen in der Baukunst, Skulptur und Vasenmalerei, zu dem Wirken unzähliger Intellektueller und zu den von dieser Stadt ausgegangenen Einflüssen auf die Entwicklung poltischer Konzepte. Angesichts so bedeutungsvoller Forschungsgegenstände verwundert es nicht, daß die Beschäftigung mit der weniger augenfälligen Welt der ‚Normalbürger' lange Zeit außerhalb des Blickfelds der Archäologie geblieben war. Daß dadurch ein verzerrtes Bild der klassischen Antike entstehen mußte, steht außer Frage.

Das Territorium eines griechischen Gemeinwesens *(polis)* endete nicht an der städtischen Bebauungsgrenze. Die oft mit dem Begriff ‚Stadtstaat' bezeichnete griechische Polis entsprach in ihrer geographischen Ausdehnung etwa den heutigen Landkreisen oder Regierungsbezirken. Der überwiegende Teil der Bevölkerung einer Polis – im Schnitt etwa 80% – wohnte außerhalb des urbanistischen Zentrums in kleinen Weilern *(komai, chorai, topoi)* oder Einzelgehöften. Sie bildeten das Rückgrat der Versorgung der Stadt mit Lebensmitteln und waren ein wesentlicher Faktor des Wirtschaftslebens. Im Fall der Polis Athen fließen die Informationen über die administrativen Regelungen des Zusammenlebens der Bürger ungewöhnlich reich.

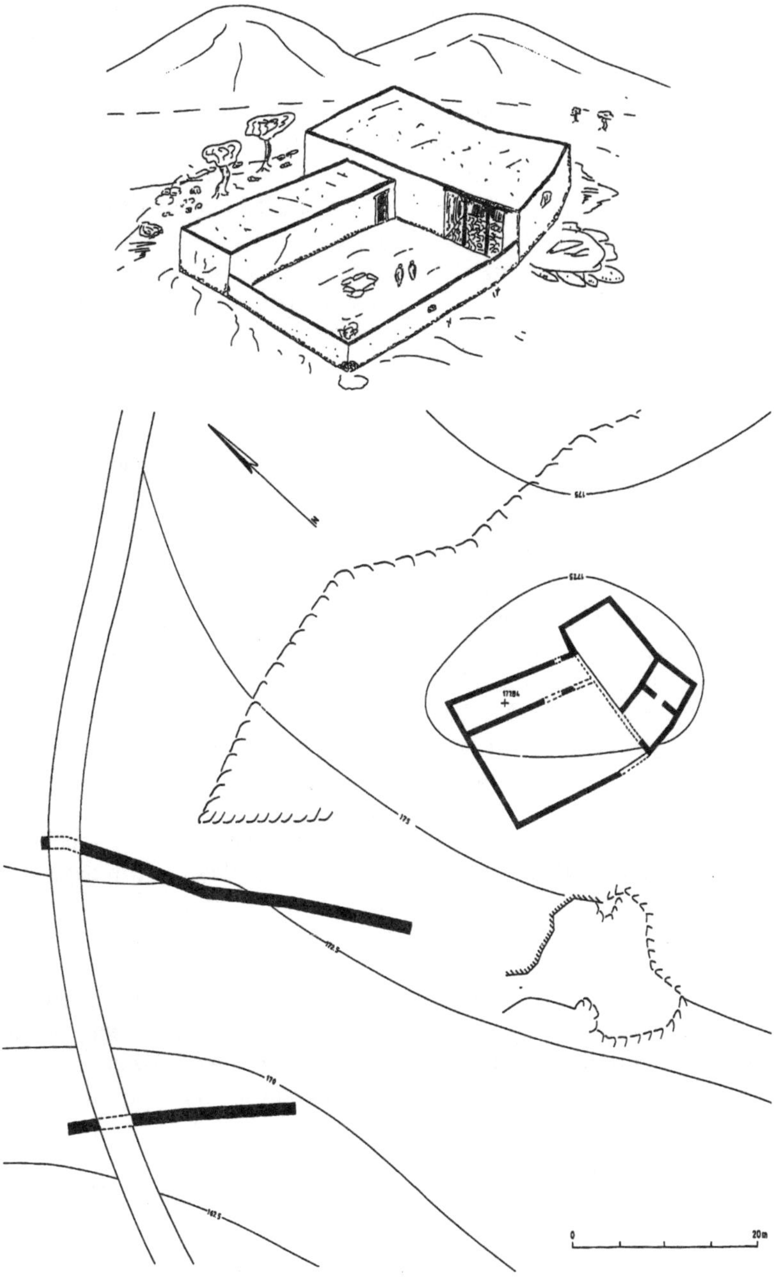

Abb. 32 Grundriß und zeichnerische Rekonstruktion eines Gutshofs bei Hagia Photini in Südwest-Attika.

Doch der Schauplatz der meisten der in dieser Weise überlieferten Nachrichten ist das politische und religiöse Zentrum im unmittelbaren Umfeld der Akropolis von Athen. Vereinzelte Ausgrabungen trugen zum besseren Verständnis einiger herausragender Plätze bei, wie z. B. der Heiligtümer in Eleusis, Brauron, Rhamnus oder Sunion und der mit ihnen verbundenen Ortslagen. Zufallsfunde führten zu Nachuntersuchungen, wenn die Indizien auf Landhäuser oder Gräber von Mitgliedern der athenischen Oberschicht hinwiesen. Die reale Lebenswelt der bäuerlichen Bevölkerung, die von Menschenhand geschaffenen Vorkehrungen für die landwirtschaftliche Nutzung des überwiegend bergigen Landes und schließlich das Verhältnis der Bauern zur Stadtbevölkerung sind erst spät ein Gegenstand systematisch betriebener Forschungen der Klassischen Archäologie geworden. Federführend waren Wissenschaftler eines in den 80er Jahren des 20. Jahrhunderts an der Universität Bochum angesiedelten Forschungsprojektes, das zur Untersuchung der Siedlungs- und Wirtschaftsstruktur eines größeren Areals im attischen Land auf der Grundlage der materiellen Hinterlassenschaften eingerichtet worden war.

Für die exemplarische Studie wurde das Territorium einer antiken Verwaltungseinheit *(Demos)* ausgewählt, nämlich des an der attischen Südwestküste gelegenen Demos *Atene*. Das im Wege eines Survey (S. 68 ff.) untersuchte Areal maß etwa 20 km². Kartiert wurden alle künstlich geschaffenen Strukturen, also Baureste von Anwesen, Ställen, Dreschplätzen und Feldmauern. Wehrtürme, Grabanlagen und Kultplätze wurden in ihren charakteristischen Hinterlassenschaften ebenso dokumentiert wie Straßen- und Wasserbaumaßnahmen (Kanalisierung von Bachläufen, Stauwehre, Rückhaltebecken). Grundlage der chronologischen Zuordnung dieser Spuren bildete die systematische Erfassung aller Kleinfunde, überwiegend Keramikscherben.

Welche Erkenntnisse lassen sich aus dieser archäologischen Forschung fernab aller kunsthistorischen Aspekte ableiten? Natürlich geben die unterschiedlichen infrastrukturellen Maßnahmen sowie Oberflächenfunde Aufschluß über die Art der Bodennutzung. Dreschplätze weisen auf benachbarten Getreideanbau, Terrassierungen auf Ölbaumplantagen, Ställe auf Herdenvieh (Ziegen, Schafe), tönerne Bienenkörbe auf Imkereibetriebe hin. Für das 20 km² große Gebiet lassen sich für das 4. Jh. v. Chr. etwa 50 Haushaltungen mit ca. 400 Personen und 40 Sklaven errechnen.

In groben Linien lassen sich Schwankungen in der Siedlungsdichte und Intensität der landwirtschaftlichen Nutzung nachzeichnen. Dabei gehen die Phasen des Aufschwungs und der Rezessionen durchaus nicht immer konform mit den Verhältnissen in Athen. So ist die Landnahme im 6. Jh. v. Chr. noch nicht abgeschlossen, während die

Region im 4. Jh. v. Chr., einer für Athen krisenhaften Zeit, die dichteste Besiedlung und den infrastrukturell am weitesten entwickelten Ausbau erreicht. Ein Indiz für die Intensität der Bodennutzung in der zweiten Hälfte des 4. Jhs. v. Chr. ist z. B. die Errichtung eines kleinbäuerlichen Anwesens in einer ausgesprochen ungünstigen Lage (Abb. 32).

Gleichfalls im 4. Jh. v. Chr. nehmen die Hangterrassierungen für die Anlage von Ölbaumkulturen zu. Für das Untersuchungsgebiet ließ sich eine Kapazitätssteigerung von 40% errechnen. Der enorme Produktionsüberschuß war in dieser Zeit ein für Athen wesentliches Handelsgut, da der Getreideanbau nicht mehr für die Selbstversorgung ausreichte (S. 118), also mit dem Gewinn aus dem Verkauf des Ölüberschusses der Mangel an Korn kompensiert werden mußte.

Eine für die Sozialgeschichte Athens bedeutsame Erkenntnis aus den Untersuchungen im südattischen Demos Atene betrifft den mit einem Bevölkerungsrückgang einhergehenden Prozeß der Konzentration des Grundbesitzes. Eine neuerliche Abnahme der Besiedlungsdichte bringt die römische Kaiserzeit. Während Athen und das benachbarte Eleusis – auch dank der Förderungen durch Römer (Caesar, Augustus, Agrippa, Hadrian) – nach den voraufgegangenen politischen und ökonomischen Wirren rasch wieder aufblühten, erlebte das attische Land eine mehrere Jahrhunderte währende Phase des Bevölkerungsrückgangs; dies übrigens auch im Gegensatz zu anderen Regionen Griechenlands etwa auf der Peloponnes. Dörfliche Ansiedlungen, Einzelgehöfte und neue Kulträume für die christliche Liturgie geben im Laufe des 5. Jahrhunderts nochmals einen neuen Wachstumsimpuls.

Literatur: Die Darstellung ist referiert nach H. Lohmann, Atene. Forschungen zu Siedlungs- und Wirtschaftsstruktur des klassischen Athen, Köln/Weimar/Wien 1993.
Zur administrativen Struktur Attikas: U. Kron, Die zehn attischen Phylenheroen. Geschichte, Mythos, Kult und Darstellungen. 10. Beih. AM, Berlin 1976. – P. Siewert, Die Trittyen Attikas und die Heeresreform des Kleisthenes, München 1982. – *Zur Geschichte Athens in klassischer Zeit:* K. W. Welwei, Das Klassische Athen. Demokratie und Machtpolitik im 5. und 4. Jahrhundert, Darmstadt 1999. – P. Funke, Athen in klassischer Zeit, München 1999. – *Zur Topopgraphie Attikas allgemein:* J. Travlos, Bildlexikon zur Topographie des antiken Attika, Tübingen 1988. – *Zu einzelnen Ortslagen:* H. Lauter, Ein ländliches Heiligtum hellenistischer Zeit in Trapuria (Attika), in: AA 1980, S. 242–255; ders., Zu Heimstätten und Gutshäusern im klassischen Attika, in: Forschungen und Funde. Festschrift B. Neutsch, Innsbruck 1980, S. 279–286; ders., Attische Landgemeinden in Klassischer Zeit, in: MarbWPr 1991, S. 1–161. – H. R. Goette, Die Steinbrüche von Sunion im Agrileza Tal, in: AM 106, 1991, S. 201–222; ders., Sunion III. Eine klassische Farm über dem Souriza-Tal, in: AM 110, 1995, S. 171–205.

VI. Die Ausbildung

1. Das Hochschulstudium

a) Die Wahl des Studienortes

Der Studiengang *Klassische Archäologie* wird im deutschprachigen Raum (Deutschland, Österreich, Schweiz) derzeit an 37 Hochschulen angeboten. Das Prinzip der Autonomie einer jeden Universität bringt es mit sich, daß die Regelungen, Vorgaben, aber auch Möglichkeiten der Ausbildung in vielen Einzelfragen divergieren. Solche Verschiedenartigkeit erschwert fraglos die Orientierung vor dem Studienbeginn. Doch in dieser Vielfalt liegt auch ein enormer – unbedingt schützenswerter (!) – Vorteil: Ohne solch weit gespanntes Spektrum wäre es nämlich nicht möglich, den ganzen Facettenreichtum archäologischer Fragestellungen und Arbeitsfelder abzudecken. Kein Vertreter des Fachs ist heute noch imstande das *gesamte* Spektrum der Klassischen Archäologie, wie es oben (S. 16-32) vorgestellt ist, in voller Kenntnis des aktuellen Forschungsstandes abzudecken. Fachkompetenz kann einzig durch Spezialisierung auf bestimmte Teilbereiche gewährleistet werden.

Solche Schwerpunktsetzung ist keineswegs auf die Archäologie beschränkt. In den ‚großen' Fächern zieht man daraus lediglich andere Konsequenzen. So ist das Fachgebiet der Geschichte an allen Hochschulen konsequent nach Epochen aufgegliedert. Entsprechend sind die Historischen Seminare stets mit eigenen Lehrstühlen für *Alte Geschichte, Geschichte des Mittelalters, Geschichte der Frühen Neuzeit, Geschichte der Neuzeit* ausgestattet. Bei den alten Sprachen findet sich durchgängig die Aufgliederung in *Lateinische Philologie* und *Griechische Philologie*. Wollte man den Facettenreichtum klassisch archäologischer Fragestellungen innerhalb eines Instituts vollständig in der Lehre berücksichtigen, bedürfte es dafür einer personellen Ausstattung, die selbst in den wenigen großen Instituten auch nicht annähernd erreicht wird. Unter der Bezeichnung *Institut für Klassische Archäologie* sind von Ort zu Ort also unterschiedliche Ausrichtungen subsumiert.

Die inhaltlichen Schwerpunkte eines Instituts hängen in erster Linie von der fachlichen Spezialisierung der dort Lehrenden und der damit zwangsläufig verbundenen Ausrichtung der Bibliothek ab. Dem Studienanfänger stellt sich dieses System auf den ersten Blick verwirrend dar, doch im Verlauf des Studiums wird er rasch die unschätzbaren Vorteile dieses durch Personen geprägten Individualität fördernden Ausbildungsprinzips zu schätzen lernen. Wer sich bereits bei der Aufnahme des Studiums der zeitlichen oder geographischen Akzentuierung seiner persönlichen Interessen bewußt ist, sollte dies bei der Wahl des Studienortes natürlich von vornherein berücksichtigen. Da ein derart klar umrissenes Bild normalerweise aber erst durch die Erfahrungen im Seminarbetrieb gebildet wird, ist es die Regel, den endgültigen Studienort erst im Verlauf des Studiums zielgerichtet zu wählen. Vor diesem Hintergrund ist eine eingehende Information über das Angebot der einzelnen Universitätsinstitute als erster Schritt der Studienplanung unerläßlich. Es dürfte kaum noch ein Institut geben, daß solche Informationen nicht aktuell im Internet bereitstellt.

b) Der Magisterstudiengang

Das Studium der Klassischen Archäologie ist als Magisterstudiengang organisiert. Das bedeutet, daß zusätzlich zu dem Hauptfach (Klassische Archäologie) zwei Nebenfächer belegt werden müssen. Nur an einigen wenigen Universitäten ist auch das Doppelstudium in zwei Hauptfächern möglich.

Mit der *Wahl der Nebenfächer* wird bereits sehr früh eine Weichenstellung für die späteren Berufsaussichten vorgenommen. Zwar ist es relativ problemlos möglich, die bei der Erstimmatrikulation gewählte Fächerkombination im Lauf der ersten beiden Semester noch einmal zu modifizieren, doch je früher die endgültige Entscheidung gefällt ist, desto effizienter kann die insgesamt knapp bemessene Regelstudienzeit genutzt werden. In jedem Fall sollten die Konsequenzen, die sich jeweils aus einer bestimmten Fächerkombination ergeben, ein Thema der ersten Studienberatungen sein.

Wer sich die Option auf eine spätere akademische Tätigkeit offenhalten will, kommt nicht umhin, mit seinen Nebenfächern das Gebiet der Altertumskunde abzurunden. In den Studienordnungen alter Art war aus gutem Grund fast ausnahmslos die zwingende Vorgabe festgeschrieben, daß mindestens eines der Nebenfächer aus dem Bereich der Altertumswissenschaften gewählt werden mußte. Je nach dem Fächerangebot einer Universität kommen dafür z. B. *Alte Geschichte*, *Prähistorische Archäologie*, *Provinzialrömische Archäologie*, *Altphilologie (Latein oder Griechisch)*, *Altorientalistik*, *Vorderasiatische Archäologie*, *Ägyptologie* oder *Christliche* respektive *Spätantike Archäologie* in Frage.

Für das zweite Nebenfach existieren in der Regel keine strikten Vorgaben. Einschränkungen bestehen bisweilen darin, daß fakultätsübergreifende Kombinationen der Zustimmung der beteiligten Fächer bedürfen. In der Wahl des zweiten Nebenfachs eröffnet sich dem Studierenden die Möglichkeit, den altertumskundlichen Horizont nach freiem Ermessen zu erweitern. Im Sinne einer Vertiefung der fachlichen Inhalte und der fachspezifischen Methodik ist etwa die Entscheidung für *Kunstgeschichte*, *Geschichte des Mittelalters* oder auch für *Religionsgeschichte* oder *Volkskunde* zu empfehlen. Doch auch ganz andere Akzentsetzungen sind denkbar. Im Hinblick auf neue Fragestellungen und Arbeitsweisen (stärkere Einbeziehung naturwissenschaftlicher Methoden) können Fächer wie *Informatik*, *Geologie*, *Botanik* oder *Physik* sehr sinnvoll sein.

Auch wenn die begrenzte Studiendauer die zeitlichen Freiräume einschränkt, sollte man im ersten Semester davon Gebrauch machen, in andere potentielle Nebenfächer hineinzuhören, um eventuell im zweiten Semester noch einen Wechsel vorzunehmen. Insbesondere sollte man nicht zögern, Lehrveranstaltungen zu besuchen, die formell zwar außerhalb der gewählten Fächerkombination angeboten werden, inhaltlich aber eine unmittelbare Anknüpfung an das Hauptfach darstellen. So kann ein in der Alten Geschichte angebotenes Seminar zur Epigraphik natürlich als Studienleistung im Hauptfach Archäologie anerkannt werden. Aber auch ein Marketing-Kurs im Fach Betriebswirtschaftslehre kann als Äquivalent für ein Museumspraktikum stehen. Hier ist Eigeninitiative gefragt, gegebenenfalls aber auch das Durchsetzungsvermögen gegenüber bürokratischen Hürden.

Bei dem Start in das Studium spielt eine entscheidende Rolle, in welchem Umfang die für das Archäologiestudium geforderten Nachweise des *Latinum* und des *Graecum* bereits vorliegen. Die Überlegungen, den Spracherwerb in einem *Propädeutikum* dem eigentlichen Studium voranzustellen, haben bislang keinen Eingang in die Hochschulgesetzgebung finden können. Einen wirkungsvollen Ersatz bietet aber das unten (S. 206ff.) vorgestellte Modell eines *Baccalaureus-Studiengangs*. Die regelmäßig angebotenen Latein- und Griechischkurse sind, wenn nötig, parallel zum regulären Lehrbetrieb zu besuchen. Bei aller Notwendigkeit, die fehlenden Sprachkenntnisse möglichst frühzeitig zu erwerben, ist doch auch auf ein ausgewogenes Verhältnis beider Ausbildungselemente zu achten. Intensivkurse während der vorlesungsfreien Zeit können die Doppelbelastung etwas entzerren. Zu den sprachlichen Studienvoraussetzungen siehe auch S. 41f.

Das Grundstudium

Die Dauer des Grundstudiums ist auf vier Semester bemessen. Für den Erwerb der erforderlichen Sprachnachweise (Latinum, Graecum) werden aber Zusatzsemester gewährt. Im Grundstudium werden Grundbegriffe, Hilfsmittel und Methoden der Klassischen Archäologie erarbeitet. Für die Absolventen des Grundstudiums sieht das Lehrangebot folgende Lehrveranstaltungen vor:

– *Vorlesungen*: In den Vorlesungen werden ausgewählte Themen auf dem aktuellen Forschungsstand behandelt. Aus dem Besuch der Vorlesungen bezieht der Studierende jedoch nicht allein das Kerngerüst des archäologischen Fachwissens. Von gleicher Gewichtigkeit wie die Vermittlung der Inhalte ist die didaktische Komponente, die Erläuterung der fachspezifischen Methodik (S. 41 ff.). Gute Vorlesungen sind zugleich immer auch so angelegt, daß sie die Studierenden zur vertiefenden Aufarbeitung und damit zur eigenständigen Auseinandersetzung mit weiterführenden Fragestellungen anregen. Sie bilden den Nährboden für das unerläßliche *Selbststudium* (S. 197). Die Vorlesungen wenden sich unterschiedslos an Studierende aller Semester, berücksichtigen also auch die spezifischen Belange der Studierenden in den Anfangssemestern.

Aus unerfindlichen Gründen wurden die Vorlesungen aus dem System der durch Scheine nachzuweisenden Studienleistungen ausgeklammert. Sie geraten dadurch leicht in den Ruf fakultativer Veranstaltungen von nachgeordneter Bedeutung. Doch ungeachtet aller formalen Modifizierungen in der universitären Ausbildung bilden die Vorlesungen das Kernelement der akademischen Lehre.

– *Proseminare*: In den Proseminaren werden grundlegende Aspekte der Archäologie von den Studierenden in Referaten aufbereitet. Dabei sind die Themen so gewählt, daß sie von Studienanfängern bewältigt werden können. Das heißt, es werden Denkmäler besprochen, über deren Beurteilung in der Forschung weitgehender Konsens besteht. Die Herausforderung an die Studierenden besteht vorrangig darin, archäologische Sachverhalte in klarer Gliederung, konzentriert auf das Wesentliche und unter Anwendung der einschlägigen Terminologie nachzuvollziehen. Doch bereits im Proseminar ist eine kritische Auseinandersetzung mit der vorgegebenen Forschungsmeinung gefragt. Gerade aus dem unverstellten Blick und der Unbefangenheit eines Studienanfängers können Ansätze einer modifizierten Interpretation scheinbar unumstößlicher Beurteilungen erwachsen.
– *Tutorien* werden als generelle Einführungen in die Arbeitsweise und in die Hilfsmittel des Faches angeboten. Darüber hinaus fungieren sie als begleitende Veranstaltungen zu Vorlesungen und Seminaren. Neben dem offiziellen Forum des Tutoriums sollten die Studienanfänger aber auch die Möglichkeit studienbegleitender Gespräche mit den Dozenten nutzen.
– *Übungen*: So wie Gesang eine geschulte Stimmbildung voraussetzt und ärztliche Betreuung die exakte Kenntnis der Anatomie, ist archäologische Arbeit untrennbar mit der Fähigkeit zur Wahrneh-

mung aller Details eines Artefakts oder auch eines Grabungsbefundes verknüpft. Seh- und Beschreibungsübungen gehören deshalb zu unverzichtbaren Elementen der archäologischen Ausbildung.

- *Praktika*: In der Klassischen Archäologie machen die berufsbezogenen Praktika vorrangig mit jenen Fertigkeiten vertraut, die bei Ausgrabungen und in der Museumsarbeit verlangt werden. Doch unter dem Eindruck der aktuellen Entwicklung finden auch die vielfältigen Anwendungen der elektronischen Datenverarbeitung Berücksichtigung. Können die Institute diesen Teil der Ausbildung nicht mit dem eigenen Personalbestand bestreiten, treten sie als Vermittler zu entsprechenden Institutionen auf. Da der Praxisbezug in der geisteswissenschaftlichen Ausbildung an den deutschen Universitäten noch nicht überall zur Selbstverständlichkeit geworden ist, bedarf es mitunter der Eigeninitiative, um sich die angesprochenen Fertigkeiten auch an außeruniversitären Institutionen (Denkmalämter, Fachhochschulen) studienbegleitend zu erwerben.
- *Exkursionen*: Im normalen Ausbildungsbetrieb bezieht der Studierende die Anschauung aus Abbildungen (Photos, Dias) und Plänen. Bei allem Fortschritt in der Druck- und Phototechnik verschaffen solche Reproduktionen nur einen indirekten Zugang zu den kunsthistorischen Zeugnissen des Altertums. Entscheidende Beurteilungskriterien wie die handwerkliche Ausführung oder das sehr diffizile Feld der künstlerischen Qualität lassen sich allein aus der Autopsie des Originals ableiten. Die meisten Universitäten verfügen deshalb über eigene Antikensammlungen. Natürlich wird die räumliche Nähe zu den heimischen Museen nach Kräften genutzt. Unerläßlich sind darüber hinaus jedoch auch Studienaufenthalte in den archäologischen Sammlungen des Mittelmeerraums sowie in den großen mitteleuropäischen Sammlungen, etwa dem Britischen Museum in London, dem Louvre in Paris, der Ny Carlsberg-Glyptothek in Kopenhagen, dem Museum für Schöne Künste in Budapest, der Eremitage in St. Petersburg oder dem Kunsthistorischen Museum in Wien. Ein unverzichtbares Ausbildungselement stellen die Exkursionen für weite Teile der antiken Architektur und Urbanistik sowie für den gesamten Aspekt der antiken Topographie und der historischen Landeskunde dar.
- Als Ergänzung zum Vorlesungsangebot sind die von den Instituten veranstalteten *Gastvorträge* zu betrachten. In aller Regel stellen sie noch unpublizierte Forschungsergebnisse zur Diskussion. Sie bieten den Studierenden über das von den am Ort ansässigen Dozenten vertretene Themenspektrum hinaus einen Überblick über aktuelle Fragen und Lösungswege in der archäologischen Forschung. Da diese Vorträge üblicherweise an ein breiteres interessiertes Auditorium gerichtet sind, sind sie für die Studierenden auch unter dem

Aspekt der Schulung einer allgemeinverständlichen Vermittlung wissenschaftlicher Erkenntnisse lehrreich.

Da die Regelstudienzeit dem früher selbstverständlichen mehrmaligen Studienortwechsel heute hemmend im Wege steht, Studierende deshalb kaum noch die Möglichkeit haben, ein weites Spektrum an Forschungsrichtungen und Formen der Wissensvermittlung zu erleben, stellt das Angebot der Gastvorträge ein wichtiges Element der Ausbildung dar.

- *Selbststudium*: In dieser Einführung ist die kaum überschaubare zeitliche und geographische Bandbreite (S. 16-32) und die inhaltliche Vielfalt archäologischer Forschung (S. 74-191) dargelegt. Es ist unter keinen Umständen möglich, das gesamte Spektrum in der Ausbildung zu berücksichtigen. Doch ist dies auch gar nicht angestrebt. Im Zentrum der archäologischen Ausbildung der Universitätsinstitute steht die Vermittlung der fachspezifischen Methodik. Dies geschieht an exemplarisch ausgewählten Themen. Selbstverständlich kann jeder Studierende davon ausgehen, im Laufe des Studiums mit dem essentiellen Kernbestand archäologischer Denkmäler vertraut gemacht zu werden. Ein erfolgreicher Studienabschluß ist jedoch ohne ein verantwortungsvoll gestaltetes Selbststudium nicht denkbar. Anregungen für diesen Teil des Studiums ergeben sich aus den Hinweisen in den Lehrveranstaltungen, insbesondere in den Vorlesungen. Aber auch die Tutorien und studienbegleitenden Gespräche mit den Dozenten *und* den Kommilitonen sind unter diesem Aspekt zu nutzen.

Die Zahl und die inhaltliche Zusammensetzung der während des Grundstudiums zu erbringenden Leistungsnachweise regelt jeweils die örtliche Studienordnung.

Die Zwischenprüfung

Die Zwischenprüfung schließt das Grundstudium ab. Ihr Bestehen bildet die Voraussetzung zur Fortsetzung der Ausbildung im Rahmen des Hauptstudiums. Vor diesem Hintergrund fordert die Zwischenprüfung gleichermaßen die Studierenden und die Lehrenden zu einer Auseinandersetzung mit der Frage heraus, ob die Studienwahl richtig getroffen wurde. In der Prüfung soll der Studierende natürlich den Nachweis ausreichender Fachkenntnisse und des verständigen Umgangs mit der fachspezifischen Methodik erbringen. Doch im Ablauf der Ausbildung sollte diese Station von beiden Seiten auch zu einer Klärung des angestrebten Studienziels genutzt werden. Je nach Begabung bzw. Neigung ist nun die Weichenstellung in Richtung der mehr praktisch orientierten Arbeitsfelder oder aber der akademischen Laufbahn vorzunehmen.

Die Voraussetzungen für die Zulassung zur Zwischenprüfung und die Ausgestaltung der Zwischenprüfung regelt jeweils die örtliche Zwischenprüfungsordnung.

Das Hauptstudium

Auch für das Hauptstudium sieht die Regelstudienzeit eine Begrenzung auf vier Semester vor. Unverändert behalten die *Vorlesungen* im Hauptstudium ihre herausgehobene Bedeutung bei. Gegenüber dem Grundstudium wartet das Hauptstudium daneben aber mit einigen grundlegenden Veränderungen auf:

- Der Studierende besucht *Haupt-* oder *Oberseminare.* Zusätzlich zur kritischen Rezeption der Forschung wird von dem Studierenden in den Referaten nun auch die Begründung einer eigenen Position im Spektrum der oft uneinheitlichen Forschungsmeinungen erwartet. Die Themen der Oberseminare orientieren sich oftmals an neuen, noch kaum publizierten Funden oder greifen neuartige Sichtweisen und Forschungsthesen auf, so daß auch von daher eine ausgeprägte Eigenständigkeit der Seminarteilnehmer vorausgesetzt wird.
- Das *Selbststudium* erhält im Hauptstudium gegenüber dem Grundstudium ein noch größeres Gewicht. Die nun einsetzende Spezialisierung und die stärkere Betonung der methodischen Aspekte setzen voraus, daß die Aneignung des archäologischen Allgemeinwissens weitgehend in eigener Verantwortlichkeit erfolgt. Hilfestellungen geben die auch weiterhin zu pflegenden studienbegleitenden Gespräche mit den Dozenten. Inspirierend können die Gastvorträge wirken. Spätestens während des Hauptstudiums sollten auch die archäologischen Neuerscheinungen konsequent eingesehen werden.
- Die ersten Semester des Hauptstudiums bieten sich für einen *Studienortwechsel* an. Ein solcher Wechsel ist in jedem Fall angezeigt, wenn sich herausstellt, daß die Hochschule, an der das Studium begonnen wurde, nicht die inhaltlichen bzw. methodischen Schwerpunkte setzt, die einem für den eigenen Magisterabschluß vor Augen stehen. Doch auch, wenn man sich an der ‚eigenen' Hochschule bestens aufgehoben fühlt, ist ein vorübergehender Wechsel an ein Institut mit anderen Schwerpunkten anzuraten, weil der fachliche Horizont dadurch erweitert wird.

  Auch wer einen Abschnitt des Studiums an einer ausländischen Hochschule absolvieren möchte, sollte dafür den Beginn des Hauptstudiums nutzen.

Die Zahl und die inhaltliche Zusammensetzung der während des Hauptstudiums zu erbringenden Leistungsnachweise regelt jeweils die örtliche Studienordnung.

Auslandsaufenthalte

Mehrere Gründe sprechen dafür, einen zeitlich begrenzten Abschnitt der Ausbildung im Ausland zu verbingen. Vorrangig bieten sich natürlich Studienaufenthalte in den Ländern des Mittelmeerraumes an, weil dadurch die Möglichkeit zur ausgiebigen Autopsie der Museen und antiken Stätten eröffnet wird. Darüber hinaus ist die aus einem mehrmonatigen oder sogar einjährigen Gastaufenthalt erwachsene Kenntnis der Sprache und Mentalität wie auch der Amtsstrukturen förderlich für spätere berufliche Kontakte zu diesen Ländern. Ein weiterer Beweggrund für ein oder zwei Auslandssemester ist die unterschiedliche wissenschaftsgeschichtliche Tradition und Ausrichtung der in der Klassischen Archäologie engagierten Nationen. So sind etwa – um nur ein Beispiel zu nennen – in den Beneluxländern, in England und Skandinavien anthropologische Aspekte mit größerer Selbstverständlichkeit in die Fragestellungen der Klassischen Archäologie eingebunden, als dies in Deutschland der Fall ist.

Gastsemester im Ausland werden durch verschiedene Programme gefördert:

- Eine reiche Palette bietet der *Deutsche Akademische Austauschdienst* an. Die Förderung umfaßt reguläre Studiensemester, aber auch gezielte Studienaufenthalte von unterschiedlicher Dauer. Jeder Studierende kann sich individuell bewerben.
- Das ERASMUS/SOKRATES-Programm der Europäischen Union schafft einen organisatorischen Rahmen für den Austausch von Studenten und Dozenten. Er erleichtert in erster Linie alle bürokratischen Hürden, wartet dafür aber nur mit einer geringen finanziellen Unterstützung auf. Studierende können die Leistungen des ERASMUS/SOKRATES-Programms nur dann in Anspruch nehmen, wenn zwischen ihrer Heimatuniversität und der ausländischen Zieluniversität ein entsprechender Kooperationsvertrag besteht. Da das Austauschprogramm nur durch Einschaltung der Zentrale in Brüssel in Anspruch genommen werden kann, ist leider eine gewisse Schwerfälligkeit festzustellen, doch sollte man sich dadurch nicht um die Früchte eines Auslandssemesters bringen lassen.
- In aller Regel pflegen die Universitäten Partnerschaften mit ausländischen Hochschulen. Bestandteile solcher Partnerschaften sind jeweils auch bilaterale Austauschprogramme. Sofern die Fachrichtung Klassische Archäologie an der Partneruniversität vertreten ist, besteht die Möglichkeit einer individuellen Bewerbung.
- Wer das Privileg der Förderung durch ein Stipendium genießt, hat in der Regel die Möglichkeit, einen Antrag auf Gewährung von Mitteln für einen detailliert begründeten Auslandsaufenthalt zu stellen.

Das gesamte Spektrum und die Antragsmodalitäten der Fördermöglichkeiten sind bei den Auslandsämtern der Universitäten zu erfragen.

c) Die Magisterprüfung als Studienabschluß

Als qualifizierender Abschluß eines wissenschaftlichen Hochschulstudiums wurde bundesweit die Magisterprüfung eingeführt. Mit dem Bestehen der Prüfung erwirbt der Archäologe den Grad eines *Magister Artium* bzw. einer *Magistra Artium* (abgekürzt: *M. A.*). In der Magisterprüfung soll der Studierende seine Fähigkeit zu wissenschaftlichem Arbeiten sowie Kenntnis der Grundlagen und wesentlicher Forschungsergebnisse des Faches nachweisen.

Die Voraussetzungen für die Zulassung zur Magisterprüfung und die Ausgestaltung der Magisterprüfung regelt jeweils die örtliche Magisterprüfungsordnung. In jedem Fall aber besteht die Prüfung aus einem schriftlichen und einem mündlichen Teil.

Die Magisterarbeit

In der *Magisterarbeit* soll der Studierende nachweisen, daß er imstande ist, ein Problem seines Fachgebiets innerhalb einer vorgegebenen Frist (sechs Monate) selbständig nach wissenschaftlichen Methoden zu bearbeiten und die Ergebnisse sachgerecht darzustellen. Für die Annahme der Magisterarbeit als Prüfungsbestandteil ist dementsprechend nicht Voraussetzung, daß in ihr neue wissenschaftliche Erkenntnisse erzielt werden.

Das Thema der Magisterarbeit wird nach einem in der Prüfungsordnung festgelegten Verfahren von einem habilitierten Mitglied des Lehrkörpers gestellt. Üblicherweise wird bei der Themenstellung die inhaltliche Ausrichtung des Studierenden berücksichtigt. Spätestens mit Ablauf des 7. Studiensemesters sollte mit dem ins Auge gefaßten Betreuer der Themenbereich besprochen werden, aus dem die Aufgabe gestellt werden soll. Damit die zeitliche Vorgabe für die Fertigstellung – sechs Monate – eingehalten werden kann, sind Themen zu vermeiden, die aufwendiger Recherchen und Dokumentationen in Magazinen bedürfen.

Die mündliche Prüfung

Die mündliche Prüfung erfolgt im Hauptfach und in den beiden Nebenfächern. Der zeitliche Umfang und die Zusammensetzung des Gremiums, das die Prüfung abnimmt und die Bewertung vornimmt, werden durch die örtlichen Magisterprüfungsordnungen geregelt.

2. Außeruniversitäre Ergänzungen der Ausbildung

An den deutschen Universitäten ist das Studium der Klassischen Archäologie im *Magisterstudiengang* überwiegend auf die Ausbildung des *akademischen* Nachwuchses fokussiert. Dabei steht unausgesprochen noch immer vorrangig die Tätigkeit an der Universität vor Augen. Bis in die sechziger Jahre des zurückliegenden Jahrhunderts war eine solche einseitige Ausrichtung des Studiums ganz selbstverständlich. Die Zahl der archäologischen Universitätsinstitute und der dort Studierenden war freilich erheblich geringer. Wer seinerzeit Klassische Archäologie studierte, strebte alternativlos eine wissenschaftliche Tätigkeit an. Dazu zählte natürlich auch die Arbeit im Museum (für den damals eher elitären Kreis des ‚Bildungsbürgertums') und bei Ausgrabungen (die vorrangig auf publikationswürdige Einzelfunde ausgerichtet waren).

Es muß auf den ersten Blick erstaunen, daß die Studienordnungen für die Klassische Archäologie auch unter den völlig veränderten Rahmenbedingungen unserer Zeit im wesentlichen allein die Belange einer späteren akademischen Berufstätigkeit berücksichtigen. Dieser wenig befriedigende Zustand ist freilich eine Folge des durch die Regelstudienzeit bedingten Zeitdrucks. Es ist unmöglich, innerhalb von acht Semestern die Grundlage für rein wissenschaftliche Tätigkeiten zu schaffen und im gleichen Zeitraum auch die Qualifikation für Berufsfelder wie Museumspädagogik oder im Ausgrabungswesen zu vermitteln. Da die Vorbereitung auf wissenschaftliche Arbeit ausschließlich an den Universitäten erfolgen kann, steht für die darüber hinausgehenden, dem heute erheblich erweiterten Berufsspektrum Rechnung tragenden Ausbildungselemente nur bedingt Zeit und Raum zur Verfügung. Daß nun aber über Modelle eines zusätzlichen Studienangebots nachgedacht wird (S. 204ff.), und bereits Erprobungen stattfinden, ist notwendig und grundsätzlich zu begrüßen. Solange die Universitäten jedoch solche Ausbildungselemente nicht als Bestandteile des Studiengangs anbieten, ist einmal mehr die *Eigeninitiative der Studierenden* gefragt.

a) Praktika

Vieles von dem, was oben (S. 196) über Praktika gesagt wurde, fällt zugleich auch in den Rahmen der ergänzenden außeruniversitären Ausbildung.

b) Museumsvolontariat

Die Zahl der Volontärsstellen für Klassische Archäologen ist in Deutschland sehr beschränkt. Planstellen sind nur an den Antikensammlungen der großen deutschen Museen (S. 214ff.) eingerichtet. Starke Unterschiede bestehen in der Ausgestaltung der Volontariate. Bisweilen kommt der Ausbildungscharakter zu kurz. Die Tätigkeitsmerkmale der Volontäre unterscheiden sich dann kaum von der Arbeit der fest eingestellten Wissenschaftler: Volontäre werden mit Publikationsaufgaben betraut oder wirken an verantwortlicher Stelle bei größeren Ausstellungsprojekten mit. Zweifellos eröffnet das den Absolventen eines Volontariats interessante wissenschaftliche Betätigungsfelder und steigert dementsprechend auch ihre wissenschaftliche Qualifikation. Doch die eigentlich im Rahmen eines Volontariats vorgesehene allgemeine museologische Ausbildung wird unter solchen Prämissen vernachlässigt. Die Diskrepanz zwischen der Idee des Volontariats und der Praxis gibt sich besonders deutlich darin zu erkennen, daß Volontärsstellen in aller Regel nur an Personen vergeben werden, die sich zuvor durch die Promotion qualifiziert haben.

c) Die Beschäftigung als Wissenschaftliche Hilfskraft

Ähnlich wie das Volontariat bedeutet auch die Beschäftigung als Wissenschaftliche Hilfskraft einen Status zwischen Ausbildungsergänzung und erster Berufstätigkeit. Das Deutsche Archäologische Institut z. B. stellt an seinen Abteilungen im In- und Ausland (S. 222ff.) insbesondere bei größeren Grabungsunternehmungen aber auch in seinen Dienstleistungsbereichen (Redaktion, Bibliothek, Fotothek) in einem gewissen Umfang Absolventen des Magisterstudiums ein, die neben ihrem dienstlichen Auftrag Freiräume für eigene wissenschaftliche Arbeit – z. B. Dissertationsvorhaben – erhalten. Diese Stellen sind vor allem dann interessant, wenn die Arbeit an der Dissertation z. B. durch einen auf diese Weise ermöglichten mehrjährigen Aufenthalt in der entsprechenden Mittelmeerregion gefördert wird.

3. Die akademische Weiterqualifikation

a) Die Promotion

Für alle Arbeitsfelder der Klassischen Archäologie, bei denen die wissenschaftliche Arbeit im Mittelpunkt der Tätigkeit steht (S. 213-216), bildet die Promotion eine unverzichtbare Einstellungsvoraussetzung. Bei erfolgreichem Abschluß wird der akademische Grad eines Dr. phil. verliehen.

Mit der Einführung der Magisterprüfung als dem formellen Studienabschluß hat die Promotion innerhalb der archäologischen Ausbildung einen neuen Stellenwert erhalten. Sie firmiert offiziell als akademische Weiterqualifikation (übrigens mit allen Konsequenzen für die Sozial- und Krankenversicherung). Es zeichnet sich ab, daß auch die Dauer der Promotion zeitlich reglementiert wird. Eine Frist von drei Jahren hat in einigen Bundesländern bereits Gültigkeit.

In vielen der für ihre Promotionsordnungen zuständigen Philosophischen Fakultäten ist eine Diskussion darüber im Gange, ob während der Arbeit an der Dissertation weiterhin der Besuch von Lehrveranstaltungen obligatorisch sein soll. Auch die Frage, ob im Zusammenhang mit der mündlichen Prüfung *(Rigorosum)* auch in jenen Fächern Prüfungsgespräche zu führen sind, die im Rahmen des Magisterstudiums als Nebenfächer gewählt wurden, ist vielerorts noch in der Schwebe.

Kernstück der Promotion ist die schriftliche Arbeit *(Dissertation)*. Darin soll der Doktorand seine Fähigkeit zur selbständigen Bearbeitung wissenschaftlicher Probleme nachweisen. Anders als bei der Magisterarbeit, die in diesem Punkt den gleichen Anspruch erhebt, müssen zu der in der Dissertation behandelten Thematik grundlegend neue Forschungsergebnisse erzielt werden.

Der zweite Bestandteil des Promotionsverfahrens ist eine mündliche Prüfung *(Rigorosum)*. Hier soll nur noch das Verfahren erläutert werden, das sich in Zukunft wohl an allen Universitäten durchsetzen wird: Eine jeweils durch die örtliche Promotionsordnung in ihrer Zusammensetzung festgelegte Kommission führt mit dem Doktoranden zunächst ein Gespräch, das sich um die in der Dissertation vorgelegten Thesen rankt. Von diesem thematisch eher eingegrenzten Fragenspektrum aus öffnet sich das Prüfungsgespräch *(Disputation)* zu weiterreichenden Fragen des Fachgebietes. Zur Definition des in der Disputation zu behandelnden fachlichen Spektrums geben die Promotionsordnungen der jeweils zuständigen Fakultäten Auskunft.

Für die Weiterqualifikation im Promotionsstudium stehen vielfälige Fördermöglichkeiten zur Verfügung. Neben dem Angebot an *Promotionsstipendien*, die von zahlreichen hochschul- und wissenschaftsfördernden Institutionen und Stiftungen gewährt werden, hat sich das von der Deutschen Forschungsgemeinschaft getragene Programm der *Graduiertenkollegs* bewährt: Es führt Doktoranden unter einer übergeordneten Themenstellung zusammen und unterstützt den Fortgang der Arbeit über die finanzielle Ausstattung hinaus durch regelmäßige themenbezogene Ringvorlesungen und Fachkolloquien.

b) Die ‚grundständige Promotion'

Die Rahmenstudienordnungen einiger weniger Universitäten in Deutschland lassen es (noch) zu, daß Studierende, denen eine herausragende Qualifikation bescheinigt wird, die Zulassung zur Promotion ohne voraufgehende Magisterprüfung erhalten können. Voraussetzung für die Befreiung von der Magisterprüfung ist ein entsprechender Antrag des Fachvertreters an den dafür zuständigen Promotionsausschuß der Fakultät.

c) Die Habilitation

Die Habilitation gilt (in aller Regel) als Voraussetzung für die Wahrnehmung einer Professur an einer deutschen Universität. Sie dient der förmlichen Feststellung der wissenschaftlichen und pädagogischen Eignung, um das Fachgebiet in Forschung und Lehre selbständig vertreten zu können.

Die Zulassung zur Habilitation setzt bereits den Nachweis einer besonderen wissenschaftlichen Eignung voraus. Abgesehen von einer qualifizierten Promotion muß der Antragsteller bei der Einleitung des Habilitationsverfahrens durch Vorlage weiterer inhaltlich ertragreicher Veröffentlichungen den Nachweis seiner wissenschaftlichen Befähigung erbringen. Das Verfahren selbst besteht aus drei Elementen: Die *schriftliche Habilitationsleistung* muß vom Anspruch und von den Ergebnissen her deutlich über den an eine Dissertation gestellten Anforderungen liegen. In einem *Vortrag mit anschließender Aussprache* ist eine selbständig erarbeitete neue wissenschaftliche These zu vertreten. Eine abschließende *Probevorlesung* hat den Nachweis der pädagogischen Eignung zu erbringen. Bei einem erfolgreichen Abschluß des Habilitationsverfahrens wird die Lehrbefähigung ausgesprochen und in dem Zusammenhang das Fachgebiet definiert, für das die Lehrbefähigung (die *Venia legendi*) gültig ist; in dem hier besprochenen Bereich wird die *Venia legendi* für ‚Klassische Archäologie' erteilt.

4. Neue Ausbildungswege für eine veränderte Berufswelt

Schon immer war es so, daß die Zahl der Studienabschlüsse im Fachgebiet Klassische Archäologie deutlich höher lag als die Anzahl der von Archäologen zu besetzenden Stellen. Da der Studiengang Klassische Archäologie bisher ausschließlich auf eine rein wissenschaftliche Tätigkeit ausgerichtet war, taten sich Absolventen, die innerhalb der traditionellen Arbeitsfelder (Museum, Universität, Forschungsinstitutionen [S. 213 ff.]) keine Stelle fanden, schwer, mit ihrer sehr einseitigen Ausbildung anderweitig Fuß zu fassen. Begehrte Ausweichfelder lagen zum Beispiel im Bereich der Publizistik und des Tourismus (Fremdenführer). Doch nachdem auch dort dem tatsächlichen Bedarf ein Überangebot an Bewerbern gegenübersteht und Professionalität gefragt ist, geraten Archäologen mit ausschließlicher und einseitig wissenschaftlicher Qualifikation hoffnungslos ins Hintertreffen. So sehr es für manche Berufszweige nützlich ist, seine Visitenkarte mit einem ‚Dr. phil.' schmücken zu können, und so sehr mit dem Stichwort ‚Archäologe' in der Öffentlichkeit positive Assoziationen verbunden werden, haftet dem promovierten Universitätsabsolventen doch immer noch der Ruf einer gewissen Weltfremdheit und des Eingesponnenseins in die Abgeschiedenheit des ‚Elfenbeinturms' an.

Die Dozenten an den Lehrstühlen für Klassische Archäologie – und das gilt für nahezu alle anderen Kulturwissenschaften in gleichem Maße – stehen vor einer Entscheidung: Entweder schränken sie den Zustrom von jungen Menschen, die Klassische Archäologie studieren möchten, drastisch ein (mit welcher Berechtigung, nach welchen Kriterien?), oder aber sie nehmen das ausgeprägte Interesse so vieler Studienanfänger ernst, lenken es aber in Bahnen, die den tatsächlichen Neigungen, Wünschen und Fähigkeiten der Studierenden gerecht werden. Nicht jeder, der das Studium der Klassischen Archäologie beginnt, hat ja eine spätere akademische Laufbahn vor Augen.

Eine Neubesinnung über das universitäre Ausbildungssystem ist umso mehr geboten, als sich in den letzten Jahren auf ganz verschiedenartigen Feldern eine Entwicklung vollzogen hat, die Arbeitssuchenden mit guten Kenntnissen auf dem Gebiet des Klassischen Altertums neue berufliche Chancen eröffnet. So verfügen immer mehr Menschen in größerem Umfang über Freizeit. Neben den fraglos dominierenden Angeboten der vordergründigen Unterhaltung besteht auch eine wachsende Nachfrage auf dem Feld einer anspruchsvollen Auseinandersetzung mit den Wurzeln unserer Kultur. Für die Altertumskunde bestehen zahlreiche Möglichkeiten, in die Diskussion über aktuelle Zeitfragen Erfahrungen aus den antiken mittelmeerischen Hochkulturen einzubringen. Dies freilich nicht als Rückblick auf eine vergangene ‚heile Welt'. Orientierungshilfen für die heutige Zeit ergeben sich eher aus der Analyse von Entwicklungen, die zur Verwirklichung von Ideen führten – oder aber deren Preisgabe bewirkten.

Eine andere neue Herausforderung geht von der elektronischen Datenverarbeitung aus, die natürlich Einzug auch in die wissenschaftlichen Bibliotheken, das Ausgrabungswesen und die Museumsarbeit gehalten hat. Erst wenn archäologische Fachkenntnis und die Kompetenz des Informatikers in entsprechenden Ausbildungsgängen zusammengeführt werden, wird das der neuen Technologie innewohnende Potential auch für die Archäologie in all seinen Anwendungsmöglichkeiten genutzt werden können.

Schließlich hat sich in jüngerer Zeit jener Wesenszug des archäologischen Studiengangs als segensreich erwiesen, von dem oben (S. 198) die Rede war: die Unterweisung in der Fähigkeit, sich ohne das beruhigende Netzwerk unumstößlichen Fachwissens mit zum Teil divergierenden Arbeitshypothesen auseinanderzusetzen. Die ständige Erfahrung, daß überkommene Denkweisen durch Neufunde oder durch überzeugendere Interpretationen ihre Gültigkeit verlieren können, führt zu einer gedanklichen Offenheit, die einer der Kernanforderungen im heutigen Wirtschaftsleben entgegenkommt. Es besteht bei Wirtschaftsunternehmen seit geraumer Zeit ein zunehmender Bedarf an Mitarbeitern, die bereit, aber auch nachweislich imstande sind, flexibel auf wechselnde Spezialisierungen des Betriebs zu reagieren. Für Absolventen eines Studiengangs, bei dem die Grundlagen, aber auch die Zielrichtungen des Arbeitsgebiets stets latent in der Schwebe sind, und dessen erfolgreiche Bewältigung maßgeblich auf der *Eigeninitiative der Studierenden* beruht, ergeben sich daraus Vorteile gegenüber solchen Hochschulabsolventen, die in enger Spezialisierung durch starre Vorgaben ihrer Studienordnungen durch das Studium geleitet werden. Ein weiteres Pfund, mit dem Absolventen des Archäologiestudiums auf dem Arbeitsmarkt wuchern können, sind die – wie oben (S. 41 f. u. 194) dargelegt – unverzichtbaren, oft über das Normalmaß hinausgehenden Fremdsprachenkenntnisse und die in aller Regel im Verlauf des Studiums gesammelten Auslandserfahrungen.

Diese Vorteile können freilich umso besser genutzt werden, je prägnanter ein solches Studienprofil auch durch entsprechende Nachweise belegbar ist. An einigen Universitäten treten daher zum wissenschaftlichen Magister- und Promotionsstudiengang nun Ausbildungswege, die auf Berufsfelder im nichtwissenschaftlichen Bereich vorbereiten. Bei ganz unterschiedlicher Namensgebung *(Baccalaureus, Bachelor of Arts, Master of Arts)* gehen diese – meist noch in einer Erprobungsphase befindlichen – neuen Ausbildungswege im Kern von einer einheitlichen Überlegung aus: Die Studierenden wählen ein Kernfach, das sie nach ihren individuellen Intentionen mit weiteren Ausbildungselementen *(Modulen)* kombinieren. Vom Diplomstudium unterscheidet sich der Baccalaureusstudiengang wesentlich dadurch, daß er die *Vermittlung der Grundlagen des wissenschaftlichen Arbeitens* einschließt.

Modell eines Baccalaureus-Studiengangs: Kulturwissenschaften

Die Regelstudienzeit beträgt sechs Semester. Das erste Semester dient der allgemeinen Orientierung im Gesamtbereich der Kulturwissenschaften. Das Studium ist modular aufgebaut und umfaßt folgende fünf Bereiche:

1. Der Wahlpflichtbereich

Zu dem Wahlpflichtbereich gehören ein *Wahlhauptfach* und zwei *Wahlnebenfächer*. Wahlhauptfach und Wahlnebenfächer sind spätestens nach Ablauf des Orientierungssemesters verbindlich zu wählen. Im Wahlhauptfach ist in mindestens einer Veranstaltung eine schriftliche Hausarbeit im Umfang von ca. 15 Seiten anzufertigen.

2. Der Fremdsprachenbereich

Außer guten Kenntnissen der englischen Sprache, die durch das Hochschulzugangszeugnis oder anderweitig nachzuweisen sind, sind mindestens gute Lesekenntnisse in einer modernen Sprache des mediterranen Kulturraums (Französisch, Italienisch, Spanisch, Neugriechisch, Türkisch oder Arabisch) während des Studiums zu erwerben, soweit sie nicht anderweitig nachgewiesen werden können. Außerdem sind, wenn nicht anderweitig nachgewiesen, in einer antiken Sprache außerhalb des Wahlhauptfaches Grundkenntnisse zu erwerben.

3. Der Methodenbereich

Im Methodenbereich sind im 1. Semester 2 Semesterwochenstunden ‚Einführung in das wissenschaftliche Arbeiten' und vom 2. bis zum 6. Semester Lehrveranstaltungen zu besuchen, die Grundzüge insbesondere der historischen, der prähistorisch-archäologischen, der sprachwissenschaftlichen, der philologischen und der kulturanthropologischen Methoden vermitteln.

4. Der Ergänzungsbereich

Im Ergänzungsbereich sind insgesamt mindestens 8 Veranstaltungen zu besuchen, die in einem sinnvollen Zusammenhang mit dem Wahlhauptfach stehen, dabei aber auch auf die individuellen Interessen ausgerichtet sein sollen.

5. Der Praxisbereich

Im Praxisbereich sind vom 1. bis zum 6. Semester insgesamt 10 Semesterwochenstunden zu studieren. Insbesondere kommen Praktika zur EDV-Anwendung, zur Ausstellungstechnik und -konzeption, zur Medienarbeit, zum Verlagswesen, zur Restaurierung, zum Bibliothekswesen, zur Photographie, zum Vermessungswesen, zur Archäometrie und zur Touristik in Betracht.

Studienabschluß:
Durch den Nachweis der im Studienplan geforderten Studienleistungen wird der akademische Grad eines *Baccalaureus Artium* bzw. einer *Baccalaurea Artium* (abgekürzt: *B. A.*) erworben.

Auf Antrag kann der erfolgreiche Abschluß des Baccalaureus-Studiengangs als Zwischenprüfung für den Magisterstudiengang anerkannt und dadurch die Voraussetzung zur Aufnahme des Hauptstudiums im Magisterstudiengang erfüllt werden.

Zwei Beispiele für eine Stundenplangestaltung im Baccalaureus-Studiengang:

In diesen exemplarischen Stundenplänen wird vorausgesetzt, daß die Absolventen den Nachweis über das Latinum durch das Hochschulzugangszeugnis erbringen, andernfalls wären die in diesen Beispielen vorgesehenen Graecum- bzw. Altgriechischkurse gegen Latinum- bzw. Lateinkurse auszutauschen.

Die vorangestellten Zahlen haben folgende Bedeutung:
① = Wahlpflichtbereich = 1 Wahlhauptfach und 2 Wahlnebenfächer
② = Fremdsprachenbereich
③ = Methodenbereich
④ = Ergänzungsbereich
⑤ = Praxisbereich
⑥ = obligatorisch im 1. und 2. Semester
SWS = Semesterwochenstunden
ECTS = European Credit Transfer System

Beispiel 1 für einen denkbaren Stundenplan im Baccalaureus-Studiengang

1. Semester
Das 1. Semester dient der allgemeinen Orientierung. Alle erworbenen ECTS-Punkte werden auf die Gesamtzählung angerechnet. Die im 1. Semester besuchten Vorlesungen in den Fächern, die nicht in den Wahlpflichtbereich fallen, werden als Studienleistungen im Ergänzungsbereich angerechnet.

		SWS	ECTS
–	Klass. Archäol.: Vorlesung ohne Leistungsnachweis (o. L.)	2	2
–	Alte Geschichte: Vorlesung o. L.	2	2
–	Ägyptologie: Vorlesung o. L.	2	2
②	Sprachkurs Italienisch für Anfänger I	2	6
③	Sprachkurs Französisch für Fortgeschrittene	4	12
④	Altoriental. Philologie: Vorlesung o. L.	2	2
④	Kunstgeschichte: Vorlesung o. L.	2	2
④	Sinologie: Vorlesung Archäologie Altchinas, o. L.	2	2

	SWS	ECTS
⑤ Kurs Archäologisches Zeichnen	2	4
⑥ Einführung in das wissenschaftl. Arbeiten I	2	6

Entscheidung für Klassische Archäologie als Wahlhauptfach, Ägyptologie als ein Wahlnebenfach, Alte Geschichte als weiteres Wahlnebenfach.

2. Semester	SWS	ECTS
① Klass. Archäol. Vorlesung mit Leistungsnachweis (m. L.)	2	6
① Klass. Archäol.: Seminar Griech. Bildhauerkunst	2	6
① Klass. Archäol.: Seminar Realia	2	6
① Ägyptologie: Vorlesung m. L.	2	3
① Äyptologie: Sprachkurs Mittelägyptisch I	1	6
① Alte Geschichte: Vorlesung m. L.	2	6
① Alte Geschichte: Einführungsseminar	2	6
② Sprachkurs Italienisch für Fortgeschrittene I	2	6
③ Einführung in die Methoden der Vermessung	2	4
④ Volkskunde: Vorlesung o. L.	2	2
⑤ Praktikum im Museum (Führungen)	2	4
⑥ Einführung in das wissenschaftl. Arbeiten II	2	6

3. Semester		
① Klass. Archäol.: Vorlesung m. L.	2	6
① Klass. Archäol.: Seminar Röm. Bildkunst	2	6
① Klass. Archäol.: Seminar Röm. Architektur u. Topographie	2	6
① Ägyptologie Vorlesung m. L.	1	3
① Alte Geschichte: Vorlesung m. L.	2	6
② Graecum-Kurs I	4	12
② Sprachkurs Neugriechisch I	2	6
③ Einführung in die antiken Schriftsysteme	2	6
④ Vor- u. Frühgeschichtl. Archäol.: Vorlesung o. L.	2	2
④ Musikwissensch.: Vorlesung: Geschichte der Musik I, o. L.	2	2
⑤ Praktikum im Museum (Ausstellungswesen)	2	4

4. Semester		
① Klass. Archäol.: Vorlesung m. L.	2	6
① Klass. Archäol.: Seminar Griech. Mythologie	2	6
① Exkursion mit Vorbereitung	2	6
① Ägyptologie: Vorlesung m. L.	1	3
① Ägyptologie: Tutorium Mittelägyptisch I	1	3
② Graecum-Kurs II	4	12
③ Einführung in die Überlieferung antiker Quellen	2	6
④ Geographie: Vorlesung o. L.	2	2
⑤ Grabungspraktikum	2	4

5. Semester		
① Klass. Archäol.: Vorlesung m. L.	2	6
① Klass. Archäol.: Seminar Griech. Töpferkunst u. Vasenmalerei	2	6

	SWS	ECTS
① Einführung in das wissenschaftl. Publizieren	2	6
① Ägyptologie: Vorlesung m. L.	1	3
① Ägyptologie: Proseminar	2	6
① Alte Geschichte: Proseminar	2	6
② Graecum-Kurs III	4	12
④ Kurs: Lektüre antiker Autoren (griech.)	1	3
④ Einführung in die Mineralogie und Petrologie	2	4
⑤ Teilnahme an einer Grabung	2	4

6. Semester

① Klass. Archäol.: Vorlesung m. L.	2	6
① Klass. Archäol.: Vorlesung m. L.	2	6
① Klass. Archäol.: Seminar Griech. Architektur u. Topographie	2	6
① Klass. Archäol.: Seminar Griech. und röm. Gemmen	2	6
① Ägyptologie: Vorlesung m. L.	1	3
① Alte Geschichte: Vorlesung m. L.	2	6
② Sprachkurs Neugriechisch II	2	6
④ Einführung in die Betriebswirtschaftslehre	2	2
③ Einführung in die Methoden der Archäometrie	2	4
④ Kurs: Lektüre antiker Autoren (röm.)	1	3

Beispiel 2 für einen denkbaren Stundenplan im Baccalaureus-Studiengang: Der Baccalaureus-Abschluß als Grundlage für ein berufliches Arbeitsfeld außerhalb der wissenschaftlichen Tätigkeit:

1. Semester (allgemeine Orientierung)

– Klass. Archäol.: Vorlesung o. Leistungsnachweis (= o. L.)	2	2
– Alte Geschichte: Vorlesung o. L.	2	2
– Ägyptologie: Vorlesung o. L.	2	2
② Sprachkurs Italienisch für Anfänger I	2	6
② Sprachkurs Französisch für Fortgeschrittene	4	12
④ Altoriental. Philologie: Vorlesung o. L.	2	2
④ Kunstgeschichte: Vorlesung o. L.	2	2
④ Sinologie: Vorlesung Archäologie Altchinas, o. L.	2	2
⑤ Kurs Archäologisches Zeichnen	2	4
⑥ Einführung in das wissenschaftl. Arbeiten I	2	6

Entscheidung für Klassische Archäologie als Wahlpflichtfach, Ägyptologie als ein Wahlnebenfach, Alte Geschichte als weiteres Wahlnebenfach.

2. Semester

① Klass. Archäol.: Vorlesung m. L.	2	6
① Klass. Archäol.: Seminar Griech. Bildhauerkunst	2	6
① Klass. Archäol.: Seminar Realia	2	6
① Ägyptologie: Vorlesung m. L.	1	3
① Ägyptologie: Sprachkurs Mittelägyptisch I	2	6

	SWS	ECTS
① Alte Geschichte: Vorlesung m. L.	2	6
① Alte Geschichte: Einführungsseminar	2	6
② Sprachkurs Italienisch für Fortgeschrittene I	2	6
④ Volkskunde: Vorlesung o. L.	2	2
⑤ Praktikum im Museum (Führungen)	2	4
⑥ Einführung in das wissenschaftl. Arbeiten II	2	6

Nach dem 2. Semester entschließt sich der Studierende, das Studium mit dem Baccalaureus abzuschließen, und eine Tätigkeit im Bereich des Kulturmanagement anzustreben. Entsprechend nutzt er die nach individuellen Kriterien auszufüllenden Ausbildungsmodule im Fremdsprachenbereich, Methodenbereich, Ergänzungsbereich und Praxisbereich.

3. Semester

① Klass. Archäol.: Vorlesung m. L.	2	6
① Klass. Archäol.: Seminar Röm. Bildkunst	2	6
① Klass. Archäol.: Seminar Röm. Architektur u. Topographie	2	6
① Ägyptologie: Vorlesung m. L.	1	3
① Alte Geschichte: Vorlesung m. L.	2	6
② Russisch-Grundkurs I	6	18
③ Einführung in die Luftbildarchäologie	2	6
④ Vor- u. Frühgeschichtl. Archäol.: Vorlesung o. L.	2	2
④ Musikwissensch.: Vorlesung Geschichte der Musik I, o. L.	2	2
⑤ Praktikum im Museum (Ausstellungswesen)	2	4

4. Semester

① Klass. Archäol.: Vorlesung m. L.	2	6
① Klass. Archäol.: Seminar Griech. Mythologie	2	6
① Exkursion mit Vorbereitung	2	6
① Ägyptologie: Vorlesung m. L.	1	3
① Ägyptologie: Tutorium Mittelägyptisch I	1	3
② Russisch-Grundkurs II	6	3
③ Einführung in die Überlieferung antiker Quellen	2	18
④ Kunstgeschichte: Vorlesung o. L.	2	6
⑤ Grabungspraktikum	2	3

5. Semester

① Klass. Archäol.: Vorlesung m. L.	2	6
① Klass. Archäol.: Seminar Griech. Töpferkunst u. Vasenmalerei	2	6
① Einführung in das wissenschaftl. Publizieren	2	6
① Ägyptologie: Vorlesung m. L.	1	3
① Ägyptologie: Proseminar	2	6
① Alte Geschichte: Proseminar	2	6
② Russisch-Grundkurs III	6	18
③ Methodische Grundlagen der Wirtschaftsinformatik	2	4
④ Kurs: Lektüre antiker Autoren (griech.)	1	3
④ Einführung in die Informatik	2	4

6. Semester	SWS	ECTS
① Klass. Archäol.: Vorlesung m. L.	2	6
① Klass. Archäol.: Vorlesung m. L.	2	6
① Klass. Archäol.: Seminar Griech. Architektur u. Topographie	2	6
① Klass. Archäol.: Seminar Griech. und röm. Gemmen	2	6
① Ägyptologie: Vorlesung m. L.	1	3
① Alte Geschichte: Vorlesung m. L.	2	6
③ Einführung in die Methoden der Archäometrie	2	4
④ Einführung in die Betriebswirtschaftslehre	2	2
④ Kurs: Lektüre antiker Autoren (röm.)	1	3

VII. Berufsfelder für Klassische Archäologen

1. Tätigkeiten im wissenschaftlichen Bereich

a) Universität

Voraussetzung für die Übernahme einer Planstelle im wissenschaftlichen Sektor der Universitäten ist ein abgeschlossenes Hochschulstudium. In vielen Geisteswissenschaften, so auch in der Klassischen Archäologie, wird darüber hinaus die Weiterqualifikation durch die Promotion verlangt. Die Hauptaufgabe der an den Universitäten hauptamtlich tätigen Archäologen liegt im Bereich der Ausbildung des fachlich geschulten Nachwuchses. Da Methodik und aktueller Wissensstand nur dann auf hohem Niveau vermittelt werden können, wenn die Dozenten selber wissenschaftlich aktiv sind, ist die Lehre untrennbar mit eigener archäologischer Forschung verbunden.

Dem wissenschaftlichen Nachwuchs stehen Stellen als Wissenschaftliche Hochschulassistenten bzw. als Wissenschaftliche Mitarbeiter zur Verfügung. In der Ausbildung nehmen sie Aufgaben im Lehrangebot des Grundstudiums wahr. Die Stellen sind zeitlich auf 6 (zwei Abschnitte zu je 3 Jahren) bzw. 5 Jahre begrenzt. Die Wahrnehmung einer Assistentenstelle dient darüber hinaus – je nach Vertrag fakultativ oder obligatorisch – der Weiterqualifikation durch die Habilitation. Nach fristgerechter Habilitation kann eine – in den Bundesländern unterschiedlich deklarierte – in der Regel vierjährige Weiterbeschäftigung erfolgen. In dieser Position können die Stelleninhaber alle in der Lehre anfallenden Aufgaben einschließlich der Betreuung von Magistranden und Doktoranden wahrnehmen.

Mit wenigen Ausnahmen sind alle Universitätsinstitute für Klassische Archäologie im deutschsprachigen Raum mit Lehrsammlungen (Originale und/oder Abgüsse) ausgestattet. Deren Betreuung liegt in aller Regel in den Händen von Kustoden. Diese zeitlich unbefristeten ‚Mittelbaustellen' eröffnen den Stelleninhabern eine Verbindung von Museumsarbeit und Teilhabe an der Lehre.

Jedes Universitätsinstitut ist mit mindestens einer Professur ausgestattet. Mit wenigen Ausnahmen, bei denen explizit eine fachliche Spezialisierung (zum Beispiel: minoisch-mykenische Kultur, etruskische Kultur, antike Bauforschung) gefordert wird, sollen die Stelleninhaber in der Lage sein, das Fach „in der ganzen Breite seiner Kerngebiete" zu vertreten. Dem mit ihrer Stelle verbundenen Auftrag zur

Forschung werden die Hochschullehrer oftmals über sogenannte ‚Drittmittelprojekte' gerecht, die mit der Einrichtung zusätzlicher, zeitlich befristeter Stellen verbunden sein können (S. 215 ff.).

Eine weitere Möglichkeit kurzfristiger Tätigkeit an der Universität bieten die semesterweise vergebenen Lehraufträge, über die in der Regel Themen aus den sogenannten ‚Randgebieten' in das Lehrangebot eingebunden werden. Erste berufliche Erfahrungen können schließlich bereits Studenten höherer Semester und Absolventen des Magisterabschlusses durch die Übernahme von Tutorien sammeln.

b) Museum

Das seit dem ausgehenden 17. Jahrhundert in Mitteleuropa durch Philologen und ‚Antiquare' wachgerufene breitere Interesse am mittelmeerischen Altertum führte in der Folgezeit – vor allem in den Residenzstädten der damaligen Fürsten und Könige – zur Gründung von Antikensammlungen. Bis heute ist daraus ein dichtes Netz von Museen erwachsen, das abgesehen von den alles überstrahlenden Antikenmuseen in Berlin und München auch in zahlreichen anderen Städten Wirkungsstätten für Klassische Archäologen eröffnet. Neben diesen alten, gewachsenen Museen sind in den zurückliegenden Jahrzehnten mehrere Sammlungen durch Mäzenatentum entstanden. Schließlich haben die Grabungen in den alten Römerstädten in Süd- und Westdeutschland in dieser Region bedeutsame Museen entstehen lassen, darunter an erster Stelle das Römisch-Germanische Zentralmuseum in Mainz, das Römisch-Germanische Museum in Köln sowie die großen Landesmuseen in Trier und Bonn. Im Zuge einer stärkeren Öffnung der Fachwissenschaft zu einer breiten interessierten Öffentlichkeit treten neben die überkommenen musealen Institutionen in jüngerer Zeit auch *Archäologische Parks.*

Die Tätigkeit im Museum ist in den Grundzügen klar definiert. Es gilt, den Bestand konservatorisch zu betreuen, wissenschaftlich zu bearbeiten und der Öffentlichkeit zugänglich zu machen. Es ist noch nicht lange her, daß auch die kontinuierliche Erweiterung der Bestände als ein selbstverständlicher Aspekt der Museumsarbeit betrachtet wurde. Seit aber in weiten Bereichen des Kunsthandels auch Elemente der organisierten Kriminalität (Diebstahl aus mediterranen Lokalmuseen, systematische Raubgrabungen, mit höchster Raffinesse und Kunstfertigkeit geschaffene Fälschungen) um sich gegriffen haben und sich vor allem auch das Rechtsbewußtsein gegenüber den vom Kunstraub betroffenen Mittelmeerländern geändert hat, ist es zu einem Umdenken gekommen. Zuwachs erhalten Museen nun in erster Linie durch die Überlassung privater Sammlungen. Neue Exponate können den Besuchern aber auch auf einem anderen, neuerdings immer häufiger praktizierten Weg vor Augen geführt werden: durch den vorübergehenden Objekttausch zwischen zwei Museen, wobei insbesondere auch die – zumindest in den großen Sammlungen – bedeutsamen Magazinbestände Berücksichtigung finden.

Museumsarbeit besteht heute vornehmlich in der reizvollen Aufgabe, Zeugnisse der Antike unter aktuellen Gesichtspunkten in einer inhaltlich, aber auch optisch ansprechenden Form zu präsentieren. Das gilt zunächst für die eigenen Bestände in der Daueraufstellung. Große Resonanz finden darüber hinaus die thematisch fokussierten Sonderausstellungen, die auch auf Leihgaben anderer Museen zurückgreifen. Die gewandelte Einstellung der Öffentlichkeit, die im Museumsbesuch nicht mehr vornehmlich den Kunstgenuß, sondern mindestens im gleichen Maße auch anschauliche Wissenvermittlung sucht, zeigt sich im Erfolg solcher Ausstellungen, die über aktuelle Wege und Ergebnisse der Forschung informieren.

Unverzichtbare Voraussetzung für diese Form der Museumsarbeit ist auf der Ebene der Leitung und der festen Mitarbeiter eine wissenschaftliche Ausbildung, wie sie durch die Promotion nachgewiesen wird. Über die vergleichsweise geringe Zahl an Planstellen im wissenschaftlichen Bereich der Antikensammlungen hinaus besteht im Zusammenhang mit Sonderausstellungen ein zusätzlicher Bedarf an unterschiedlich ausgerichteten Spezialisten. Neben rein wissenschaftlichen Aufgaben, etwa bei der Abfassung von Katalogtexten, sind seit geraumer Zeit zunehmend Experten gefragt, die auf der Grundlage einer fundierten fachlichen Ausbildung (Magister oder Promotion), die Fähigkeit besitzen, die Intentionen einer Ausstellung auf den Feldern Marketing und Design in seriöser Form wirkungsvoll nach außen darzustellen. Im Hinblick auf eine solche Tätigkeit empfiehlt es sich, das Archäologiestudium über entsprechende Praktika – etwa im Baccalaureus-Studiengang – oder aber im Rahmen der studienbegleitenden Eigeninitiativen zielgerichtet zu arrondieren (S. 201 f.).

c) Forschungsinstitutionen

Das unten (S. 222 ff.) in seiner Geschichte und Organisation näher erläuterte *Deutsche Archäologische Institut* (DAI) ist für Klassische Archäologen ein bedeutsamer Arbeitgeber mit vielfältigen Aufgabenbereichen. Von seiner Berliner Zentrale aus, besonders aber natürlich über die Dependancen in den Mittelmeerländern führen seine Mitarbeiter Ausgrabungen durch. Für einige der seit Jahrzehnten betriebenen Großgrabungen sind Planstellen für die Grabungsleiter eingerichtet. Darüber hinaus bieten die Grabungen des DAI im Zusammenhang mit der wissenschaftlichen Auswertung und Publikation der Funde über Werkverträge und andere Formen zeitlich befristeter Anstellungen vielfältige Beschäftigungmöglichkeiten für Klassische Archäologen. Seit Absolventen des Studiums der Klassischen Archäologie ihre während der Ausbildung gewonnene Grabungserfahrung in der Form nutzbar machen, daß sie *Grabungsfirmen* gründen, finden sie mit ihrer Kompetenz und Geräteausstattung auch im DAI einen Auftraggeber.

Betreuung durch Archäologen verlangen die Fachbibliotheken und die Phototheken mit ihren unersetzlichen Negativbeständen. Die meisten dieser Stellen sind zeitlich befristet. Sie werden bevorzugt an junge Wissenschaftler nach dem Magisterabschluß oder – häufiger – nach der Promotion vergeben. Neben den Dienstleistungsaufgaben bleibt ihnen auf diesen Stellen ausreichend Zeit für eigene Forschungen, die entweder in eine Promotion einmünden oder auch mit einem Habilitationsvorhaben in Verbindung gebracht werden können. Das DAI fördert es, wenn seine Mitarbeiter sich habilitieren und in angemessener zeitlicher Begrenzung Lehraufgaben an Universitäten wahrnehmen.

Die *Akademien der Wissenschaften* fördern in ihren Geisteswissenschaftlichen bzw. Philosophisch-historischen Klassen vornehmlich Forschungsvorhaben, die z. B. in die Herausgabe von Wörterbüchern und Lexika, in die umfassende Erschließung von Materialgruppen oder auch in die Anwendung neuer Techniken und Methoden einmünden. Es sind dies alles Felder, die auch für die Klassische Archäologie relevant sind und deshalb Möglichkeiten projektgebundener Beschäftigungverhältnisse eröffnen. Standardwerke wie die Bände des *Corpus vasorum antiquorum (CVA)* und des *Corpus der minoischen und mykenischen Siegel (CMS)* aber auch viele der Beiträge im *Lexicon Iconographicum Mythologiae Classicae (LIMC)* sind von Archäologen im Vertragsverhältnis mit einer der Akademien der Wissenschaften erarbeitet worden. Abgesehen von einigen wenigen an den Akademien selbst installierten Stellen, sind die von den Akademien getragenen Arbeitsverhältnisse organisatorisch als Drittmittelprojekte in Universitätsinstitute eingebunden, so daß die Stelleninhaber auch aktiv am Lehrbetrieb teilnehmen können.

Weitere Institutionen der Forschungsförderung, die erhebliche Mittel in jeweils befristete Beschäftigungsverhältnisse investieren, sind die *Deutsche Forschungsgemeinschaft (DFG)* und große Wissenschaftsstiftungen wie die *Fritz Thyssen Stiftung*, die *Volkswagenstiftung*, die *Gerda Henkel Stiftung*. In dem weiten Spektrum der Fördermöglichkeiten steht es auch Einzelpersonen offen, Anträge zur Gewährung von Personal- und Sachmitteln für Forschungsprojekte zu stellen. Über die Bewilligung der Anträge entscheiden aus Wahlen hervorgegangene Gutachtergremien.

2. Tätigkeiten außerhalb des wissenschaftlichen Bereichs

Bis in die sechziger Jahre des zurückliegenden Jahrhunderts war die Zahl der Studierenden im Fach Klassische Archäologie so bemessen, daß ein erfolgreicher Studienabschluß – und das war in jener Zeit ausnahmslos die Promotion – mit ganz wenigen Ausnahmen problemlos in eine archäologische Berufstätigkeit einmündete. Als die Universitätsinstitute dann aber größeren Zulauf erhielten, öffnete sich die Schere zwischen der Zahl der Absolventen und dem Kontingent an Stellen. Erstmals sahen sich promovierte und schließlich auch habilitierte Klassische Archäologen vor die Situation gestellt, ihren Lebensunterhalt durch Tätigkeiten außerhalb des mit dem Studium anvisierten Berufsfeldes zu bestreiten. Auch wenn seither das Stellenangebot im Bereich der Klassischen Archäologie deutlich verbessert werden konnte, hat sich die Situation, wie auf dem Arbeitsmarkt insgesamt, so auch für Klassische Archäologen angesichts der ungleich stärker gestiegenen Studentenzahlen erheblich verschärft.

Galt es vor vierzig Jahren noch als ein Scheitern, wenn nach dem erfolgreichen Studienabschluß der Weg in eine wissenschaftliche Laufbahn verwehrt blieb, hat hier angesichts der grundlegend veränderten Realitäten auf dem gesamten Arbeitsmarkt ein Umdenken stattgefunden. Bereits das Studium, das mit seinen Praktika, Grabungsteilnahmen und Auslandsaufenthalten, der Mitwirkung an Ausstellungen, dem Abfassen von Katalogtexten und mit Aktivitäten in der Öffentlichkeitsarbeit wesentliche Aspekte des beruflichen Alltags konkret werden läßt, wird als ein erfüllter Lebensabschnitt aufgefaßt, der gegebenenfalls als solides Fundament für eine spätere berufliche Umorientierung dienen kann.

Ein in der Praxis bewährtes Berufsfeld für Klassische Archäologen außerhalb des engeren Fachgebiets sind z. B. die wissenschaftlichen Bibliotheken (Universitätsbibliotheken, Landes- und Staatsbibliotheken). Der Arbeitsbereich umfaßt hauptsächlich die Buchauswahl, den Bestandsaufbau und die inhaltliche Erschließung. Da Bibliotheken der hier angesprochenen Art sich über Sonderausstellungen auch der Öffentlichkeit zu präsentieren pflegen, läßt sich von einer solchen Stelle aus gut ein inhaltlicher Bezug zur ursprünglichen Ausbildung bewahren. Erforderlich für eine Tätigkeit im höheren Bibliotheksdienst ist jedoch die Zusatzausbildung in einer entsprechenden Fachschule; hier sind Altersbegrenzungen zu beachten.

Eine für Absolventen des Archäologiestudiums positive Seite des Massentourismus besteht darin, daß die sich davon absetzende Klientel mit einem ausgeprägten Bildungsanspruch ein schärferes Profil erhalten hat und über eigens konzipierte *Studienreisen* bedient wird.

In diesen Programmen ist eine fachlich fundierte Betreuung die Norm. Die Übernahme von Führungen im Mittelmeerraum setzt freilich oftmals ein im Land selbst erworbenes Fremdenführerdiplom voraus.

Das in breiten Kreisen der Bevölkerung unvermindert stark ausgeprägte Interesse an der antiken Kultur stellt für die Fachwissenschaft im Bereich der *Publizistik* eine fruchtbare Voraussetzung dar und bietet Absolventen des Archäologiestudiums ein bisher zu wenig genutztes Arbeitsgebiet: Es besteht ein erfreulich großer Bedarf an Informationen über die Ergebnisse der Altertumsforschung, die verständlich dargeboten werden, ohne inhaltlich ihren seriösen Charakter preiszugeben. Überläßt man dieses Feld wie bisher dem nach seinen eigenen Regeln agierenden Journalismus, orientiert sich die Berichterstattung allzu leicht an eingefahrenen Klischees (Ausgrabungen als Abenteuer) und an dem nicht zuletzt durch die Medien selbst geschürten Verlangen nach ‚Sensationen' (spektakuläre Funde und Theorien). Während es in anderen Nationen seit langem eine Selbstverständlichkeit ist, daß angesehene Forscher ihre Wissenschaft auch in allgemeinverständlich formulierten Publikationen darstellen, beginnt sich im deutschsprachigen Raum eine entsprechende Bereitschaft erst langsam durchzusetzen. Die hohen Auflagen entsprechender Veröffentlichungen zeigen die Marktlücke auf, die als ein neues Arbeitsfeld für Absolventen des Archäologiestudiums verstanden werden darf.

Es mag überraschen, wenn zwischen dem Studium der Klassischen Archäologie und dem Arbeitsmarkt in der Wirtschaft ein unmittelbarer Bezug hergestellt wird. Doch die von den Wirtschaftsunternehmen bei ihren leitenden Mitarbeitern vorausgesetzten Tugenden wie ‚Flexibilität', ‚Internationalität', ‚Eigeninitiative', ‚Teamfähigkeit' und ‚Kommunikationsbereitschaft' sind Begriffe, die in der Klassischen Archäologie – auch bereits während des Studiums (s. oben) – immer schon fest verwurzelt waren. Was während des Studiums mitunter belastend wirkt, daß die Basis unumstößlich gesicherter Sachverhalte äußerst schmal ist, daß sich das Denken und Argumentieren zwangsläufig fast immer im Bereich des Hypothetischen bewegt, erweist sich vor diesem Hintergrund als ein Wettbewerbsvorteil auf dem allgemeinen Arbeitsmarkt. Archäologen haben gelernt, damit umzugehen, daß sie – etwa durch neue Funde – mit völlig veränderten Ausgangssituationen konfrontiert werden und deshalb eingefahrene Denkweisen aufgeben müssen. Die Erforschung des Mittelmeerraums von Mitteleuropa aus setzt die Bereitschaft und Fähigkeit zur Kooperation mit der einheimischen Kollegenschaft und Administration voraus. Sprachkenntnisse und eine positive Einstellung zur jeweiligen Landesmentalität gehören zu den Grundvoraussetzungen für eine erfolgreiche

Arbeit im Fach. Solche während des Studiums in Exkursionen, Grabungsteilnahmen oder Auslandssemestern bewährten Eigenschaften sind im zusammenwachsenden Europa verstärkt gefragt. Sprachlich gewandte, kommunikative, mit der Kultur eines Partnerlandes und der Wesensart seiner Bevölkerung vertraute Mitarbeiter sind für international agierende Unternehmen unverzichtbar geworden. Nach eigenem Bekunden haben Firmen für bestimmte Aufgabenbereiche einen wirklichen Bedarf an solchermaßen prädestinierten Mitarbeitern, denen sie die darüber hinausgehenden Spezialkenntnisse dann aufgabenkonform in Kursen vermitteln.

3. Der Weg vom Studium in den Beruf: Vier Modellfälle

Alle nachfolgenden Werdegänge sind konstruiert. Sie orientieren sich freilich an konkreten Beispielen. Bei der Lektüre der exemplarisch skizzierten Berufswege wird man bemerken, daß in keinem der Fälle auf den Studienabschluß eine feste Anstellung erfolgt. Es zeichnet in der Tat die beruflichen Werdegänge in kulturwissenschaftlichen Disziplinen aus, daß man in aller Regel zunächst mehrere Jahre hindurch mit Zeitverträgen Beschäftigung findet und dabei sowohl hinsichtlich der Aufgabenbereiche wie auch vom Ort der Beschäftigung her Flexibilität beweisen muß. Die damit verbundene Ungewißheit und der Zwang zu örtlicher Ungebundenheit wird freilich kompensiert durch Vielseitigkeit in den beruflichen Herausforderungen.

a) Akademische Laufbahn

Studienbeginn mit 19 Jahren; Immatrikulation für Geschichte als Hauptfach – Nach dem 1. Studiensemster Wechsel zur Klassischen Archäologie als Hauptfach – Magisterprüfung mit 25 Jahren – Aufnahme in die Doktorandenförderung der Studienstiftung des deutschen Volkes; Promotion mit 28 Jahren – Einjähriges Reisestipendium des Deutschen Archäologischen Instituts als Auszeichnung für eine herausragende Dissertation – Fünfjahresvertrag als Wissenschaftlicher Referent am Deutschen Archäologischen Institut in Rom – Nach zwei Jahren Wechsel auf eine auf sechs Jahre befristete Assistentenstelle an der Universität – Habilitation mit 38 Jahren – Weiterbeschäftigung auf der gleichen Stelle als Wissenschaftlicher Rat auf Zeit – Mit 41 Jahren Ruf auf eine C 3-Professur (erste unbefristete Anstellung) – Mit 47 Jahren Ruf auf einen Lehrstuhl (C 4-Professur). – Die Möglichkeit, auf einen anderen, besser ausgestatteten Lehrstuhl berufen zu werden, besteht in der Regel nur noch bis zur Vollendung des 52. Lebensjahres.

b) Allgemeine wissenschaftliche Laufbahn

Studienbeginn mit 19 Jahren – Während des Grundstudiums Erwerb des Graecum – Magisterprüfung mit 26 Jahren – Erfolgreiche Bewerbung um ein Stipendium im Rahmen eines Graduiertenkollegs; Promotion mit 29 Jahren – Einjähriges Reisestipendium des Deutschen Archäologischen Instituts als Auszeichnung für eine herausragende Dissertation – Zweijähriges Museumsvolontariat – Einjähriger Vertrag zur Vorbereitung einer Sonderausstellung – Zweijähriger Vertrag zur Publikation einer Materialgruppe als Museumskatalog – Zweijähriger Vertrag zur Vorbereitung einer Internationalen Sonderausstellung – Mit 37 Jahren Dauereinstellung als Konservator – Mit 41 Jahren Habilitation mit anschließender Wahrnehmung der *Venia legendi* von der Museumsstelle aus. – Mit dieser Qualifikation ist sowohl ein weiterer Auftieg in der Museumslaufbahn möglich als auch ein Wechsel zur Universität.

c) Der Weg in das Verlagswesen

Studienbeginn mit 19 Jahren; Immatrikulation für das Hauptfach Germanistik – Nach dem 2. Studiensemester Immatrikulation für das Hauptfach Klassische Archäologie – Während des Grundstudiums Erwerb des *Graecum* – Magisterprüfung mit 26 Jahren – Einjähriges Volontariat an einer Zeitung – Mit 28 Jahren Immatrikulation für das Promotionsstudium; parallel dazu journalistische Tätigkeit als freier Mitarbeiter für verschiedene Medien; darüber hinaus Studienseminare in Informatik und Betriebswirtschaftslehre – Mit 35 Jahren Promotion – Publikation der Dissertation im Selbstverlag – Eintritt in die Redaktion eines Wissenschaftsverlags.

d) Gründung einer Grabungsfirma

Studienbeginn mit 19 Jahren – Während des Grundstudiums Erwerb des *Graecum* – Magisterprüfung mit 26 Jahren – Dreijähriger Vertrag als Wissenschaftliche Grabungshilfskraft am Deutschen Archäologischen Institut in Istanbul – Zwei Jahre verantwortliche Grabungsleitung in einer vom Landesamt für Bodendenkmalpflege durchgeführten Notgrabung – Gründung einer Grabungsfirma; Fortführung des Notgrabungsprojektes als Auftrag des Landesamts für Bodendenkmalpflege.

VIII. Wichtige Institutionen für Klassische Archäologen

1. Das Deutsche Archäologische Institut (DAI)

Am 21. April 1829 hat in Rom ein Freundeskreis aus Gelehrten, Künstlern und Diplomaten das *Instituto di corrispondenza archeologica* gegründet. Ihr Anliegen war es, auf internationaler Basis die Denkmäler der antiken Kunst, Inschriften und topographische Befunde zu erfassen, zu erforschen und zu publizieren. Der preußische Kronprinz und spätere König Friedrich Wilhelm IV. übernahm die Schirmherrschaft. Als der eigentliche Initiator, Eduard Gerhard, 1832 von Rom nach Berlin übersiedelte, blieb das Institut zwar in Rom bestehen, doch wurde es nun von Berlin aus geleitet. 1859 übernahm Preußen die Finanzierung. 1871 erhielt das Institut den Status einer Preußischen Staatsanstalt, 1874 wurde es Reichsinstitut. Im gleichen Jahr wurde in Athen, im Zusammenhang mit der bevorstehenden Aufnahme der Grabungen in Olympia, eine weitere Abteilung gegründet. Im Laufe des 20. Jahrhunderts wurde das Institut um zahlreiche Abteilungen, Außenstellen, Stationen und Kommissionen erweitert.

Die nachfolgenden Angaben zur Gliederung und Aufgabenstellung des DAI basieren auf Informationen des DAI. Bezüglich der Arbeitsgebiete stellen sie, wie es bei einem lebendigen Forschungsinstitut nicht anders sein kann, natürlich eine Momentaufnahme dar.

Die *Zentrale* hat ihren Sitz in Berlin. Hier ist der Dienstsitz des Präsidenten und der zentralen Verwaltung des Gesamtinstituts. Die wissenschaftlichen Mitarbeiter der Zentrale führen eigene Forschungsprojekte durch oder wirken an Unternehmungen der Auslandsabteilungen mit. Das 1973 gegründete *Architekturreferat* hat koordinierende Aufgaben im Bereich der antiken Bauforschung und unterhält eigene Forschungsprojekte.

Gleichfalls in Berlin angesiedelt ist die 1995 gegründete *Eurasien-Abteilung*, deren Arbeitsgebiet im geographischen Raum der GUS-Staaten und benachbarter Länder liegt. Die Forschungsthemen reichen von der Urgeschichte bis ins Mittelalter. Seit 1996 ist der Eurasien-Abteilung die *Außenstelle Teheran* angegliedert; deren Arbeitsgebiet umfaßt den Iran von der Vorgeschichte bis in die neuere islamische Zeit. Gleichfalls 1996 wurde die *Orient-Abteilung* mit den Außenstellen in *Baghdad*, *Sanaa* und *Damaskus* gegründet. Das Arbeitsgebiet ist der Nahe Osten. Das zeitliche Spektrum der archäologischen Forschungsprojekte reicht von der Vorgeschichte Vorderasiens über die altvorderasiatischen Hochkulturen, die griechisch-römische Antike bis hin zu den christlichen und islamischen Perioden.

Im Mittelmeerraum unterhält das DAI folgende *Abteilungen*: *Rom* (mit Zuständigkeit auch für Forschungen in Tunesien und Algerien). Neben Forschungen und Grabungen in Latium, Campanien, in der Magna Graecia und in Nordafrika liegt ein Schwerpunkt der römischen Abteilung in der Betreuung der größten altertumskundlichen Bibliothek in deutschem Besitz (über 180 000 Bände, weit über 1 000 laufende Zeitschriften; das Sammelgebiet umfaßt alle Zweige der klassischen Altertumswissenschaft und ihrer Nachbardisziplinen). Die Arbeit der Abteilung *Athen* gilt Forschungsprojekten im griechischen Mutterland und in der Agäis vom 3. Jtd. bis in die frühbyzantinische Epoche. Die Abteilung *Istanbul* betreibt Forschungsprojekte von der Urgeschichte Kleinasiens und Thrakiens bis zur osmanischen Epoche. Der Arbeitsbereich der Abteilung *Madrid* ist die Archäologie der Iberischen Halbinsel und des westlichen Maghreb von der Vorgeschichte bis zum frühen Mittelalter. Von Madrid aus mitbetreut werden Forschungen zur Vorgeschichte und Römerzeit Portugals. Der Forschungsbereich der Abteilung *Kairo* umfaßt die geschichtliche Entwicklung von der ältesten Vorzeit pharaonischer Kultur bis zum Anfang des islamischen Mittelalters.

Innerhalb Deutschlands sind drei *Kommissionen* des DAI angesiedelt: Die *Römisch-Germanische Kommission* hat ihren Sitz in Frankfurt am Main. Sie hat die Aufgabe, Vor- und Frühgeschichtsforschung zu betreiben, und dies vornehmlich in Alteuropa von den ältesten Perioden bis zum frühen Mittelalter. Eine Arbeitsstelle in Ingolstadt dient den Forschungen zur keltischen Kultur in Manching und der Römerzeit in Mittelbayern.

Die *Kommission für Alte Geschichte und Epigraphik* hat ihren Sitz in München. Ihr Arbeitsbereich ist die gesamte Alte Geschichte, auch in ihrer Verbindung mit der Archäologie. Besonderes Interesse gilt griechischen und lateinischen Inschriften, Münzen und Papyri.

Die *Kommission für Allgemeine und Vergleichende Archäologie* ist in Bonn angesiedelt. Sie betreibt archäologische Forschungen vor allem in Asien, Afrika und Amerika mit dem Ziel, zur Erhellung der außerhalb Europas und der Alten Welt ganz andersartig verlaufenen Menschheitsgeschichte archäologische Untersuchungen vorzunehmen.

Alle Einrichtungen des DAI unterhalten entsprechend ihrer Forschungsschwerpunkte Fachbibliotheken und Phototheken. Ihre Forschungsergebnisse werden in eigenen Fachzeitschriften, Reihen und Monographien veröffentlicht (jährlich mehr als 60 Bände). Ein Gesamtbericht über die wissenschaftlichen Aktivitäten erscheint jährlich im *Archäologischen Anzeiger*. Das DAI pflegt die Beziehungen zur Internationalen Wissenschaft, fördert den wissenschaftlichen Nachwuchs und veranstaltet wissenschaftliche Kongresse.

Das DAI ist heute als „wissenschaftliche Korporation" eine Bundeseinrichtung im Geschäftsbereich des Auswärtigen Amtes. Das Institut wird von einem Präsidenten geleitet. Als weiteres Leitungsgremium fungiert die *Zentraldirektion*. Außer den Direktoren der einzelnen Abteilungen und Kommissionen gehören ihr 35 auswärtige Wissenschaftler an, überwiegend Professoren an Universitäten der deutschen Bundesländer. Es wählt Fachwissenschaftler auf Grund ihrer wissenschaftlichen Leistungen zu Ordentlichen bzw. zu Korrespondierenden Mitgliedern.

2. Der Deutsche Archäologenverband e. V.

Der Deutsche Archäologen-Verband (DArV) hat als *Berufsverband* die Aufgabe, die beruflichen, sozialen und wissenschaftlichen Interessen seiner Mitglieder zu vertreten. Er befaßt sich mit den Problemen der Berufsausbildung und fördert die interdisziplinäre Zusammenarbeit.

Mitglieder des DArV können neben den hauptberuflich in archäologischen Fachgebieten tätigen Wissenschaftlern und den stellenlosen Absolventen eines archäologischen Hochschulabschlusses bereits auch Studierende werden, sobald sie sich mit einer Examensarbeit in den archäologischen Wissenschaften befassen. Dabei legt die Satzung des DArV fest, in welchen Fällen die Ordentliche bzw. die Außerordentliche Mitgliedschaft gewährt wird. Die Mitgliedschaft erfolgt auf Antrag.

Die Organe des Verbandes sind die Mitgliederversammlung, der Vorstand und der Hauptausschuß. Neben Klassischen Archäologen zählen auch Vertreter der Christlichen Archäologie, der Vorderasiatischen Archäologie, der Vor- und Frühgeschichtlichen Archäologie, der Bauforschung und der Ägyptologie zu seinen Mitgliedern. Neben der Interdisziplinarität ist auch die Internationalität ein Kennzeichen des Verbandes. Fachvertreter aus mehr als zehn Nationen, unter ihnen zahlreiche frühere Gaststudenten und Stipendiaten an deutschen Universitäten, nutzen den DArV als ein Forum des fachlichen Austauschs und der wissenschaftspolitischen Diskussion.

Zu den besonders auch für Studierende wertvollen regelmäßigen Serviceleistungen des DArV gehört das in jedem Semester aktualisierte Verzeichnis aller Lehrveranstaltungen zur Klassischen, Provinzialrömischen, Christlichen und Vorderasiatischen Archäologie an den Universitäten des deutschen Sprachraums. Einmal jährlich gibt der

DArV eine Zusammenstellung der Themen sowohl aller in Arbeit befindlichen als auch aller abgeschlossenen Dissertationen und Habilitationen sowie eine Übersicht über alle abgeschlossenen Magisterarbeiten heraus. Der DArV veranstaltet auf Anregung aus dem Kreis seiner Mitglieder eigene wissenschaftliche Kolloquien, die besonders auch dem wissenschaftlichen Nachwuchs offenstehen. Die Beiträge werden in der Regel in der Schriftenreihe des DArV veröffentlicht. Der Verband fördert aber auch anderweitig organisierte Fachtagungen, etwa von Doktoranden oder Habilitanden. Auf den jährlichen Mitgliederversammlungen werden jeweils schwerpunktmäßig aktuelle Fragen aus den archäologischen Berufsfeldern und zur Entwicklung des Ausbildungssystems diskutiert.

3. Die Mommsen-Gesellschaft

Die Mommsen-Gesellschaft verfolgt den Zweck, die in der Bundesrepublik Deutschland auf dem Gebiet des griechisch-römischen Altertums (einschließlich seiner Wirkungsgeschichte) tätigen Forscher zusammenzuführen. Sie fördert die Forschung und die Zusammenarbeit zwischen den einzelnen altertumswissenschaftlichen Disziplinen (Klassische Philologie, Alte Geschichte, Klassische Archäologie) und das altertumswissenschaftliche Studium an den Universitäten und veranstaltet wissenschaftliche Tagungen.

Mitglieder können die Dozenten der Altertumswissenschaft an den Universitäten, die wissenschaftlichen Mitarbeiter an Akademien, Museen, Bibliotheken und Instituten sowie alle anderen auf dem Gebiet des griechisch-römischen Altertums wissenschaftlich Tätigen werden. Ausländische oder im Ausland lebende deutsche Forscher können die Mitgliedschaft ebenfalls beantragen; Voraussetzung sind die Promotion und eine weitere Veröffentlichung.

IX. Ergänzende Literaturhinweise

Die nachfolgenden Angaben ergänzen die zu den einzelnen Kapiteln und zu den Fallbeispielen gegebenen Literaturhinweise.

Allgemeine Nachschlagewerke und Lexika

Paulys Realencyclopädie der classischen Altertumswissenschaft (RE) von Pauly und Wissowa. 1. Reihe: A–Q, 49 Bände (1894–1963); 2. Reihe: R–Z, 19 Bände (1914–1972); 15 Supplementbände (1903–1978); 2 Registerbände (1996 und 1998).

Der Kleine Pauly. Lexikon der Antike. Auf der Grundlage von Pauly's Realencyclopädie der classischen Altertumswissenschaft unter Mitwirkung zahlreicher Fachgelehrter bearbeitet und herausgegeben von Konrat Ziegler, Walther Sontheimer und Hans Gärtner. 5 Bände (1964–1975); auch als Taschenbuchausgabe.

Der Neue Pauly. Enzyklopädie der Antike. Das klassische Altertum und seine Rezeptionsgeschichte. Herausgegeben von Hubert Cancik und Helmuth Schneider. 15 Bände und Register. Erscheinungsbeginn: 1996.

Lexikon der Alten Welt (‚Artemis-Lexikon'). Herausgegeben von Carl Andresen u. a. (1965; Nachdruck als Sonderausgabe 1990).

Reallexikon für Antike und Christentum (RAC). Auf ca. 40 Bände angelegt. Erscheinungsbeginn: 1950.

Dictionnaire des antiquités grecques et romaines d'après les textes et les monuments (Daremberg-Saglio). Herausgegeben von Ch. Daremberg und E. Saglio. 5 Bände (1877–1919).

Enciclopedia dell'arte antica classica e orientale (EAA). 7 Bände (1958–1966); 2 Supplementserien (seit 1970).

Aufstieg und Niedergang der Römischen Welt. Geschichte und Kultur Roms im Spiegel der Neueren Forschung (ANRW). Hrsg.: H. Temporini/W. Haase, Berlin/New York (begonnen 1972).

W. H. Roscher, Ausführliches Lexikon der griechischen und römischen Mythologie. 6 Bände, 4 Supplementbände (1884–1937).

H. Hunger, Lexikon der griechischen und römischen Mythologie (1969).

Lexikon zur frühgriechischen Geschichte. Auf der Grundlage von Herodots Werk verfaßt von G. Strasburger. Zürich/München 1984.

S. Lauffer (Hrsg.), Griechenland. Lexikon der historischen Stätten. Von den Anfängen bis zur Gegenwart, München 1989.

Lexicon Iconographicum Mythologiae Classicae (LIMC). Internationales Herausgebergremium. 8 Bände und 1 Register (1981–1999).

K. Hitzl, Bibliographie zur Archäologischen Denkmälerkunde. Subsidia Classica, Bd. 2, St. Katharinen 1999.

Allgemeine Einführungen und Überblicksdarstellungen

R. Bianchi Bandinelli, Klassische Archäologie, Rom 1978.

A. M. Snodgrass, An Archaeology of Greece. The Present State and Future Scope of a Discipline, Berkeley/Los Angeles/London 1987.

H. G. Niemeyer, Einführung in die Archäologie, Darmstadt ^{4}1995.

I. Hodder, Theory and Practice in Archaeology, London/New York ^{2}1995.

N. Thomson de Grummond, An Encyclopedia of the History of Classical Archaeology, 2 Bände, 1996.

P. Bahn/M. Beard/J. Henderson, Wege in die Antike. Kurze Einführung in die Archäologie und Altertumswissenschaft, Stuttgart/Weimar 1999.

Zu den Etruskern

St. Steingräber, Etrurien. Städte, Heiligtümer, Nekropolen, München 1981.

M. Pallotino, Etruskologie. Geschichte und Kultur der Etrusker. Aus dem Italienischen übersetzt von St. Steingräber, Basel 1988.

Die Etrusker und Europa. Ausstellung im Alten Museum Berlin 28. 2.–31. 5. 1993, Paris/Mailand 1992.

F. Prayon, Die Etrusker. Geschichte, Religion, Kunst, München 1996.

Zu den Phöniziern

Die Phönizier, Hamburg 1988 (von D. und H. G. Niemeyer betreute deutsche Ausgabe des Katalogs der Ausstellung ‚I Fenici' im Palazzo Grassi in Venedig, Mailand 1988).

Zum Alten Orient und zu den östlichen Randkulturen

E. Akurgal, Die Kunst Anatoliens von Homer bis Alexander, Berlin 1961.

E. Strommenger, Fünf Jahrtausende Mesopotamien. Die Kunst von den Anfängen um 5000 v. Chr. bis zu Alexander dem Großen, München 1962.

R. Wenning, Die Nabatäer – Denkmäler und Geschichte. Eine Bestandsaufnahme des archäologischen Befundes, Freiburg i. Br. 1987.

R. Busch (Hrsg.), Gold der Skythen. Schätze aus der Staatlichen Eremitage St. Petersburg, Hamburg-Harburg 1993.

A. Schmidt-Collinet, Palmyra. Kulturbegegnung im Grenzbereich, AW 26, 1995, Sondernummer.

W. Seipel (Hrsg.), Land der Bibel. Jerusalem und die Königsstädte des Alten Orients. Textband zur Ausstellung im Kunsthistorischen Museum Wien, Wien 1997.

Informationen über Stipendien und Forschungsförderungen

Forschungshandbuch. Hochschul- und wissenschaftsfördernde Institutionen und Programme. (^{4}1999). Konzeption, Redaktion, Texte: D. Herrmann, Union der deutschen Akademien der Wissenschaften, Chr. Spath, Universität Mainz.

Handbuch der Wissenschaftspreise und Forschungsstipendien. Herausgeber: D. Herrmann u. a. (1998).

Studium, Forschung, Lehre im Ausland. Herausgeber: Deutscher Akademischer Austauschdienst (erscheint jährlich).

X. Abkürzungen

Aus Gründen der Übersichtlichkeit werden in allen wissenschaftlichen Publikationen die Titel von Fachzeitschriften, Serienpublikationen, mehrbändigen Lexika und Reihen sowie einiger besonders häufig verwendeter Monographien abgekürzt zitiert. Leider sind die Kürzel weder fächerübergreifend noch international einheitlich. Innerhalb der Klassischen Archäologie finden im deutschsprachigen Raum die Abkürzungsrichtlinien des Deutschen Archäologischen Instituts (DAI) weite Verbreitung. Für alle vom DAI herausgegebenen Publikationen sind sie verbindlich. Die *Abkürzungsverzeichnisse und Richtlinien für die Publikationen des Deutschen Archäologischen Instituts* werden in regelmäßigen Abständen im *Archäologischen Anzeiger des Deutschen Archäologischen Instituts* bekanntgegeben. Zu dem früher sehr viel umfangreicheren Verzeichnis abgekürzt zitierter Fachzeitschriften siehe auch die *Zeitschriftenverzeichnisse* in der bis 1993 gleichfalls vom Deutschen Archäologischen Institut herausgegebenen *Archäologischen Bibliographie.*

Nach den Vorgaben des *Archäologischen Anzeigers 1997, S. 611–628,* sind in dieser Publikation folgende Kürzel verwendet:

AA	=	Archäologischer Anzeiger
ABV	=	J. D. Beazley, Attic Black-Figure Vase Painting 1956
AbhMainz	=	Abhandlungen der Geistes- und Sozialwissenschaftlichen Klasse, Akademie der Wissenschaften und der Literatur in Mainz
AbhMünchen	=	Bayerische Akademie der Wissenschaften, Abhandlungen der Philosophisch-historischen Klasse
ActaArch	=	Acta Archaeologica [Kopenhagen]
ActaAth	=	Acta Instituti Atheniensis Regni Sueciae
AF	=	Archäologische Forschungen
AJA	=	American Journal of Archaeology
AM	=	Mitteilungen des Deutschen Archäologischen Instituts, Athenische Abteilung
ANRW	=	Aufstieg und Niedergang der römischen Welt
AntK	=	Antike Kunst
AntPl	=	Antike Plastik
ARV^2	=	J. D. Beazley, Attiv Red-Figure Vase-Painters ^{2}1963
AvP	=	Altertümer von Pergamon
AW	=	Antike Welt. Zeitschrift für Archäologie und Kulturgeschichte
BCH	=	Bulletin de correspondance hellénique
BdA	=	Bolletino d'arte
BerRGK	=	Bericht der Römisch-Germanischen Kommission
BJb	=	Bonner Jahrbücher
Conze	=	A. Conze, Die attischen Grabreliefs I (1893); II (1900); III (1906); IV (1911–1922)
CVA	=	Corpus vasorum antiquorum
EAA	=	Enciclopedia dell'arte antica classica e orientale
FGrHist	=	F. Jacoby, Die Fragmente der griechischen Historiker
FuB	=	Forschungen und Berichte. Staatliche Museen zu Berlin
GGA	=	Göttingische gelehrte Anzeigen
HdArch	=	Handbuch der Archäologie im Rahmen des Handbuchs der Altertumswissenschaft. Hrsg. von W. Otto, fortgeführt von R. Herbig

Helbig[4]	=	W. Helbig, Führer durch die öffentlichen Sammlungen klassischer Altertümer in Rom[4] I (1963); II (1966); III (1969); IV (1972)
Herrscherbild	=	Das römische Herrscherbild
HZ	=	Historische Zeitschrift
IG	=	Inscriptiones Graecae
IstForsch	=	Istanbuler Forschungen
IstMitt	=	Istanbuler Mitteilungen
JbRGZM	=	Jahrbuch des Römisch-Germanischen Zentralmuseums Mainz
JdI	=	Jahrbuch des Deutschen Archäologischen Instituts
JGS	=	Journal of Glass Studies
JRA	=	Journal of Roman Archaeology
LIMC	=	Lexicon iconographicum mythologiae classicae
MAR	=	Monumenta Artis Romanae
MarbWPr	=	Marburger Winckelmann-Programm
MM	=	Madrider Mitteilungen
MüJb	=	Münchner Jahrbuch der bildenden Kunst
NBA	=	Nürnberger Blätter zur Archäologie
OF	=	Olympische Forschungen
ÖJh	=	Jahreshefte des Österreichischen Archäologischen Instituts in Wien
Olympiabericht	=	Bericht über die Ausgrabungen in Olympia
Pfuhl – Möbius	=	E. Pfuhl/H. Möbius, Die ostgriechischen Grabreliefs I (1977); II (1979)
RA	=	Revue archéologique
RM	=	Mitteilungen des Deutschen Archäologischen Instituts, Römische Abteilung
TrWPr	=	Trierer Winckelmannsprogramme
WissZBerl	=	Wissenschaftliche Zeitschrift der Humboldt-Universität zu Berlin. Gesellschafts- und sprachwissenschaftliche Reihe

XI. Register und Glossar

In dem Register sind auch die in den Literaturangaben enthaltenen Stichworte erfaßt.

XII. Bildnachweis

1. Grabungsdokumentation: Profilzeichnung (Zeichnung: U. Sinn, nach A M 100, 1985). – 2. Grabungsdokumentation: Plana (wie Abb.1). – 3. Stuckrelief aus dem Palast von Knossos, in der Rekonstruktion von E. Gilliéron fils. Niemeyer, Wolf Dieter, AM 102, 1987, Taf. 8,1. – 4. Wie Abb. 3, in der Rekonstruktion von W. D. Niemeyer. Ebda. Taf. 9,1 (Zeichnung: B. Niemeyer); nach der von W. D. Niemeyer freundlicherweise zur Verfügung gestellten Vorlage. – 5. Spätmykenische Kragenhalsamphora aus Tiryns. Zeichnerische Rekonstruktion des Gefäßbruchstücks. Kilian, Klaus, AM 95, 1980, S. 22 Abb. 1. – 6. Wie Abb. 5. Ergänzende Umzeichnung der Wagenfahrtszene. Döhl, Hartmut, Materialhefte zur Ur- und Frühgeschichte Niedersachsens, Heft 16, Verlag August Lax, Hildesheim 1980, Taf. 6 Abb. 13 b (Zeichnung: U. Müller); nach der von H. Döhl freundlicherweise zur Verfügung gestellten Vorlage. – 7 a. b. Bronzestatuette eines Kriegers. Olympia, Archäologisches Museum, Inv. B 4600. Deutsches Archäologisches Institut-Athen, a) Inst.-Neg. Ol 4693; b) Inst.-Neg. Ol 4695. – 8. Säugende Greifin. Umzeichnung eines Bronzereliefs. Olympia, Archäologisches Museum, Inv. B 104. Hampe, Roland, Deutsches Archäologisches Institut, Olympiabericht I Taf. 34. – 9. Marmorstatue eines Tänzers. Vathy/Samos, Archäologisches Museum, Inv. 68. Deutsches Archäologisches Institut-Athen, Inst.-Neg. 70. 1078. – 10. Der sog. Bostoner Thron. Boston, Museum of Fine Arts. H. L. Pierce Fund 08.205. E. P. Warren Collection. Nach ÖJh 1929, S. 154 Abb. 65 a. – 11. Die sog. Trauernde Penelope. Teheran, Archäologisches Museum, Inv. 1538. Gipsabguß im Akademischen Kunstmuseum der Universität Bonn (Photo: W. Klein). – 12. Weihrelief an Artemis. Lamia, Archäologisches Museum, Inv. AE 1041. van Straten, Folkert, Hiera Kala, E. J. Brill, Leiden 1995, Abb. 88. – 13. Sog. Charonrelief. Athen, Kerameikos-Museum, Inv. P 692. Conze II Nr. 1173 Taf. 251; nach der von A. Scholl freundlicherweise zur Verfügung gestellten Vorlage. – 14. Komödienszene auf einem apulischen Glockenkrater. Würzburg, Martin von Wagner Museum der Universität, Inv. H 5697, Neg. PF 1313 (Photo: K. Öhrlein). – 15. Statue des Menander. Rekonstruktion in Gips. Göttingen, Archäologisches Institut (Photo: St. Eckardt); nach der von K. Fittschen freundlicherweise zur Verfügung gestellten Vorlage. – 16. Hellenistische Glasamphora. Antikensammlung, Staatliche Museen zu Berlin-Preußischer Kulturbesitz, Inv. 30219.254 (Photo: I. Geske). – 17. Der sog. Thermenherrscher. Rom, Museo Nazionale Romano, Inv. 1049 (Photo: Hirmer). – 18. Die Victoria von Brescia. Deutsches Archäologisches Institut-Rom. Inst.-Neg. 62.225 (Photo: Koppermann). – 19. Die Victoria von Brescia. Rekonstruktionsskizze der ursprünglichen Ausführung. Hölscher, Tonio, AntPl 10, 1970, Gebr. Mann Verlag, Berlin, S. 70 Abb. 1. – 20. Jugendlicher Ziegenreiter. Rekonstruktionsskizze. von Hesberg, Henner, RM 86, 1979, S. 299 Abb. 1 a; nach der von H. von Hesberg freundlicherweise zur Verfügung gestellten Vorlage. – 21. Koloß Neros. Rekonstruktionsskizze. Bergmann, Marianne, Die Strahlen der Herrscher, Verlag Philipp von Zabern, Mainz 1998, S. 191 Abb. 3 (Zeichnung: S. Bertolin); nach der von M. Bergmann freundlicherweise zur Verfügung gestellten Vorlage. – 22. Sog. Kranrelief vom Grab der Haterier in Rom. Sinn, Friederike/Freyberger, Klaus, Die Ausstattung des Hateriergrabes, Verlag Philipp von Zabern, Mainz 1996, S. 136 (Zeichnung: J. Denkinger); nach der von F. Sinn und K. Freyberger freundlicherweise zur Verfügung gestellten Vorlage. – 23. Sog. Bautenrelief vom Grab der Haterier in Rom. Ebda. S. 138 (Zeichnung: J. Denkinger); nach der von F. Sinn und K. Freyberger freundlicherweise zur Verfügung gestellten Vorlage. – 24. Bronzekanne mit historischem Relief, Hauptfries. Schäfer, Thomas, JdI 104, 1989, S. 290 Abb. 9 (Zeichnung: K. von Woyski); mit freundlicher Erlaubnis von Th. Schäfer. – 25. Wie Abb. 24, Schulterfries. Ebda. S. 304 Abb. 22. – 26. Bildnis des Marc

Aurel. Frankfurt. Liebieghaus. Museum Alter Plastik, Leihgabe des Städelschen Museumsvereins, Neg. B 5956 (Photo: U. Edelmann). – 27. Musensarkophag eines Knaben. Musée du Louvre, Inv. MA 1520 (Photo: M. und B. Chuzeville). – 28. Mumienporträt. Martin von Wagner Museum der Universität Würzburg, Inv. H 2127, Neg. RF 51/8 (Photo: K. Öhrlein). – 29. Teilrekonstruktion des Poseidonheiligtums von Kalaureia. Papachatzis, Nikolaos, Pausanias II, Ekdotiki Athinon, Athen 1976, S. 259 Abb. 290. – 30. Gesamtplan des Poseidonheiligtums von Kalaureia. U. Sinn (Zeichnung: J. Denkinger). – 31. Das Zentrum von Kassope. Hoepfner, Wolfram/Schwandner, Ernst-Ludwig, Haus und Stadt im Klassischen Griechenland, Deutscher Kunstverlag, München 1986 bei S. 86 (Zeichnung: C. Randl); mit freundlicher Erlaubnis der Autoren. – 32. Attischer Gutshof bei Aghia Photini; nach der von H. Lohmann freundlicherweise zur Verfügung gestellten Vorlage.